WUQUANFA
ZHUANTI YANJIU

物权法专题研究

闫仁河 著

知识产权出版社
全国百佳图书出版单位

图书在版编目（CIP）数据

物权法专题研究/闫仁河著. —北京：知识产权出版社，2018.5
ISBN 978－7－5130－5526－0

Ⅰ.①物… Ⅱ.①闫… Ⅲ.①物权法—研究—中国 Ⅳ.①D923.24

中国版本图书馆 CIP 数据核字（2018）第 074458 号

内容提要

本书是作者近年投身于物权法教学与研究以来取得的阶段性成果，其中有的问题是"人迹罕至"的。如解除条件成就时所有权归属及返还财产请求权问题，涉及权利归属与返还请求权性质这一重要问题；又如何适用形成判决规范与买卖合同撤销规范关系，也是撤销买卖合同案件中的关键问题。其他如事实物权与法律物权、物权法定主义、不动产善意取得、冒名处分不动产、让与担保等，本书都从崭新的实务角度分析理论问题，以期成为枯燥的理论与生动的实践之间的桥梁。

责任编辑：石红华　　　　　　　　　　责任出版：刘译文
封面设计：张　冀

物权法专题研究

闫仁河　著

出版发行：知识产权出版社 有限责任公司	网　　址：http://www.ipph.cn
社　　址：北京市海淀区气象路 50 号院	邮　　编：100081
责编电话：010－82000860 转 8130	责编邮箱：shihonghua@sina.com
发行电话：010－82000860 转 8101/8102	发行传真：010－82000893/82005070/82000270
印　　刷：三河市国英印务有限公司	经　　销：各大网上书店、新华书店及相关专业书店
开　　本：787mm×1092mm　1/16	印　　张：12.5
版　　次：2018 年 5 月第 1 版	印　　次：2018 年 5 月第 1 次印刷
字　　数：188 千字	定　　价：49.00 元

ISBN 978-7-5130-5526-0

目　录

论解除条件成就时所有权
归属及返还财产请求权

引 言

我国《合同法》第 45 条第 1 款规定："附解除条件的合同，自条件成就时失效。"相关立法例大多规定解除条件成就时法律行为失效。❶ 然而上述规定过于简单，无法解释解除条件成就时在所有权变动的当事人之间究竟产生怎样的法律关系。兹举例如下，甲男与乙女同居，为筹备结婚事宜，甲男购买了一套住房，并登记在乙女名下，二人签订了一份赠与合同并公证，约定"因乙女愿意与甲男结婚，甲男自愿将该商品房作为结婚礼物赠送给乙女"。后来乙女反悔，不与甲男结婚，甲男起诉要求乙女返还所赠送的房产。就本案而言，当事人为结婚目的而赠与的房屋民间谓之"彩礼"，当事人达成的是附解除条件的赠与。本案涉及如下问题：其一，解除条件成就之后，如何确定所有权归属；其二，让与人向受让人提起的返还财产请求权的性质，即甲男向乙女提起的是债权请求权还是物权请求权？

法律对于解除条件成就时所有权归属及其返还问题没有作出明确的规定，如何适用法律便成为问题。司法实践当中，有的法院对于附解除条件

---

❶ 本文全文发表于《学术交流》2016 年第 6 期。我国台湾地区"民法典"第 99 条规定：附解除条件之法律行为，于条件成就时，失其效力。依当事人之特约，使条件成就之效果，不于条件成就之时发生者，依其特约。《日本民法典》第 127 条第 1 项规定：附解除条件的法律行为，自条件成就时起，丧失效力。但当事人表示有将条件成就的效果溯及其成就之前的意思时，从其意思。《德国民法典》第 158 条规定：法律行为系附解除条件而实施的，该法律行为的效力在条件成就时终止。《法国民法典》第 1179 条规定：条件成就时，其效力溯至契约订立之日发生。除法国法之外，上述立法例无不强调附解除条件的法律行为自解除条件成就时失其效力，其中我国台湾地区和日本的立法允许当事人约定解除条件成就时产生溯及力。

的行为与附义务的行为并不做严格区分。如"沈正生等诉沈爱凤赠与合同纠纷案",审理法院认为,原、被告签订附有条件的赠与协议,故双方之间的赠与合同关系依法成立并有效,双方应当按照合同的约定履行各自义务,现被告未能按约履行赡养两原告的义务,根据合同约定两原告有权撤销该赠与行为,对两原告的诉讼请求,审理法院予以支持。被告沈爱凤经审理法院合法传唤,无正当理由未到庭参加诉讼,视为放弃抗辩权利,审理法院依法可以缺席判决。依据《中华人民共和国合同法》第 45 条、第 60 条、第 192 条,《中华人民共和国民事诉讼法》第 144 条之规定,判决如下:撤销原告沈正生、刘桂兰与被告沈爱凤签订的《协议》。❶ 本案判决虽然援引附解除条件的制度,但又根据赠与合同撤销制度加以分析,混淆了上述两个不同制度。众所周知,附解除条件的合同与合同解除尤其是约定解除在某些方面颇为相似,而《合同法》对于合同解除的法律效果有较为具体的规定,法律肯定民事类推制度。该法第 124 条规定:"本法分则或者其他法律没有明文规定的合同,适用本法总则的规定,并可以参照本法分则或者其他法律最相类似的规定。"司法实践当中也认可"相似案件应作类似处理"的原则,以保持法的安定性与可预期性。那么,我们可以类推适用合同解除的相关制度来分析解除条件成就时所有权归属及其返还请求权问题。对合同解除的法律效果,比较法上主要有直接效果说、间接效果说与折衷说,在我国以直接效果说与折衷说之争为甚,故本文主要围绕这两个学说展开。每一学说对于合同解除时标的物所有权的归属界定不同,直接效果说认为所有权属于让与人,故其享有物权请求权;折衷说则认为所有权属于受让人,故让与人只得行使债权请求权。我们按照这一思路分析解除条件成就时所有权归属及相应的返还请求权性质。

一、解除条件成就与合同解除的异同

解除条件成就与合同解除是否相同?有学者认为,附解除条件的法律行为,解除条件成就,法律行为归于消灭,合同解除也使得合同效力消

---

❶ 沈正生等诉沈爱凤赠与合同纠纷案,浙江省绍兴市越城区人民法院民事判决书(2017)浙 0602 民初 347 号民事判决书。

灭。就此点来看，二者具有共性。但是二者也具有如下区别。其一，解除条件原则上可以附加于一切法律行为及意思表示，并不限于合同；但是合同解除只适用于合同领域。其二，在法律行为中附解除条件，目的是限制法律行为的效力，满足当事人特定的需要，为此当事人以意思表示对法律行为加上附款；合同解除不是合同的附款，并且往往不是基于当事人的约定，而主要是基于法律的规定。其三，所附的解除条件成就，附解除条件的法律行为当然且自动消灭，无须当事人再有什么意思表示；在合同解除的情况下，仅仅具备解除条件还不能使合同消灭，必须有解除行为才能使合同实际解除。其四，所附的解除条件成就，附解除条件的法律行为一般是向将来失去效力；合同解除则既有向将来发生效力的，也有溯及合同成立当初的。❶

总体来看，上述四点区别在合同领域的实际意义不大。就第一点区别而言，如果解除条件附在合同之上，其与合同解除的这一区别就不成立了。就第二点而言，如果基于当事人的约定而解除合同，约定解除与附解除条件都是当事人意思表示的产物，二者之间的这一区别就很难成立了。唯有第三点区别，合同解除确实需要当事人行使解除权作出解除行为，解除条件成就不需要当事人再作出一定意思表示了，这一区别站得住脚。但是，第四点区别依然很难成立，解除条件成就时法律行为如何失去效力，根据该法律行为所变动的物权如何再次变动，而合同解除时也同样面临这一问题。所以，附解除条件与合同解除之间的唯一区别在于是否表达了"在某一事实成就时，当事人'可以'或'有权'将合同解除"的意思，而在法律效果等其他方面并不存在什么本质区别。我们还可以法国法作为例证。《法国民法典》正是以附条件债权的方式规定违约解除的，即在附解除条件一项（该法第1183条、第1184条），规定附解除条件的合同因条件成就溯及地失去效力，双方当事人负有返还已作出给付的债务（该法第1183条规定），以此为前提，双务合同被认为附有一方当事人不履行债务时，合同将被解除这一默示的解除条件，只是解除的效果须另外一方当事人通过诉讼上的请求才能产生（该法第1184条规定）。❷ 该法第1184条

---

❶ 崔建远：《合同法总论》（中卷），中国人民大学出版社2012年版，第569页。
❷ ［日］我妻荣：《债法各论》（上卷），徐慧译，中国法制出版社2008年版，第123页。

第 1 款规定："双务合同当事人一方不履行其义务时，应视为有解除条件的约定。"这一规定被视为法律有关合同解除权的一般规定。❶ 可见，法国民法借助附解除条件法律行为的形式来表达合同解除制度，这当然与其不区分法律行为通则和合同通则有关，但也说明在学术史上二者的诸多要素是相同的。如果非要说二者有区别，那恐怕也只是相当于汽车的"自动挡"与"手动挡"的区别。在法律对于解除条件成就时法律效果缺乏规定的情况下，可以类推适用合同解除的有关规定以分析解除条件成就时所有权归属及其返还请求权。

二、解除条件成就时所有权的归属

关于解除条件成就时标的物所有权的归属，存在两种相反的见解。一种观点认为解除条件成就时标的物所有权自动回归让与人，即使没有交付或者登记，所有权也发生变动。这种观点以物权变动的意思主义为理论前提，处分行为通常也为负担行为所兼并，即如果有买卖合同等债权行为，据此不仅发生债权债务，而且原则上也引起所有权的移转。亦即，有债权行为的同时，也有处分行为。❷ 职是之故，不论负担行为和处分行为，只要解除条件成就，所有权均自条件成就时回归于让与人所有。举赠与合同的例子来看，自解除条件成就时复归赠与人所有。❸ 不难发现这一分析思路与合同解除的直接效果说何其相似。另一种观点则认为解除条件成就时不动产所有权应当办理移转登记才能回归于原所有人，动产所有权得经交付才能回归于原所有人。这一观点对前述第一种见解批驳如下：附解除条件的物权行为，于条件成就时发生丧失物权的效力，这在日本民法解释得通，因为《日本民法典》第 176 条规定物权变动实行意思主义。按照意思主义的当然解释，法律行为所附解除条件成就时，所受赠与房屋的所有权复归于赠与该房屋的原所有人，而受赠房屋的人则当然丧失其所有权。但是，若物权变动实行的是形式主义，解除条件成就时则不会自动发生取得

---

❶ 尹田：《法国现代合同法》，法律出版社 2009 年版，第 406 页。

❷ ［日］四宫和夫，能见善久：《民法总则》，弘文堂 2005 年版，第 157 页。转引自陈华彬：《民法总论》，中国法制出版社 2011 年版，第 373 页。

❸ ［日］我妻荣：《民法总则》，于敏译，中国法制出版社 2008 年版，第 386 页。

或者丧失所有权的效力。❶ 第二种观点与合同解除的折衷说如出一辙。

本文认为解除条件成就时所有权归属于受让人，具体理由如下。

第一，主张解除条件成就时所有权自动回归让与人的观点有物权变动意思主义之嫌。我国《物权法》究竟确立了怎样的物权变动主义，虽然学者们解释不一，但通说认为其确立了物权变动的形式主义。而有学者表达了物权变动意思主义的倾向，其撰文分析《物权法》第23条与《合同法》第133条但书之间的关系，该第23条规定："动产物权的设立和转让，自交付时发生效力，但法律另有规定的除外。"而该法第133条规定："标的物的所有权自标的物交付时起转移，但法律另有规定或者当事人另有约定的除外。"可见《物权法》仅仅保留了"法律另有规定的除外"的但书，那么在特定物买卖的场合，当事人双方约定该买卖物的所有权自买卖合同生效移转时，该项约定能否发生法律效力？该学者得出的结论是当事人双方若约定特定物的所有权自买卖合同生效时移转，法律不宜否定。❷ 上述结论值得推敲，正如有人指出的，《合同法》第133条在交付对所有权移转效力的影响问题上并未将形式主义贯彻到底，而是采取了一种折衷主义的态度，甚至到底是形式主义抑或是意思主义都有些模糊不清。按照法国民法与日本民法的物权变动意思主义，当事人可以约定特定物的所有权自买卖合同生效时移转。如果说占有改定的公示性很弱，那么当事人这种约定移转就连一点公示的意思都没有。同样，该学者在分析合同解除的法律效果时采纳直接效果说，认为合同解除标的物所有权复归于让与人处。❸ 这一结论同样有意思主义的影子。我国若在除土地承包经营权、地役权之外领域适用物权变动的意思主义规则，虽然会使得交易变得迅捷，但也将扰乱交易秩序，使得国家对不动产交易失去控制，甚至加剧房产交易领域的炒房投机乱象。因而可以说至少目前在我国是不能扩大意思主义适用领域的，只能按照物权变动的债权形式主义分析解除条件成就时所有权的归属。

第二，可以不采纳物权行为无因性原则，但绝对不能抛弃物权变动的公示原则。主张解除条件成就时所有权复归让与人的论者所持主要论据是

---

❶ 姚瑞光：《民法总则论》，中国政法大学出版社2011年版，第265页。
❷ 崔建远：《再论动产物权变动的生效要件》，载《法学家》2010年第5期。
❸ 崔建远：《民法制度移植的背景因素和内在和谐问题》，载《法学家》2003年第4期。

我国没有采纳物权行为的无因性原则，只有根据这一原则才能得出所有权归属于受让人的结论。其实，即便抛开无因性原则不谈，从物权变动的公示原则角度看，物权的变动需要外在的表现形式和内在的人的意思，需要受让人将标的物以移转所有的意思交还给让与人，经过这个过程所有权才重新回归让与人。这个过程的完成可能是受让人的自主自愿，也可能是经过法庭的判决执行的，但只有标的物经合意或者是拟制的合意（法庭判决情形）交付给让与人，让与人才取得所有权。这个道理同根据区分原则，双方合意并不立即产生权利变动的效果，需要外在的表现形式如交付或者登记才产生权利变动的效果一样。同样，当权利已经根据原因关系经过外在的表现形式转移后，虽然原因关系因各种原因不再存在，这时相关权利并不自动回复，但受让人仍然占据相关权利已没有法律上的正当性支撑，属于不能继续保有的利益，需受让人以权利变动为目的，再移转占有或变更登记，只有经过了此外在形式，因原因不再存在后的权利回复才算完成。❶ 这是物权变动的公示原则在解除条件成就时权利变动中的体现与贯彻。众所周知，很多学者之所以不认同无因性原则，主要理由是无因性原则对让与人的利益保护力度不够。照此推理，有人可能质疑本文观点，认为解除条件成就时让与人不能自动取得所有权，势必损害让与人的利益。笔者认为这种担忧是不必要的，下文将详细阐述。

第三，在解除条件成就时，标的物所有权变动是基于法律行为而发生的变动，不经动产交付或者不动产登记，所有权无法复归于让与人。韩世远教授认为，合同解除场合，给付物的返还属于物权变动，并且属于基于法律行为的物权变动。此处所谓基于法律行为的物权变动，系指基于解除权行使的行为发生物权变动，同样需要经过交付或者登记手续，最终方能实现物权的复归。❷ 崔建远教授则反对上述观点，他认为合同解除形成的法律关系不是按照当事人意思表示的内容赋予的，而是法律直接规定的，如《合同法》第 97 条，因而属于法定关系。他还认为，解除权行使的意思表示，难谓含有发生物权变动的效果意思。赋予一方以意思表示引发物权变动，一方的意思表示改变双方的合意，颠覆了当事人双方平等的法律

---

❶ 左传卫：《论不当得利返还请求权的定性与体系安排》，载《政治与法律》2011 年第 1 期。

❷ 韩世远：《合同法总论》，法律出版社 2011 年版，第 532 页。

地位，显非妥当。❶ 笔者赞同韩世远教授的见解。一是因为"赋予一方以意思表示引发物权变动，一方的意思表示改变双方的合意，颠覆了当事人双方平等的法律地位，显非妥当"这一观点值得商榷，债权人为保全债权而行使债权人撤销权，这属于行使形成权的单方行为，不也导致物权变动吗？解除权行使的意思表示为何不能引发物权变动呢？二是因为无论解除条件成就还是解除权的行使均可作为法律行为引发物权变动，换言之，引发物权变动的是当事人的意思表示而不是法定原因，所以需要经过不动产登记与动产交付之后才能发生物权变动。退一步说，也并不是所有的基于法定原因的物权变动都不需要交付或者登记的，比如按照不当得利制度返还动产时仍得交付，返还不动产时也须办理登记才能算是完成返还义务。

第四，依据法律行为发生的所有权变动为旨在发生物权变动的意思表示的产物，即使当事人意在使标的物所有权于解除条件成就时自动回归让与人，但是缺乏重新交付或者登记的表示行为，意思表示的主观意思与客观表示出现了不一致。为了保护交易安全，宜采取表示主义的解释方法，根据占有或者登记的表象所有权理应属于受让人。

第五，从我国的税务实践来看，根据《国家税务总局关于无效产权转移征收契税的批复》（国税函〔2008〕438号）规定，对经法院判决的无效产权转移行为不征收契税。即只有法院判决该房屋产权交易行为始终无效的情况，才不征收契税，已缴契税可以退还。按照《财政部、国家税务总局关于购房人办理退房有关契税问题的通知》（财税〔2011〕32号）规定，对购房单位和个人办理退房有关契税问题时，对已缴纳契税的购房单位和个人，在未办理房屋权属变更登记前退房的，退还已纳契税；在办理房屋权属变更登记后退房的，不予退还已纳契税。购房者在办理房屋权属变更登记后退房的，不予退还已纳契税，其潜台词是什么？只能理解为退房者的退房行为是在销售自己二手房的行为。结论是如此不可思议，但是按照税法逻辑推理只有这样的结果。❷ 可见，相关法律并不认可合同解除时的直接效果说，而是采纳了折衷说，即所有权依然归属于受让人，这一结论同样适用于解除条件成就时所有权的归属问题。

---

❶ 崔建远：《解除效果折衷说之评论》，载《法学研究》2012年第2期。
❷ 魏高兵：《合同的税法评价》，立信会计出版社2014年版，第131页。

综上，解除条件成就时所有权依然在受让人处，不动产所有权应当办理移转登记、动产所有权得经交付才能回归于让与人处。受让人不主动履行上述义务者，让与人对其有返还财产请求权，但其为何种请求权，在法学理论上非常值得探讨。

三、解除条件成就时让与人返还财产请求权不是物权请求权

各国立法无不规定，附解除条件的法律行为自条件成就时失效。但究竟失去何种效力，则语焉不详。从学理上讲，作为法律事实的一种，法律行为的效力表现为民事权利义务关系的得失变更。因此，法律行为一旦生效，则相应法律效果即行发生，而已经发生的法律效果是不可能"归于消灭"的，故已经生效的法律行为并不存在任何"失去效力"的可能。解除条件的成就所导致的法律关系解除的效果，恰恰是法律行为效力发生所导致的效果，而不可能是法律行为丧失效力的效果。换言之，"解除条件"成就所"解除"的并不是法律行为的效力，而是已经存在的权利义务关系。❶ 所以"附解除条件的法律行为自条件成就时失效"这一立法表述是值得推敲的。确切地说，解除条件的成就，并不可能回复原来的法律状态到它以前的那个样子，而是形成了一种了结现务的关系。❷ 具体来讲就是，通过返还财产的方式了结现务，以解除当事人之间已经存在的权利义务关系。《法国民法典》第 1183 条正是这一观点的反映。该条规定："解除条件为于条件成就时使债的关系归于消灭，并使事物回复至订立契约以前状态的条件。解除条件并不停止债务的履行；该条件仅使债权人于条件所预定的事件发生时有返还其所已收受之物的义务。"解除条件成就时让与人对受让人行使的返还财产请求权不是物权请求权，理由如下。

第一，解除条件成就时标的物之所有权归属。物权请求权与债权请求权的主要区别在于标的物的权利归属。依据本身享有的物权行使的请求权，往往是物权请求权；请求相对方转移标的物的权属的请求权，往往是债权请求权。解除条件成就时，所有权尚在受让人手中，则让与人只得对

---

❶ 尹田：《民法典总则之理论与立法研究》，法律出版社 2010 年版，第 510 页。

❷ ［德］卡尔·拉伦茨：《德国民法通论》（下册），王晓晔等译，法律出版社 2003 年版，第 702 页。

受让人行使债权请求权。

第二，解除条件成就时"恢复原状"的性质。既然法律对于解除条件成就时法律效果缺乏规定，只能类推适用法律关于合同解除的法律效果的规定。《合同法》第97条规定："合同解除后，尚未履行的，终止履行；已经履行的，根据履行情况和合同性质，当事人可以要求恢复原状、采取其他补救措施，并有权要求赔偿损失。"同理，解除条件成就时也将发生"恢复原状"。对于其中"恢复原状"的规范意义，赞同直接效果说的学者认为在合同因违约被解除的情况下，"恢复原状"是有溯及力地解除所具有的直接效力，恢复原状的性质应为原物返还请求权；如果原物不存在或者债务的履行为提供劳务的，恢复原状请求权则为不当得利返还请求权。主张折衷说的则认为合同解除既然不具有溯及力，解除前已经为当事人受领的给付，自然有其法律上的原因，因此无从产生不当得利的返还问题，更不会发生原物返还请求权。相反，已履行的债务转化为一种以恢复原状为宗旨的法定债务关系，其性质为债权请求权，以实现权益的逆变动（复归）。直接效果说与折衷说的差别之一在于恢复原状请求权的性质如何。

第三，解除条件成就时一般不发生溯及力。直接效果说与折衷说的深层次差别在于合同解除有无溯及力，直接效果说认为合同溯及消灭，折衷说却不认可溯及效力。附解除条件制度与折衷说不谋而合，却与直接效果说相距甚远。除法国法之外的立法例无不强调附解除条件的法律行为自解除条件成就时失其效力，即不生溯及既往效力。同时，我国台湾地区和日本的"立法"还允许当事人约定解除条件成就时产生溯及力。学者对此解释为条件成就有无溯及效力是附条件法律行为的效力问题，而法律行为的效力，应当依据当事人的意思决定。❶ 该意思表示究竟发生债权效力还是物权效力，存在两种截然相反的观点：一是认为该意思表示发生债权效力，如根据《德国民法典》第159条关于当事人约定溯及既往的规定，该约定行为在债法上具有溯及既往的效力；❷ 二是认为该意思表示发生物权效力，当事人特别表示了将条件成就的效力溯及条件成就以前的意思时，

---

❶ 胡长清：《中国民法总论》，中国政法大学出版社1997年版，第279页。

❷ ［德］迪特尔·梅迪库斯：《德国民法总论》，邵建东译，法律出版社2001年版，第635页。

从其意思，且溯及的效力在对第三人的关系上也发生。❶ 但是该学者也强调，这些物权变动在预先进行了登记时，可以对抗第三人；但在尚未进行预先登记时，则不能对抗第三人。❷ 我们认为，主张当事人约定溯及既往的意思表示发生物权效力的观点是意思主义的推理结论，我国民法采取的是物权变动的形式主义而非意思主义，即使当事人有解除条件成就时产生溯及力的约定，也不能产生物权效力，这一点与折衷说相同。

第四，如何看待"法意解释方法"。主张直接效果说的论者所持主要论据之一是"法意解释方法"，提出合同解除制度最初是由其负责设计的，条文由其草拟，采纳的是直接效果说。❸ 我们可以借用凯尔森的一段话对此予以反驳：若将规范当作意志之表达的话，则因议会决议而生之法律规范显然从作出此决议之际开始存在，而此时任何意志皆已不复存在。纵然该法律曾承载过任何意志，而通过此条法律之后，议会成员转而讨论其他问题时，关于该法律内容之意志也已烟消云散。由于法律诞生于法程序结束之际，则其便不"存在"于立法机关组成人员之意志中。若欲证明法律规范"存在"，法学家不必诉诸任何心理学现象：法律规范之"存在"并非心理学现象。❹ 我们认为，即使对《合同法》第 97 条"恢复原状"进行法意解释，也不是探求历史上的立法者于立法当时的主观意思，而是探求法律于今日所应有之合理意思，亦即客观意思。所以，在作法意解释时，一切立法资料，只是解释法律之参考资料，必须依社会现有观念，对立法资料予以评估，进行价值判断，以发现法律客观的规范意旨。❺ 如果不能根据所谓的法意解释方法就得出合同解除采纳了直接效果说这一结论，那么直接效果说所支持的"原物返还请求权论"就岌岌可危了。

第五，是否必须赋予当事人以原物返还请求权。崔建远教授认为，从利益衡量的角度分析，折衷说有利于受让人，直接效果说有利于让与人，虽然违约方既可能是让与人也可能是受让人，但在违约解除场合采取直接

---

❶ ［日］我妻荣：《民法总则》，于敏译，中国法制出版社 2008 年版，第 387 页。

❷ ［日］我妻荣：《物权法》，罗丽译，中国法制出版社 2008 年版，第 100 页。

❸ 崔建远：《解除权问题的疑问与释答（下篇）》，载《政治与法律》2005 年第 4 期。

❹ ［奥］凯尔森：《纯粹法理论》，中国法制出版社 2008 年版，第 344 页。

❺ 梁慧星：《民法解释学》，中国政法大学出版社 1995 年版，第 219—220 页。

效果说大多有利于守约方。❶ 笔者认为实则不然，理由如下。其一，毋庸置疑，法律制度设计应当有利于守约方，但是否必须采取赋予原物返还请求权的形式。从某种意义上讲，合同解除的所有物返还请求权与违约责任当中的强制履行很相似，强制履行的后果往往也是将原物交付或登记给守约方，旨在强调对守约方利益保护的最大化。但是，强制履行在现代合同法中已经不如以往受重视，从一般的实践来看，对不履行诺言的行为判处金钱赔偿早已成为一种准则，除非具体交易本身的性质决定了实际履行更为妥当。令人瞩目的相反做法是苏维埃法，它始终强调合同的实际履行。苏维埃法比西方法律更注重社会经济的正常运转和调整国家部门之间的商品供应。由此我们可以断定，解除条件成就时赋予当事人原物返还请求权的必要性不强。况且，若违约方已经部分履行或者不当履行其债务，合同解除时赋予其原物返还请求权，这又是否有"助纣为虐"之嫌呢。更何况，在某些解除条件成就场合还很难说一定存在违约行为，为偏袒其中一方当事人而赋予其物权请求权的意义实在不大。其二，民法格外关照善意第三人的利益，而往往对合同当事人双方权益却给予平等待遇，即使一方当事人违约，那也是由违约责任制度调整。平等原则意味着双方当事人享有的权利也得对等，债权是平等的，应当赋予双方以债权。解除条件成就时，当事人双方的合同当事人身份并不改变，依然是债的关系当事人。假若赋予一方以债权而另一方以物权，无疑打破了既有的平等地位，将导致新的不公平。其三，债权请求权足以保护让与人的利益。解除条件成就时恢复原状义务也是基于原债务关系，债的内容虽因之而有所改变或扩张，但其同一性仍维持不变。既然如此，若双方当事人互负恢复原状义务，则两项义务存在牵连关系，适用同时履行抗辩权的相关规定。于是，让与人可行使"同时履行抗辩权"以牵制受让人，迫使其履行恢复原状义务从而保障自己权利。另外，下文也将表明解除条件成就时的恢复原状请求权不同于不当得利返还请求权，也根本不存在"怠慢"让与人的问题。

---

❶ 崔建远：《解除权问题的疑问与释答（下篇）》，载《政治与法律》2005 年第 4 期。

四、解除条件成就时"恢复原状请求权"与"不当得利返还请求权"之间的取舍

排除了原物返还请求权之后，只剩下"恢复原状请求权"与"不当得利返还请求权"可以选择。关于这二者之间的关系，存在如下不同观点。一是认为不当得利是返还受益人受益的制度，与此相反，解除后的恢复原状的目的，是使相对人（受损人）恢复到不存在合同时的状态，因此二者的标准不同，解除后的恢复原状与不当得利的返还有本质上的不同。❶ 韩世远教授提出，自折衷说的立场出发，合同并不因解除而溯及地消灭，解除前的受领仍然具有相应的法律上的原因，故恢复原状义务并非不当得利返还义务。至于原状恢复义务的法的性质，见解并不统一，较有影响的学说认为，有偿双务合同中给付与对待给付应具有等价交换的均衡，原状恢复义务便是基于这种要求由合同上的债权关系变形而来。除此之外，还有其他各种各样的学说。❷ 二是认为解除后的恢复原状也是失去法律上的原因之后的效果，这一点与不当得利是相同的，因此没有必要强调其与不当得利在本质上的不同。如果需要认可的恢复原状义务超出不当得利的一般返还义务，则作为不当得利的特别场合加以说明即可。❸ 按照上述第一种观点，恢复原状请求权与不当得利返还请求权主要在于两个方面：其一，适用不当得利制度的一个前提是给付的受领没有合法依据，而合同解除之前合同是有效的，当事人的受领是有合法原因的；其二，在不当得利返还以受领人的现存利益为限，而这在合同解除时对让与人保护并不充分。❹ 笔者认为，欲在"恢复原状请求权"与"不当得利返还请求权"之间作出取舍，需要考虑如下因素。

首先，《合同法》第 97 条是不完全法条。法律通常都包含多数法条，其未必均是完全法条。不完全法条只有与其他法条相结合，才能开展共创

---

❶ ［日］我妻荣：《债法各论》（上卷），徐慧译，中国法制出版社 2008 年版，第 179 页。
❷ 韩世远：《合同法总论》，法律出版社 2011 年版，第 533 页。
❸ ［日］我妻荣：《债法各论》（上卷），徐慧译，中国法制出版社 2008 年版，第 179 页。
❹ 廖齟林：《论合同解除的溯及力》，载《重庆工商大学学报（社会科学版）》2014 年第 3 期。

设法效果的力量。❶ 合同法仅对合同解除后的恢复原状请求权进行了原则性的规定，并未就该恢复原状义务予以明确的规制，故必须与其他法条结合才能正确适用该"恢复原状请求权"。究竟与哪些法条相结合，取决于各相关规范的意义、目的及其背后的价值判断。梅迪库斯认为，《德国民法典》第 346 条第 1 句（即合同解除恢复原状请求权）构成了自己的请求权基础，该返还请求权根本不是因第 812 条第 1 款（即不当得利返还请求权）而产生。❷ 而前已述及，我妻荣则认为此恢复原状请求权与不当得利返还请求权是同一事物。观点分歧的原因在于对恢复原状与不当得利规范的意义、目的、构成要件、法律效果及其价值判断的理解不同。

其次，不当得利返还请求权的法律效果。通说认为不当得利返还请求权的标的范围，即受益人返还义务的范围，依其受利益是否善意而不同。具体而言，受益人为善意，则返还的利益仅以现存利益为限。相反，受益人为恶意，则应当返还其所取得的全部利益，即使其利益已不存在，也应负责返还。笔者认为，不当得利制度之所以考虑受益人的主观状态，是因为其具有剥夺行为人不法获利、预防不法行为的功能❸，而在解除条件成就情况下，往往很难说当事人是善意还是恶意，附解除条件制度与不当得利制度的宗旨、功能、效果等方面有所不同，所以解除条件成就时财产返还不能适用不当得利制度。

再次，不当得利的补充性或辅助性论也是不能忽视的。有人认为在可以用其他法律制度解决纠纷的场合，不应该以不当得利法为依据解决，唯有其他请求权不能行使或者不能得到满足时，才能适用不当得利请求权，这就是所谓的不当得利的补充性或辅助性论。苏联的民法学者多持这种观点，苏联法对现时我国不当得利法学说影响甚巨，以致司法实践对不当得利的态度较为冷淡，实际结果形成了其补充适用的辅助性质，并且其补充适用的范围还比较狭窄。❹ 这就决定了若将解除条件成就时让与人的返还财产请求权定性为不当得利返还请求权，将面临理论与实践脱节的尴尬

---

❶ ［德］卡尔·拉伦茨：《法学方法论》，陈爱娥译，商务印书馆 2003 年版，第 138 页。

❷ ［德］迪特尔·梅迪库斯：《德国债法总论》，杜景林、卢谌译，法律出版社 2004 年版，第 399 页。

❸ 王利明：《债法总则研究》，中国人民大学出版社 2015 年版，第 483 页。

❹ 屈茂辉，章小兵：《我国不当得利法的流变与反思》，载《河南师范大学学报（哲学社会科学版）》2014 年第 6 期。

局面。

最后，恢复原状请求权对让与人利益的保护远胜于不当得利返还请求权。解除条件成就时应当适用"恢复原状请求权"制度，具体内容可以参考我国台湾地区"民法典"第 259 条："契约解除时，当事人双方回复原状之义务，除法律另有规定或契约另有订定外，依左列之规定：一、由他方所受领之给付物，应返还之。二、受领之给付为金钱者，应附加自受领时起之利息偿还之。三、受领之给付为劳务或为物之使用者，应照受领时之价额，以金钱偿还之。四、受领之给付物生有孳息者，应返还之。五、就返还之物，已支出必要或有益之费用，得于他方受返还时所得利益之限度内，请求其返还。六、应返还之物有毁损、灭失或因其他事由，致不能返还者，应偿还其价额。"上述规定与不当得利制度相比至少具有如下优势：其一，孙森焱先生认为该恢复原状义务的返还范围系自"给付者"立场着眼，请求相对人恢复合同订立以前之状态，与不当得利制度系自"受益人"立场观察，其重点在于返还所受利益者有所不同。❶ 不妨举例说明，让与人根据合同约定已经向受让人转移标的物所有权，现合同的解除条件成就，善意受让人却将该标的物赠与第三人且已完成动产交付或不动产登记。若按照不当得利制度，受让人仅返还现存利益，实际上其所获财产并未增加，所受利益不存在，免负返还或偿还价额的责任。❷ 当然，立法者也觉得第三人凭空受益而让与人无端受损不是好事，我国台湾地区"民法典"第 183 条又规定："不当得利之受领人，以其所受者，无偿让与第三人，而受领人因此免返还义务者，第三人于其所免返还义务之限度内，负返还责任。"王泽鉴先生分析道，该第三人之受利益，系来自不当得利受领人，并未致受损人受损害，并不成立第 179 条所定的不当得利。但就当事人利益加以衡量，一方面受领人免返还义务，另一方面第三人系无偿取得利益，揆诸情理，显失公平，故第 183 条规定第三人在受领人免返还义务的限度内，负返还责任。❸ 当然，若借鉴第 183 条加以分析，第三人应当向让与人承担返还义务，似乎足以保护让与人利益，但让与人对第三人请求返还其无偿受让的利益时，对于无偿让与的受让人因此免负返还义

---

❶ 孙森焱：《民法债编总论》（下册），法律出版社 2006 年版，第 632 页。
❷ 王泽鉴：《不当得利》，北京大学出版社 2009 年版，第 179 页。
❸ 王泽鉴：《不当得利》，北京大学出版社 2009 年版，第 191 页。

务，应负举证责任。❶ 反而增加了让与人维权成本。相反，若按照上述"应返还之物有毁损、灭失或因其他事由，致不能返还者，应偿还其价额"之规定，则既不必考察不能返还的原因，也不以受让人的故意或过失为要件。❷ 后者效果直接干脆，不必牵扯第三人，对让与人更加有利，也不与现有不当得利制度理论相抵牾。其二，当事人可以就解除后的返还效果作出不同约定，包括排除或部分排除返还义务等，但不得违反诚信原则。同时，免除或部分免除返还义务的约定准用合同免责条款效力规则（《合同法》第 53 条）。❸ 可见，恢复原状请求权规则比不当得利规则要更加尊重当事人意思自治。

总之，解除条件成就时，在将标的物交付给让与人或者重新变更登记给让与人之前，受让人依然享有标的物的所有权。在让与人与受让人之间发生恢复原状请求权，即使当事人有解除条件成就具有溯及力的意思表示也只能发生债权效力。故无论在解除条件成就之前还是之后，受让人将标的物转让给第三人，属于有权处分，该第三人可以继受取得所有权。当受让人将标的物赠与第三人时，亦是如此。有学者主张，解除条件成就之效果为物权的效力，但其溯及则不得侵害善意第三人之利益。这种观点似乎足以保护第三人利益，但与本文见解并不完全一致，按照这种观点，受让人转让标的物是无权处分他人财产，对善意第三人利益的保护主要是借助善意取得制度，要求第三人不仅善意，还需有偿取得标的物。而本文认为，受让人转让标的物是有权处分，无须借助善意取得制度，既不考虑第三人善意与否，也不要求第三人有偿取得标的物，让与人可以向受让人主张上述恢复原状请求权，同时履行抗辩权以及违约损害赔偿请求权以保护自己的权利。

---

❶ 王泽鉴：《不当得利》，北京大学出版社 2009 年版，第 193 页。
❷ 孙森焱：《民法债编总论》（下册），法律出版社 2006 年版，第 634 页。
❸ 陆青：《合同解除效果与违约责任》，载《北方法学》2012 年第 6 期。

论形成判决视角下的物权
变动合同撤销

引 言

本文旨在研究《物权法》第 28 条有关形成判决的规范与物权变动合同撤销规范之间的法律适用关系。根据我国民法通说，物权变动合同被撤销可以导致新的物权变动，即物权自动回归让与人。自《物权法》施行以来，我国学者对该法第 28 条规定的形成判决予以探讨，大多认为其包括人民法院、仲裁机构作出的撤销物权变动合同的判决或裁决等。❶

而《物权法解释（一）》第 7 条规定："人民法院、仲裁委员会在分割共有不动产或者动产等案件中作出并依法生效的改变原有物权关系的判决书、裁决书、调解书，以及人民法院在执行程序中作出的拍卖成交裁定书、以物抵债裁定书，应当认定为物权法第二十八条所称导致物权设立、变更、转让或者消灭的人民法院、仲裁委员会的法律文书。"可见，该第 7 条并未将物权变动合同撤销归为直接发生物权变动的形成判决之列。对此，最高人民法院民事审判第一庭在相关著作中指出，上述第 7 条规定的"分割共有不动产或者动产等案件"属于不完全列举，不限于分割共有物的案件，在其他形成之诉中所形成的改变原有物权关系的生效法律文书，

---

❶ 赞同法院或者仲裁机构作出撤销物权变动合同的法律文书属于形成性文书者，如房绍坤：《导致物权变动之法院判决类型》，载《法学研究》2015 年第 1 期；任重：《形成判决的效力——兼论我国物权法第 28 条》，载《政法论坛》2014 年第 1 期；程啸：《因法律文书导致的物权变动》，载《法学》2013 年第 1 期；赵振华、杨芳：《〈物权法〉第 28 条适用之思考——何种法律文书能直接变动物权》，载《社会科学》2012 年第 11 期；徐同远：《物权法第 28 条中的"法律文书"的类别及其具体类型》，载《天津法学》2011 年第 1 期；汪志刚：《如何理解物权法第 28 条中的"法律文书"》，载《西部法学评论》2011 年第 3 期。

也属于《物权法》第 28 条规定的法律文书。❶ 此语给人以直接发生物权变动的形成判决尚包括撤销物权变动合同的遐想。然而，相反观点却认为《物权法》第 28 条规定的形成判决应仅指分家析产等案件中的形成判决以及强制执行中的裁定。司法实践当中，人民法院往往只援引合同撤销规范而非该第 28 条来判决撤销物权变动合同，至于撤销合同后物权是否重新变动，有的法院判决物权重新回归让与人处，而有的则避而不谈，实有说理不明之嫌。这就令人思考《物权法》第 28 条关于形成判决的规定与物权变动合同撤销规范之间应当是怎样的适用关系。

一、《物权法》第 28 条形成判决的含义

首先，形成判决的含义。《物权法》第 28 条规定："因人民法院、仲裁委员会的法律文书或者人民政府的征收决定等，导致物权设立、变更、转让或者消灭的，自法律文书或者人民政府的征收决定等生效时发生效力。"此处的"法律文书"之文义过于广泛，因而需要限缩其意义，局限于核心，以期正确适用，有学者将其限缩解释为行使形成诉权胜诉的形成判决，即变动现存法律关系的判决。我国民事诉讼理论界一般认为，形成之诉是与确认之诉、给付之诉并列的三大诉讼类型之一。权威学者提出，形成之诉是指原告要求法院变动或者消灭一定法律状态（权利义务关系）的请求。就形成权发生的纠纷，构成了形成之诉，其逻辑关系是形成权—形成之诉—形成判决—形成力。❷ 但是，并非所有的形成权均可引起形成之诉并获得形成判决，也并非所有的形成判决均能引起物权变动。根据形成权的行使方式不同，形成权可以分为单纯形成权与形成诉权。单纯形成权是依照一方当事人的意思表示即可使法律关系发生变动的形成权。所谓形成诉权是指权利人必须以向人民法院提起诉讼并通过判决来确定其效力的形成权。单纯形成权不能引起形成之诉并获得形成判决，唯有形成诉权通过形成之诉来行使并胜诉获得的形成判决才能产生形成力。

其次，形成力与物权变动的关系。形成判决具有形成力，即形成判决

---

❶ 杜万华主编：《最高人民法院物权法司法解释（一）理解与适用》，人民法院出版社 2016 年版，第 221 页。

❷ 张卫平：《民事诉讼法》，法律出版社 2016 年版，第 188 页。

所具有的创设、变更或消灭一定法律关系的效力。有形成力的判决以形成判决为限，给付判决及确认判决均无此效力。判决发生形成力后，一定的法律关系于裁判的范围内形成，即以前未存在的法律关系因而发生，或以前存在的法律关系因而变更或消灭，这种法律效果是任何人均不能否认的。可见，形成判决区别于给付判决和确认判决的一个性质是：形成判决一般具有对世效力，换言之，形成判决所形成的某种法律效果及于一般第三人。从这个意义上说，形成力是一种绝对效力。《物权法》第 28 条规定的形成判决直接产生物权变动，那么，形成力与物权变动是否为同一概念？笔者认为形成力是物权变动的上位概念，不同性质的形成判决的形成力所变动的法律关系不同，如身份关系形成判决所变动的是婚姻关系、亲子关系、抚养关系等，而财产关系形成判决所变动的是债权关系或物权关系。故此，仅就该第 28 条而言，其形成判决产生形成力所变动的是物权关系，其与产生物权变动没有区别。在这一点上形成力颇类似于支配权，物权是支配权，人身权也是支配权，知识产权也是支配权，但在不同的具体权利领域，支配权所支配的客体与权利内涵是不同的。所以，《物权法》第 28 条规定的是"物权版"的形成判决。

最后，《物权法》第 28 条的形成判决如何引发物权变动。对此有三种不同解释。甲说认为依法院的判决发生的物权变动，性质上是依公法发生物权变动，导致物权变动的法律事实不是法律行为而是法律文书。❶ 换言之，此种物权法律关系的变动既非当事人意思自治的结果，也非法律的明确规定，而是人民法院运用司法裁判权的结果。❷ 乙说认为形成判决能否导致物权变动，其根源并不在于程序法上的形成之诉或形成判决，而在于实体法上规定的形成权本身的形成力。❸ 如果形成诉权的成立要件已经具备，法院认定形成权人的单方意思表示有效，该意思表示自判决生效时起发生形成效力。❹ 丙说认为形成力的发生有赖于形成权人的法律行为与人民法院的形成判决之结合，缺一不可。就形成诉权而言，形成权人只能通

---

❶ 程啸：《因法律文书导致的物权变动》，载《法学》2013 年第 1 期。

❷ 吴光荣：《也谈依法律文书发生的物权变动——兼评〈物权法司法解释一〉第 7 条》，载《法律适用》2016 年第 5 期。

❸ 王俣璇：《判决文书引起物权变动之限制与规则》，载《山东大学学报（哲学社会科学版）》2017 年第 2 期。

❹ 房绍坤：《导致物权变动之法院判决类型》，载《法学研究》2015 年第 1 期。

过诉讼的公力方式才能行使，形成诉权也只有在判决具有既判力后才能发生效力。尽管形成诉权只能通过诉讼方式行使，但法院作出的形成判决有赖于形成权人的意思行为。❶ 我们认为，形成力的产生是当事人的意思表示与形成判决结合的产物。相反，如果形成判决仅仅是实体法上的形成权所致，行使形成权的行为是单独法律行为，根据物权变动的公示公信原则，应当对该物权变动加以公示。同样，如果否认形成判决本身的效力，也会混淆单纯形成权与形成诉权。应当说，形成力确实是形成权行使的一种效力。因此，若权利人行使的是单纯形成权，则自意思表示到达相对人时发生效力。但这种形成力通常并不具有对世效力或绝对效力，仅在当事人之间发生效力。但若相对人行使的是形成诉权，则形成力的发生须依赖于判决，而不取决于当事人的意思表示，而且这种形成力具有对世效力或绝对效力。❷ 总之，形成诉权并非纯正的实体上的权利，而是一种混合构造或者称之为双重构造，即法律行为和国家行为相结合。

二、《物权法》第 28 条形成判决是否包括物权变动合同撤销

首先，并非所有的大陆法系国家民法都对因法律文书导致的物权变动作出了规定。德国与日本的民法典就完全没有对因法律文书导致的物权变动作出规定。瑞士民法典是大陆法系民法中最早对因法律文书导致的物权变动作出规定的民法典，其第 656 条第 2 款规定："因先占、继承、征收、强制执行或法院判决之情形而取得不动产的人，在登记前即成为所有权人，但是非经登记不得在不动产登记簿上进行不动产之处分。"我国台湾地区"民法典"第 759 条规定："因继承、强制执行、征收、法院之判决或其他非因法律行为，于登记前已取得不动产物权者，应经登记，始得处分其物权。"王泽鉴认为，此之所谓判决系仅指依其宣告足生物权法上取得某不动产物权效果之力，恒有拘束第三人之必要，而对于当事人以外之一切第三人亦有效力者（形成力，亦称创设力）而言，惟形成判决始足当之，不包含其他判决在内。此项足生不动产物权变动的形成判决，除分割

---

❶ 申海恩：《私法中的权力：形成权理论之新开展》，北京大学出版社 2011 年版，第 103—109 页。

❷ 房绍坤：《论共有物分割判决的形成效力》，载《法学》2016 年第 11 期。

共有物之判决，还有因暴利行为对不动产物权行为为撤销、因诈害债权对不动产物权行为为撤销的判决。❶

其次，我国大陆学者对《物权法》第 28 条规定的形成判决是否包括物权合同撤销存在歧见。就笔者掌握的相关研究论文而观，学者大都赞同"分割共有物的判决""人民法院、仲裁机构依照合同法撤销当事人之间订立的有关设立、变更、转让和消灭物权的合同的法律文书""撤销债务人与第三人之间的物权转让合同的判决"三者属于可以直接发生物权变动的形成判决之列。多数学者认为判断能够产生形成力的形成诉权的主要标准是实体法关于形成权行使方式的规定，即只有以诉讼或者仲裁的方式行使的形成权才可能被归入该第 28 条形成判决的范畴。《合同法》第 54 条规定："一方以欺诈、胁迫的手段或者乘人之危，使对方在违背真实意思的情况下订立的合同，受损害方有权请求人民法院或者仲裁机构变更或者撤销。"依据上述标准，学者大多将物权合同撤销作为《物权法》第 28 条规定的形成判决类型之一。但是《物权法解释（一）》第 7 条关于形成判决的规定却没有将合同撤销列入其中，不得不令人怀疑物权合同撤销是否被该第 28 条淘汰出局了。"屋漏偏逢连夜雨"，有学者撰文提出，在通过人民法院或者仲裁机构行使合同撤销权的场合，也仅仅是因为该权利的行使对当事人的利益影响较大，对于该权利的行使必须经过法院的检查性判决或者对于符合法律设定的前提条件的确认性判决才能够实现变动法律关系的效果。此时当事人之间的法律关系发生变动都是当事人行使权利的结果，而非法院判决所致。总之，《物权法》第 28 条规定的能够引起物权变动的法律文书，应仅指分家析产等案件中的形成判决以及强制执行中的裁定。❷ 可见，此类观点将《物权法解释（一）》第 7 条指出的共有物分割判决视为完全列举，将共有物分割视为我国民法中仅有的物权形成权。

我们认为，《物权法》第 28 条形成判决应当包括物权合同撤销，理由如下：

第一，合同撤销能否引发物权变动，大陆学界对此存在争议。甲说认为合同撤销权属于债权形成权，无法径直引起物权变动，而是先发生债法

---

❶ 王泽鉴：《民法物权》，北京大学出版社 2010 年版，第 81 页。

❷ 吴光荣：《也谈依法律文书发生的物权变动——兼评〈物权法司法解释一〉第 7 条》，载《法律适用》2016 年第 5 期。

上的效果，有关债务的履行才可能引起物权变动。❶ 这一观点正是那些反对撤销合同会引起新的物权变动的学者所持的主要理由。实际上，对于物权变动合同被撤销能否导致新的物权变动，各个法院态度不一致。有的法院在判决撤销房屋买卖合同的同时，还判决已经登记过户给被告的房屋归原告所有❷，但有的法院也判决撤销买卖合同时避而不谈所有权的归属，而是判决被告于本判决生效之日起若干日内协助原告将某房的房屋产权过户至原告名下❸。可见，司法实务至少并不否认物权合同撤销引起新的物权变动。甲说与司法实务明显不符，纯属臆测，实不可取。乙说认为，合同撤销并不必然引起物权回转。具体而言，其一，负担行为有效而处分行为无效，此时，权利人不能依无效的处分行为取得所有权，处分人得以所有权人身份请求返还。其二，负担行为无效而处分行为有效，按照抽象原则，权利变动的有效性与原因行为无关，因而，负担行为虽为无效，却不妨碍所有权移转。此时，产生不当得利返还请求权。❹ 按照乙说，只有物权变动合同被撤销时才能引起物权回归。而作为通说的丙说则认为，根据我国法律规定，按照所有物返还请求权的思路，合同被撤销后，基于合同发生的物权变动丧失基础，物权变动发生回转，出卖人有权请求返还原物，性质属于物权请求权。当然，此时也存在两个不当得利请求权，一为使用他人之物的不当得利，一为占有他人之物的不当得利。❺ 可见，根据丙学说，物权变动合同被撤销能够引起物权变动。乙说和丙说之间实际上存在"交集"。根据乙说，只撤销债权合同而不撤销物权行为时，并不发生物权回归，而若债权合同与物权行为均被撤销或者只有物权行为被撤销时，即可发生物权回归。而根据丙说，将一个买卖合同从始至终视为一个整体，并不区分债权合同还是物权行为，只要撤销买卖合同，也就必然撤

---

❶ 崔建远：《限缩有理，滋蔓无据——法释［2016］5 号第 7 条的得与失》，载《甘肃社会科学》2017 年第 1 期。

❷ 辽宁省盘锦市双台子区人民法院，赵某诉赵某 2 买卖合同纠纷民事判决书，案号：（2013）双民一初字第 00736 号。

❸ 成都市成华区人民法院，唐素英与罗义房屋买卖合同纠纷一审民事判决书，案号：（2014）成华民初字第 2283 号。

❹ 朱庆育：《物权行为的规范结构与我国之所有权变动》，载《法学家》2013 年第 6 期。

❺ 魏振瀛：《论返还原物责任请求权：兼与所有物返还请求权比较研究》，载《中外法学》2011 年第 6 期。

销了物权变动，这实质上相当于乙说的一种情形。这样看来，二者的唯一区别也就在于，乙说认为存在债权合同有效而物权行为被撤销的情形，而丙说并不认可这一可能性或者根本未加考虑。总体来说，丙说观点更合乎司法实务，即物权合同撤销的判决能够引起新的物权变动，足以采信。

第二，合同撤销引发物权变动系法院判决的结果而非行使撤销权的结果。有观点提出，需要将形成判决与当事人通过法院行使形成权而获得的判决区别开来。形成判决的存在是因为当事人在程序法或者实体法上享有形成诉权，而非行使实体法上形成权的结果。当事人行使合同撤销权，当事人之间的法律关系发生变动是当事人行使权利的结果而非法院判决所致。之所以规定必须通过人民法院或者仲裁机构行使合同撤销权，也是因为该权利的行使必须经过法院的检查性判决或者对于符合法律规定的前提条件的确认性判决才能够实现变动法律关系的效果。❶ 该学者认为合同撤销权是狭义的形成权而不是形成诉权。笔者不赞同该见解。在区分单纯形成权与形成诉权上，民法理论并无统一的标准。单纯形成权与形成诉权的区别在于，在单纯形成权的场合下，对于形成原因的司法控制是在事后进行的，而在形成诉权中则是在事前就对形成原因加以司法控制。简单地说，二者的主要区别就在于，形成诉权往往是民法规定必须经由诉讼或者仲裁才能行使的形成权。理论上认为，法律对此类形成之诉权作出规定，是为了对权利行使情况加以控制，也是为了避免在形成行为是否有效方面出现不确定性。特别是在行使形成权必须具备特定的理由的情况下，就会出现这种不确定性。❷ 此所谓不确定性，即构成对秩序价值的冲击与破坏。关键是秩序价值的内涵与外延亦具有不确定性，正如学者指出，法律价值不是一个类似"法律规则""法律行为"那样的实体范畴，而是一个关系范畴。不能把法律价值理解为独立于人（主体）和法（客体）之外的存在物。只有当法律符合或能够满足人们的需要，促成人们的利益的实现，在法与人之间形成价值关系，法律才有价值可言。❸ 故而民法理论基于秩序价值考量从而将哪些形成权定性为单纯形成权还是形成诉权是颇有差异

---

❶ 吴光荣：《也谈依法律文书发生的物权变动——兼评〈物权法司法解释一〉第 7 条》，载《法律适用》2016 年第 5 期。

❷ ［德］迪特尔·梅迪库斯：《德国民法总论》，邵建东译，法律出版社 2001 年版，第 77 页。

❸ 张文显：《法哲学范畴研究》，中国政法大学出版社 2001 年版，第 192 页。

的。正因如此，我国民法学者一般将合同撤销权归为形成诉权，解除权等归为单纯形成权，而德国民法与我国台湾地区民法均规定，包括合同等法律行为的撤销一般以意思表示为之，合同解除也可以意思表示为之，同时也规定了必须提起撤销之诉的某些例外情形，可谓风格迥异。既然形成诉权的范围确定主要是秩序价值判断的结果，而各国秩序价值理念又无法统一并且也没有必要统一，那么我们大可不必追随境外民法抉择形成诉权及直接发生物权变动效果的形成判决的范围，从而执拗地认为合同撤销权不是形成诉权。

三、物权变动合同撤销规范与《物权法》第 28 条的适用关系

首先，《物权法》第 28 条为物权变动合同撤销规范的填补性法条。我国民法通说认为，合同撤销能够引起物权变动，即所有权回转于让与人处。既往的理论很少从形成判决角度解释分析，相反，却似乎认为合同撤销时物权变动是当事人行使权利的结果，而非法院判决所致。笔者认为，《物权法》第 28 条是合同撤销规范的填补性法条。从语言表达的角度看，法条可以分为完全法条和不完全法条。完整表述构成要件与法律效果的规范条件句就是完全法条，不是完整表述构成要件与法律后果，而是说明应用在其他法条中的概念或限定其他法条的适用范围或就构成要件、法律效果而参照指示其他法条的法条就是不完全法条。❶ 拉伦茨提出，法律通常都包含多数法条，其未必都是完全法条。说明性法条即属于不完全法条的一种，其或者详细描述应用在其他法条的概念或类型（描述性法条），或者在考量不同的案件形态下，将一般用语特殊化，或者更进一步充实其内容（填补性法条）。大多数描述性法条是针对构成要件要素所作的规定，而填补性法条则大多对法效果作进一步的说明。❷《合同法》第 54 条规定了重大误解、显失公平等情形下，当事人可以请求法院或者仲裁机构撤销合同。该法第 58 条规定了合同撤销的法律效果，即"合同无效或者被撤

---

❶ 舒国滢：《法哲学沉思录》，北京大学出版社 2010 年版，第 175—176 页。

❷ ［德］卡尔.拉伦茨：《法学方法论》，商务印书馆 2013 年版，第 138 页。

销后，因该合同取得的财产，应当予以返还；不能返还或者没有必要返还的，应当折价补偿。有过错的一方应当赔偿对方因此所受到的损失，双方都有过错的，应当各自承担相应的责任"。但是没有说明合同被撤销后物权归属这个非常重要的问题。如果仍然在受让人处，则出让人不可能行使物权返还请求权；反之，如果是合同被撤销后财产所有权自动回归于让与人处，则返还请求权可能是物权性质的也可能是债权性质的。如果系争法条不能单独地作为请求权的规范基础，则其应被评定为不完全法条。❶《物权法》第 28 条则规定"因人民法院、仲裁委员会的法律文书，导致物权设立、变更、转让或者消灭的，自法律文书生效时发生效力"，其正面、直接地解决了合同被撤销时所有权归属这一法律效果问题，是对合同撤销及其法效果的进一步说明，构成填补性法条。明确《物权法》第 28 条是合同撤销规范的填补性法条的意义在于，法院在判决合同被撤销时所有权归属或返还时，应当同时适用合同撤销的法律规范与《物权法》第 28 条，只有这些法条结合后，才构成一个意义关联的结构整体即"规整"。司法实践当中，有的法院只适用《合同法》第 54 条规定作为撤销房屋买卖合同且判决房屋所有权回归让与人的法律依据❷，《合同法》第 54 条只是规定了合同撤销的构成要件，并未完整规定合同撤销的法律效果，更未提及所有权归属。假设判决仅仅援引《合同法》第 54 条甚至加上第 58 条作为法律依据，并不能发挥其规范功能。正如黄茂荣所说，法条需要先组合成法律规定才能发挥其规范功能，几乎没有一个法条是完全的。所谓完全的法条也常常需要其他法条来补充或说明。❸

---

❶ 黄茂荣：《法学方法与现代民法》，中国政法大学出版社 2001 年版，第 132 页。

❷ 辽宁省盘锦市双台子区人民法院，赵某诉赵某 2 买卖合同纠纷民事判决书，案号：(2013) 双民一初字第 00736 号。判决主文如下："本院认为，因原告没有文化不识字，被告拿出事先打印好的房屋买卖合同及赠与协议时，原告并不知道该合同及协议的具体内容，是被告拿着原告的手签的字、捺的印。被告以欺诈的方式，在原告不知道该合同及协议的具体内容的情况下，陪同被告到房屋产权产籍管理处办理了房屋产权变更手续，该合同及协议不是原告的真实意思表示，该房屋买卖合同及赠与赠予协议应予撤销。故原告要求撤销房屋买卖合同的诉讼请求本院予以支持。依照《中华人民共和国合同法》第五十四条之规定，判决如下：一、撤销原、被告之间签订的房屋买卖合同。二、坐落在双台子区红旗街旭东委，建筑面积 52.17 平方米楼房一户归原告所有，房籍图号 2－14－19－4－201。被告应协助原告办理变更产权登记，如被告不予协助，原告可自行办理，因被告不协助所发生的费用，由被告承担。"

❸ 黄茂荣：《法学方法与现代民法》，中国政法大学出版社 2001 年版，第 107 页。

其次，物权变动合同被撤销时物权变动的溯及力问题。《民法总则》第 155 条规定："无效的或者被撤销的民事法律行为自始没有法律约束力。"据此，合同被撤销具有溯及力。即物权变动合同被撤销，将溯及性地导致物权变动也自始无效，应视为物权变动从未发生。而《物权法》第 28 条规定自法律文书生效时发生物权效力，似乎并不认可形成判决的溯及力。合同被撤销时是否具有溯及力，对于让与人的返还请求权范围及第三人有影响。换言之，如果有溯及力，则自交付标的物之日起至判决生效前原物所生的孳息亦应归让与人，形成判决生效之前受让人将标的物转让，则构成无权处分，第三人只能根据善意取得制度获得所有权。反之，如果无溯及力，则判决生效之前原物所生的孳息归受让人所有，受让人将标的物转让者，构成有权处分，第三人无论善意恶意均可获得所有权。民事诉讼法理论一般认为，形成判决的形成力，有自判决确定时发生者，也有溯及既往生形成力者，具体要视实体法上的性质而定❶，同时也是一项旨在谋求该法律关系的安定性与彻底实现效果的必要性之间协调的活动。具体而言，如果认可形成判决的溯及力，那么在形成判决之前，以不变为前提构建起来的法律关系，将随着形成判决的确定全部遭到颠覆，因此，只有在需要彻底实现变动效果的情形下，才认可这种溯及性形成（如否认亲子关系，可以认可溯及性形成）。与此相反，当只要确实地、划一地作出变动即可，且因认可此前法律关系的不变而谋求利害关系人地位安定之必要性显得更为重要时，只要让权利变动效果面向将来发生即可。❷ 如我国台湾地区"民法典"第 998 条规定，"结婚撤销之效力，不溯及既往"，因顾及身份关系的安全，以免所生子女成为非婚生子女。❸ 我们认为，因为合同撤销的溯及力主要是影响当事人双方的利益关系，所以撤销物权变动合同的形成判决所产生的形成力应有溯及力。至于第三人利益，可借助善意取得制度获得保护，故撤销物权变动合同应自始而非自判决生效时发生物权回归。

最后，物权变动合同被撤销时让与人的返还财产请求权是否适用诉讼时效。适用最高人民法院《关于审理民事案件适用诉讼时效制度若干问题

---

❶ 杨建华：《民事诉讼法要论》，北京大学出版社 2013 年版，第 331 页。

❷ ［日］新堂幸司：《新民事诉讼法》，法律出版社 2008 年版，第 154 页。

❸ 王泽鉴：《民法总则》，北京大学出版社 2009 年版，第 393 页。

的规定》第 7 条第 3 款规定："合同被撤销，返还财产、赔偿损失请求权的诉讼时效期间从合同被撤销之日起计算。"该规定似乎表明合同被撤销时返还财产请求权的性质是债权请求权而非物权请求权，言外之意即合同被撤销时标的物所有权不会自动回归让与人。前已述及，根据《物权法》第 28 条规定的形成判决制度，物权变动合同被撤销时物权回归让与人。只要作为物权客体的"物"不动产或者动产存在并可以返还的情形下，所有物返还请求权（物权请求权）与不当得利返还请求权竞合。作为不当得利返还请求权当然适用诉讼时效制度，而按照《民法总则》第 196 条第 2 项规定，"下列请求权不适用诉讼时效的规定：……（二）不动产物权和登记的动产物权的权利人请求返还财产"。可见，如果被撤销的是不动产物权变动合同，让与人的所有物返还请求权不适用诉讼时效；如果被撤销的是动产物权变动合同，则未经登记的动产物权的让与人的所有物返还请求权适用诉讼时效。

四、结语

《物权法》第 28 条规定的是物权性形成判决，没有理由将物权合同撤销排除在外。合同撤销规范仅仅规定了合同撤销的构成要件与部分法律效果，而《物权法》第 28 条规定了物权变动合同被撤销后的物权归属这一法律效果。法院在判决撤销物权变动合同时，必须同时援引合同撤销规范与《物权法》第 28 条，才能构成一个完整的体系解释，说理才清楚透彻。同时，《民法总则》关于民事法律行为撤销的溯及力规定应当优先于《物权法》第 28 条得到适用。根据《民法总则》关于诉讼时效的规定，物权合同被撤销后让与人返还财产请求权不一定适用诉讼时效。

论海上承运人留置权之成立要件[1]

按照法律规定，海上货物运输合同承运人可以依法行使留置权，该权利的成立要件包括积极要件与消极要件，前者是指留置权成立所必须具备的要件，后者是对留置权成立的限制条件，它们将妨碍留置权成立。本文联系货运实践对上述要件加以探讨。

一、海上承运人留置权成立的积极要件

（一）承运人的债权是合法的

我国《民法通则》第 89 条第 4 款规定："按照合同约定一方占有对方的财产，对方不按照合同给付应付款项超过约定期限的，占有人有权留置该财产，依照法律的规定以留置财产折价或者以变卖该财产的价款优先得到偿还。"《担保法》第 82 条规定："本法所称留置，是指依照本法第八十四条的规定，债权人按照合同约定占有债务人的动产，债务人不按照合同约定的期限履行债务的，债权人有权依照本法规定留置该财产，以该财产折价或者以拍卖、变卖该财产的价款优先受偿。"二者的规定基本一致，都要求留置权须是基于合同之债。《担保法》第 84 条第 2 款还规定："法律规定可以留置的其他合同，适用前款规定。"表明适用留置的合同债权种类必须由法律规定，致使实践中我国的留置权只能适用于保管合同、运输合同、加工承揽合同等少数几类合同中。但是《物权法》第 230 条规定："债务人不履行到期债务，债权人可以留置已经合法占有的债务人的动产，并有权就该动产优先受偿。"可见，《物权法》并没有要求必须是合同之债，换言之包括侵权之债在内的一切合法债权都可以适用留置权担保。这无疑扩大了海上承运人行使货物留置权的基础法律关系范围，从而

❶ 本文发表于《生产力研究》2013 年第 5 期。

有利于解决无船承运业务中的货物留置权的法律依据问题。

（二）承运人合法占有债务人的动产

1. 关于占有的方式

此处的占有可以是直接占有、间接占有、利用辅助人占有与第三人占有。但债务人代承运人占有留置物的，留置权不成立。

2. 关于留置权的善意取得问题

《担保法司法解释》第108条规定："债权人合法占有债务人交付的动产时，不知债务人无处分该动产的权利，债权人可以按照担保法第八十二条的规定行使留置权。"这一规定承认了留置权可以善意取得，如因承运托运人以外的他人所有的货物而成立的留置权。

对于承运人留置权的善意取得，我国司法实践区别国内水路货物运输与国际海上货物运输而有不同的规定。就国内水路货物运输而言，法院承认留置权的善意取得。凡是国内水路运输，其货物留置权的行使均不受所有权限制。所谓国内水路货物运输是指中华人民共和国港口之间的水上货物运输，即我国沿海、江河、湖泊以及其他通航水域的营业性水路货物运输。国内水路货物运输适用我国《合同法》第17章和《国内水路货物运输规则》的规定，上述法律法规规定承运人留置"相应的运输货物"即可，没有强调必须是"债务人的货物"。

与此相反，国际海上运输货物留置权的行使受所有权限制。所谓国际海上货物运输是指非中华人民共和国港口之间的海上货物运输，即装货港或者卸货港中至少有1个是外国港口。国际海上货物运输适用我国《海商法》第4章的规定，我国海商法学界的通说认为该法规定的留置权只能针对"债务人所有的动产"，我国海事司法实践也肯定了这种观点。2001年7月《全国海事法院院长座谈会纪要》第4条规定，将承运人留置权的客体解释为"债务人所有的货物"。可见，国际海上货物运输留置权的行使受所有权限制，如果承运人为索取运费而留置不属于债务人（托运人或收货人）所有的货物，则构成非法留置，承运人将面临货物所有权人的追究。据此，在CIF和CFR贸易合同下，运费理应由卖方事先付给承运人，除非提单上注明该预付运费由收货人支付，否则，承运人无权对收货人的货物行使留置权，因为货物的所有权已经转移到了收货人手中。之所以如此规定主要是考虑留置权是在当事人之间直接设立的一种法定的担保物权，如果扩大标的物适用范围将损害到第三人的合法权益。实际上这种考虑到底是否适用于国际海上货物运输还很难说，但是，海商法意义上的货物留置权应当首先适用《海商法》及有关司法实践解释，尽管不得不承认上述两种运输采用不同规定缺乏理论依据。

但是在航次租船合同情况下，根据《海商法》第94条第1款的规定，除该法第47条和第49条强制适用于航次租船合同外，该法第四章其余条款并无强制适用的效力，故《海商法》第87条关于留置权的规定并不强制适用于航次租船合同，所以航次租船合同的当事人可通过协商确定航次租船合同中的留置权条款，比如航次租船合同中约定的留置权不以债权人占有的货物为债务人所有为要件，该约定不违反法律禁止性规定，且符合《合同法》第315条的规定，应确认为有效。这一点已经为海事审判司法实践所认可。

3. 承运人即债权人的占有必须是合法的

在实务中，常见的承运人非法占有债务人的货物情形如下：一是承运人的侵权行为，如因海事诈骗、盗窃、抢劫而占有并运输的，在被害人请求返还财产时，侵权人也不能因被害人未支付运费而留置被害人的动产，否则有违法律的公平正义的基本原则；二是签订的海上货物运输合同无效，如倒签提单、预借提单而占有债务人的货物；三是承运人的违约行为，如在班轮运输中，提单规定"运费到付"，而承运人为早日收回运费在交货前行使留置权留置货主的货物；四是在航次租船运输中，承租人承运第三人的货物，且签发了不含提单并入条款的清洁提单，提单上没有约定由托运人负责滞期费，此时的提单不受租船合同的约束，具有完整的提单功能，船东与提单持有人之间的权利义务只受提单的约束，而提单未规定托运人负责滞期费，故船东不能因第三人未付滞期费而行使留置权。我国《海商法》第95条针对这种情况有如下规定：对按照航次租船合同运输的货物签发的提单，提单持有人不是承租人的，承运人与该提单持有人之间的权利义务关系适用提单的规定，但是，提单中载明适用航次租船合同条款的，适用航次租船合同条款。

（三）债权已届清偿期

承运人的债权未届清偿期，其交付占有标的物的义务已届履行期的，不能行使留置权。但是，承运人能够证明债务人无支付能力的除外，这是紧急留置权（《担保法司法解释》第112条）。

（四）承运人留置的动产，与债权属于同一法律关系，但企业之间留置的除外

1. "同一法律关系"的含义

《物权法》第231条规定：债权人留置的动产，应当与债权属于同一法律关系，企业之间的留置除外。所谓动产与债权属于同一法律关系，是指债务人所享有的动产返还请求权与债权同属于一个法律关系，如收货人的货物返还请求权与承运人的运费债权同属于货物运输合同关系。而且，此"同一法律关系"并不局限于当事人之间的合同关系。凡债权的发生与动产存在牵连关系的，均认为具有同一法律关系。另外，《担保法解释》第109条明确规定："债权人的债权已届清偿期，债权人对动产的占有与其债权的发生有牵连关系，债权人可以留置其所占有的动产。"在此涉及对于"牵连关系"与"同一法律关系"之间关系的理解，一种观点认为它们二者具有相同的意思，另一种观点认为同一法律关系只能是合同关系，不包括不当得利、无因管理、侵权行为等发生的债的关系。但一般认为牵连关系比"同一法律关系"在外延上更宽。

2. 商事留置权

《物权法》除要求一般民事留置权的留置物必须与债权属于同一法律关系外，首次确立了商事留置权，即对企业之间的留置不要求留置物必须与债权属于同一法律关系。所谓商事留置权，是指在双方商行为的场合，商主体之间基于商事活动所发生的，债权人为实现其债权而留置债务人的物或者有价证券的权利。商人之间连续性交易较多是商人之间交易的一种常态，这种连续性交易的特点一是交易次数的连续与频繁，二是履行行为与合同非一一对应，如定期结算账目的情况。所以，商事留置权与民事留置权不同，它不强调留置物与债权的个别牵连性，而只要求二者之间具有一般牵连性。即在商人之间，因双方商行为发生的到期债权未受偿，债权人可以留置其因商事行为已经占有的债务人的财产，不要求该财产属于被担保债权本身的标的物，不要求二者之间有直接的关系。商事留置权制度是商事交易特殊性的反映。不过，《物权法》的规定显然远远宽松于一般商事留置权的理论要件，因为《物权法》根本没有要求基于商行为而占有留置物，只要主体是企业，即可对以任何合法方式占有的债务企业的动

产，因债务企业未清偿到期债务而进行留置。据此，在货物运输合同关系的承运人与托运人或收货人均为商人的情况下，承运人的留置权要件被大大放松了。

二、海上承运人留置权成立的消极条件

留置权成立的消极条件，即阻止留置权发生的情形。如《物权法》第232条规定："法律规定或者当事人约定不得留置的动产，不得留置。"

（一）法律规定不得留置的动产

所谓法律规定不得留置的动产，在我国现行法上包括以下情形。一是债权人通过侵权行为而占有动产。由于我国《物权法》第230条只允许债权人"留置已经合法占有的债务人的动产"，通过侵权行为而占有的动产是非法的，自然不属于合法占有，不得留置。二是动产的留置，与债务人承担的义务相抵触的，人民法院不支持。所谓与债权人承担的义务相抵触，是指债权人如留置其所占有的动产，就与其所负担的义务的本旨相违背。例如，承运人尚未开始承运就要留置托运人的货物。当然，在国际海上贸易活动中，常常有预付运费的情况，而当托运人未付清运费时，承运人留置该货物，对于提单实际持有人来说显失公平。如限制承运人对于"运费预付"的提单货物行使留置权又不利于保障承运人的权利。因为在实际操作中，行业之间的激烈竞争，使得预先付清全部运费很难实现。而且，在海上运输过程中发生的相应风险也较高。因而，在加强海商法立法，使之更加完善的同时，加强货物运输保险等辅助保障措施也很重要。如港站经营人对于货物的留置权相应规定中有"如债务人对索赔金额已提供足够担保，或已向双方同意的第三方或经营人营业地所在国某一官方机构存入一笔相等数额的款项，则经营人无权扣留货物"。这种在合同中约定的保证形式，更有利于保障双方当事人的权益。尤其对于鲜活、易腐、危险产品的留置很难达到保障债权的目的，因其不受留置物两个月合理期限的限制，对于货主也很被动。因而，在合同中设置保障金等方式来弥补法定留置权的漏洞会有一定的帮助。三是动产的留置，违反了公序良俗原则。《物权法》第7条规定："物权的取得和行使，应当遵守法律，尊重社会公德，不得损害公共利益和他人合法权益。"留置权的成立理应受此约

束。动产的留置若损害了社会的安全和公共利益，则应当认为此种留置违反了公序良俗。例如，在四川汶川大地震发生后，承运人因托运人未支付运费而留置运往汶川的抗震救灾的急需物资，就违反了公序良俗原则。

（二）当事人约定不得留置的动产

当事人约定不得留置的动产，不得留置。这不仅有《物权法》上的依据，而且有《合同法》及司法解释上的根据。《担保法解释》第 107 条规定："当事人在合同中约定排除留置权，债务履行期届满，债权人行使留置权的，人民法院不支持。"法律之所以允许当事人通过约定加以排除，根本原因在于：法律设立留置权的目的不过是基于公平的观念而保护债权人的利益，并未涉及公共利益或第三人的利益，因此当事人的意思自治不应受限制。[1]

---

[1] 王利明、尹飞、程啸：《中国物权法教程》，人民法院出版社 2007 年版，第 541—542 页。

事实物权与法律物权

引 言

通过登记或者占有表示的物权，即由法定公示方式表征的物权，为法律物权。而究竟什么是事实物权，却无统一的定义。有人认为事实物权是指在不存在交易第三人的情况下能够对抗法律物权的物权。有人提出事实物权是指符合事实标准，能够证明其为真正物权人的物权。近年来，"事实物权"概念为我国的法院审判实务在多种案型中所运用。最高人民法院也经常使用"事实物权"这一概念，如已获交付占有的未登记的买受人，认为其具有"事实物权人"的地位。在2009年最高人民法院《关于审理建筑物区分所有权纠纷案件具体应用法律若干问题的解释》第1条第2款就规定了基于商品房买卖关系的占有的未登记买受人的事实物权人地位。然而客观地说，事实物权是一个内涵和外延都不明确的概念。我们有必要重新梳理事实物权概念与类型，分析事实物权与法律物权、事实物权与债权之间的关系，挖掘事实物权的效力。

一、事实物权的概念与类型

（一）事实物权的概念

法律物权与事实物权是彼此不同但又存在关联的两个概念，事实物权以法律物权为存在前提。按照目前学界对事实物权的阐释，我们可以将事实物权理解为物权当中凡是不属于法律物权，但又有必要将之视为物权的权利，为此首先有必要明确法律物权的含义。按照孙宪忠、常鹏翱二位学者提出的物权的正确性判断标准，即确定判断什么样的物权才能受到法律保护的条件，从而使具备这样条件的人能够确定地享有真实物权。确定物权正确性的标准有以下两种。一是事实标准。该事实即权利人依据合法依据取得真实物权。事实标准强调维护真正物权人的权利，但是却向买受人添加了一定的注意义务，其务必查知物权的真实情况，保证其所获得的物权是从真正物权人处取得的，否则，法律就不保护所取得的物权。二是外观标准。与事实标准相反，保护第三人利益是其所坚持的立场，至于物权出让人是否必须享有真实的物权并不重要，唯一看重的是物权的外观。所谓的物权外观，即认为物权的法定公示形式就是不动产登记和动产占有，判断物权的正确性则根据具有盖然性的推定方法，却不是从客观真实的角度来界定物权的正确性。可见，这是一种对于维护第三人利益非常有利的标准。这两个标准均有优缺点：能够保护第三人利益的外观标准，却可能损害真实的物权人；而运用事实标准就难以保护第三人的权利，至于交易安全可能受到损害了。❶

我们认为，物权的判断标准并非仅仅就是登记和占有，不能因为没有登记或占有就断定没有物权。法律物权是经过登记或占有的物权，那么与之相反，虽没有以登记或占有形式表现出来的，但真正权利人却实际享有的物权，即事实物权。换言之，法律物权是指物权正确性能够通过法定公示方式予以推定的物权，针对不动产登记簿上记载的不动产物权和占有表现的动产物权。而事实物权则是真正物权，其与法律物权相悖。在没有交易第三人的情况下事实物权照样能够对抗法律物权。

（二）事实物权的类型

有人将事实物权分为原始取得的物权、准法律物权、从法律物权转化来的事实物权、符合当事人本意的事实物权。有人将事实物权分为继承型事实物权、约定型事实物权和转让型事实物权。我们认为事实物权是一个较具开放性的概念，其类型也必然难以绝对化。

1. 法律对登记原则的例外规定所产生的物权

我国物权法确立了以登记要件主义为原则，以例外规定为补充的不动产物权变动效力模式，物权法等法律规定了许多不需要依法登记即可获得物权效力的例外规定，也是判定不动产物权的法定依据。包括那些并非根据法律行为而产生的物权，如根据法律规定产生的物权，根据《物权法》

---

❶ 孙宪忠、常鹏翱：《论法律物权和事实物权的区分》，载《法学研究》2001 年第 5 期。

第 28、29、30 条等取得的物权。其特点是这些物权可以直接发生物权效力，而无须加以公示。还有关于土地承包经营权、宅基地使用权、地役权的规定。尽管如此，该事实物权人取得的却不是债权，其能够直接支配财产。

2. 转让型事实物权

当事人具有真实的进行物权变动的意思表示，但该意思却不是以不动产登记或者动产交付形式加以体现的，而是其他的非典型形式，当然该形式为司法实践所允许。在房屋买卖法律关系中，买卖合同的订立与办理房屋所有权过户之间，卖方已经向买方交付房屋但未登记，由此造成占有与登记所有权的分离。买方享有占有权，却未取得登记权利。此时，未登记的房屋买受人的权利能否对抗出卖人的债权人？有法院认为，未登记的买受人符合三个要件即可对抗出卖人的债权人，即已经支付全部价款、已经实际占有、未办理登记无过错。符合上述三个条件，买受人可以对抗出卖人的债权人的强制执行。

3. 设立法律物权失败而引致的事实物权

当事人本意是为了创设具有法定公示形式的物权，但由于某种原因消灭了该形式，造成权利人现时的物权丧失了权利正确性推定作用。如物权被转让，但因为重大误解、显失公平等原因造成意思表示瑕疵而可撤销，导致当事人意欲物权变动的意思表示丧失物权法上的效力。这时物权变动的后果无从发生，原物权人自动恢复其原有的权利人地位，但是在物权变动后果依法消除之前，原物权人无法享有法律物权。此时，事实物权与债权彼此难分。按照事实物权说，原物权人可以行使返还原物请求权，而债权说则主张原物权人只能行使不当得利返还请求权。在我国司法实践当中，法院一般认为合同被撤销可以引起物权变动，即重新回归原物权人。❶这不是法律规定的事实物权，而是经由法律解释而成的物权。

4. 当事人协议型事实物权

当事人本欲取得法律物权，但却碍于种种因素不能如愿，只得协议委托他人就同一标的物享有登记物权，则该权利人取得事实物权，如限购时代之借名买房。

---

❶ 赵某诉赵某 2 买卖合同纠纷案，辽宁省盘锦市双台子区人民法院（2013）双民一初字第 00736 号民事判决书。

5. 冒名买房的事实物权

在当事人冒用他人姓名买房的情况下，冒名者享有的也是事实物权，被冒名者取得法律物权。冒名者有权申请更正登记，当然需要符合当时当地的房屋限购政策，具有买房资格。在"王雪芳诉熊国萍所有权确认纠纷案"中，法院认为，有关国家机关对房地产所作的权属登记具有物权的公示效力，但有证据证明该权属登记系因当事人隐瞒真实情况、提供虚假材料而发生错误时，当事人有权提出要求更正。原告提供的证据，能够证明其冒用被告熊国萍的身份与案外人台州九龙房地产开发有限公司签订商品房买卖合同，进而隐瞒真实情况，向有关国家机关提供虚假的熊国萍居民身份证等材料申请办理权属登记，故坐落在温岭市城东街道万昌中路1069弄13号九龙公寓2幢1单元2002室的商品房系原告冒用被告身份购买，应认定原告为系争房地产所有权人。对原告的诉请，本院予以支持。依照《中华人民共和国物权法》第19条第1款和《中华人民共和国民事诉讼法》第144条的规定，判决如下：坐落在温岭市城东街道万昌中路1069弄13号九龙公寓2幢1单元2002室（房产证号为：温房权证城区字第××号，土地证号为：温国用2006第G11924号）的商品房为原告王雪芳所有。❶

6. 具有公示性质的交易习惯所产生的物权

社会生活中大量存在的有见证人或者经公证的分家析产协议、夫妻财产约定、共有财产分割协议等所涉及的不动产物权，虽未登记，但其权属的变动已通过一定的外观形式表现出来，并且受到当事人交易观念的认可和尊重，也具有实质的物权变动，已为人们习惯所普遍接受。这种"习惯物权"也是一种法律认可的事实物权。❷ 在物权法理论上通常把这种没有登记而是通过其他形式予以公示的物权，称为准登记物权。只要该公示形式为法律所允许，受让人即可得到与登记物权有同等意义的事实物权。这种事实物权在最高人民法院的相关司法解释中得到确认，如《担保法司法解释》第59条规定："当事人办理抵押物登记手续时，因登记部门的原因致使其无法办理登记物登记，抵押人向债权人交付权利凭证的，可以认定债权人对该财产有优先受偿权。"上述司法解释是我国物权保护实践的总

---

❶ 王雪芳诉熊国萍所有权确认纠纷案，浙江省温岭市人民法院（2015）台温民初字第186号民事判决书。

❷ 吕伯涛：《适用物权法重大疑难问题研究》，人民法院出版社2008年版，第18—19页。

结，符合人们公平正义的理念，是在承认登记要件的前提下，基于一些特殊情况，对登记要件主义适用性的修正和补充，虽然出台于《物权法》实施之前，但仍然具有适用价值，在最高人民法院就此问题作出新的司法解释前，应当继续有效。❶

7. 夫妻双方依法选择夫妻财产制形成的事实物权

夫妻双方依法选择夫妻财产制，属于夫妻双方分别行使财产权，受法律保护。在法理上，此类选择并非双方处分各自财产的保证或允诺，而是双方对各自财产的处分。此类约定中，当事人的真实意思是：从选择完成起，发生双方选择之财产关系。不能理解为：从选择完成起，双方将分别履行保证或允诺，可拒绝给付。夫妻之间不动产赠与协议自成立起，标的物权即归受赠人，如不变更登记，标的物权无对抗根据，不能对抗"善意第三人"；但受赠人可根据协议，请求赠与人变更登记，标的物权以赠与协议为权利根据。此类变更登记并非转让物权，而是公示物权，转让对抗效力，但以转让物权为前提。夫妻财产制选择协议属物权协议，物权协议不存在履行问题。将夫妻之间不动产赠与协议理解为债权合同，违背当事人真实意思，也违背《婚姻法》第19条第2款。❷审判实践当中，法院一般也认为夫妻对于婚姻关系存续期间所得的财产以及婚前财产的约定，即使未进行物权登记，也对夫妻双方具有物权变动效力，而且该物权还可以对抗债权人之债权。某法院判决认为，"王某英与赵某阳（二人系夫妻）之间关于涉案房屋归属的约定，虽然无须另行经过不动产物权变动登记手续，即在二人之间发生了物权变动的效力，但在未办理登记手续的情形下，其显然无法对抗善意第三人主张的物权。"❸值得探讨的是，除了夫妻之间对于财产约定，合伙人之间对于合伙财产的约定，能否在合伙人之间发生物权变动的效力，也即当事人关于物权归属协议的效力是否与当事人之间的身份有关系。

非常典型的案例为公报案例"唐某诉李某某、唐某乙法定继承纠纷案"，关于物权法上的不动产登记公示原则在夫妻财产领域中是否具有强

---

❶ 魏海：《不动产事实物权的判定依据及冲突解决规则》，载《法律适用》2010年第4期。

❷ 李锡鹤：《物权论稿》，中国政法大学出版社2016年版，第255页。

❸ 王某英诉王某琪、赵某阳执行异议之诉案，北京市大兴区人民法院（2016）京0115民初11974号民事判决书。

制适用的效力。上诉人李某某、唐某乙认为，婚内财产分割协议只涉及财产在夫妻之间的归属问题，依双方约定即可确定，无须以公示作为物权变动要件；被上诉人唐某则主张财富中心房屋的产权人是唐某甲，即使唐某甲与李某某曾约定该房屋归李某某拥有，也因未办理产权变更登记而未发生物权变动效力，该房屋仍应纳入唐某甲的遗产范围。本院认为，唐某甲与李某某所签《分居协议书》已经确定财富中心房屋归李某某一人所有。虽仍登记在唐某甲名下，并不影响双方对上述房屋内部处分的效力。理由如下：物权法以登记作为不动产物权变动的法定公示要件，赋予登记以公信力，旨在明晰物权归属，保护交易安全和交易秩序，提高交易效率。但实践中，由于法律的例外规定、错误登记的存在、法律行为的效力变动、当事人的真实意思保留以及对交易习惯的遵从等原因，存在大量欠缺登记外观形式，但依法、依情、依理应当给予法律保护的事实物权。《物权法》第 28 条至第 30 条对于非基于法律行为所引起的物权变动亦进行了例示性规定，列举了无须公示即可直接发生物权变动的情形。当然，这种例示性规定并未穷尽非因法律行为而发生物权变动的所有情形，婚姻法及其司法解释规定的相关情形亦应包括在内。在夫妻财产领域，存在大量夫妻婚后由一方签订买房合同，并将房屋产权登记在该方名下的情形，但实际上只要夫妻之间没有另行约定，双方对婚后所得的财产即享有共同所有权，这是基于婚姻法规定的法定财产制而非当事人之间的法律行为。因为结婚作为客观事实，已经具备了公示特征，无须另外再为公示。而夫妻之间的约定财产制，是夫妻双方通过书面形式，在平等、自愿、意思表示真实的前提下对婚后共有财产归属作出的明确约定。此种约定充分体现了夫妻真实意愿，系意思自治的结果，应当受到法律尊重和保护，故就法理而言，亦应纳入非依法律行为即可发生物权变动效力的范畴。因此，当因夫妻婚后共同取得的不动产物权归属发生争议时，应当根据不动产物权变动的原因行为是否有效、有无涉及第三人利益等因素进行综合判断，不宜以产权登记作为确认不动产权属的唯一依据，只要有充分证据足以确定该不动产的权属状况，且不涉及第三人利益，就应当尊重夫妻之间的真实意思表示，按照双方达成的婚内财产分割协议履行，优先保护事实物权人。需要指出的是，此处的第三人主要是相对于婚姻家庭关系外部而言，如夫妻财产涉及向家庭以外的第三人处分物权，就应当适用物权法等调整一般主体之间财产关系的相关法律规定。而对于夫妻家庭关系内的财产问题，应当优先适用婚姻法的相关规定。本案中，《分居协议书》约定"财富中心房屋归李某某拥有，李某某可以任何方式处置这些房产，唐某甲不得阻挠和反对，并有义务协办相关事务"。该协议书系唐某甲与上诉人李某某基于夫妻关系作出的内部约定，是二人在平等自愿的前提下协商一致对家庭财产在彼此之间进行分配的结果，不涉及婚姻家庭以外的第三人利益，具有民事合同性质，对双方均具有约束力。财富中心房屋并未进入市场交易流转，其所有权归属的确定亦不涉及交易秩序与流转安全。故唐某虽在本案中对该约定的效力提出异议，但其作为唐某甲的子女并非《物权法》意义上的第三人。因此，虽然财富中心房屋登记在唐某甲名下，双方因房屋贷款之故没有办理产权过户登记手续，但物权法的不动产登记原则不应影响婚内财产分割协议关于房屋权属约定的效力。且结合唐某甲与李某某已依据《分居协议书》各自占有、使用、管理相应房产之情形，应当将财富中心房屋认定为李某某的个人财产，而非唐某甲之遗产予以法定继承。一审法院根据物权登记主义原则确认财富中心房屋为唐某甲与李某某夫妻共同财产实属不妥，应予调整。❶ 本案判决明确认可事实物权这一概念。

8. 商业实践当中出现的某些新型事实物权

由于物权概念的模糊性和相对性，中国物权法要对作为基础概念的物权作出准确的界定，必然要采纳严格的物权法定主义。《物权法》第 5 条规定："物权的种类和内容，由法律规定。"而《物权法草案（第五次审议稿）》第 5 条规定："物权的种类和内容，由法律规定；法律未作规定的，符合物权特征的权利，视为物权。"在严格的物权法定主义的视角下，物权的种类和内容由法律规定，物权变得明确和清晰，解决了模糊性和相对性问题，但也带来了僵化固化的弊端，造成许多事实物权。生活中出现的某些权利虽然符合物权的内涵，但由于形式主义的要求，不能被认可为物权。物权法定缓和，又导致物权的外延不确定。如何把握物权法定的边界处理事实物权的问题，成为法律适用中的拦路虎。

首先，新型用益物权的认定。其一，动产用益物权。《物权法》第 5

---

❶ 唐某诉李某某、唐某乙法定继承纠纷案，载《中华人民共和国最高人民法院公报》2014 年第 12 期（总第 218 期）第 31—35 页。

条规定："用益物权人对他人所有的不动产或者动产,依法享有占有、使用和收益的权利。"该条虽然规定了动产用益物权,但没有确定动产用益物权的内容。根据物权法定原则,按照体系解释,动产用益物权不具有任何实质意义。动产租赁权是不是就是动产用益物权,或者说哪些动产租赁权属于动产用益物权,需要进一步研究。其二,不动产用益物权。《土地管理法》第 57 条规定,建设项目施工和地质勘查需要临时使用国有土地或者农民集体所有土地的,由县级以上人民政府土地行政主管部门批准,临时使用土地期限一般不超过二年。临时土地使用权是不是物权,取决于对物权法定的理解。目前,学者往往把临时土地使用权定性为不动产租赁权,因为《物权法》没有把临时土地使用权明文规定为物权。此外,《物权法》没有规定居住权。居住权是指对他人所有的住房及其附属设施占有和使用的权利。现实生活中存在居住权的要求,需要在房屋上设立用益物权。其次,新型担保物权的认定。其一,动产担保。金融机构采取的新型质押担保,包括商铺租赁权质押、出租车经营权质押、存货动态质押、保证金质押和银行理财产品质押等。这些担保方式属不属于权利质押,法律适用并不统一。《物权法》没有规定让与担保,当事人为担保债权实现,是否允许采取让与担保的方式存在争议。《证券公司融资融券业务试点管理办法》第 31 条规定:"证券登记结算机构依据证券公司客户信用交易担保证券账户内的记录,确认证券公司受托持有证券的事实,并以证券公司为名义持有人,登记于证券持有人名册。"融资融券交易是不是已经采用让与担保的方式,需要进一步讨论。其二,不动产担保。《物权法》仅规定了动产质权和动产留置权,而没有规定不动产质权和不动产留置权,能否参照适用,值得研究。❶

二、事实物权之批判

(一) 事实物权无意义论

1. 事实物权是否缺失物权的基本内核

一般认为,物权具有两个极其突出的特点:一是物权的直接支配性;

---

❶ 申惠文:《中国物权概念的反思与批判》,载《河北法学》2014 年第 3 期。

二是物权的排他性。何为直接支配性？直接支配性是指物权人可以按照自己的意思享受物的利益，无须他人的意思或行为的协助。而排他性则是指同一标的物上存在着某一物权时，便不允许互不两立的物权与其并存。可见，物权的基本内核和本质特征是直接支配，而排他性不过是直接支配性的必然效果而已。反观事实物权，虽然事实物权理论将其定位为物权的一种，然而从其实质内容来看是有缺陷的。首先，事实物权不能完全体现直接支配性。其次，事实物权未被赋予完整的排他效力。❶ 笔者认为，首先，物权的根本属性不是直接支配性。一来某些法律物权也不具有直接支配性，如抵押权人在设定抵押权之后实行抵押权之前，无法直接支配抵押物。因此，有人干脆称抵押权不是物权。二来某些债权也具有直接支配性，如借用、租赁等场合权利人可以直接占有使用标的物。三来某些事实物权人可以直接支配客体，如继承人在继承被继承人的房产之后，加以占有使用即是。既然直接支配性不是物权的根本性质，那么不能因为某些事实物权不具有直接支配性而否认其物权属性。其次，某些法律物权也不具有排他效力。只要存在善意第三人，哪怕是法律物权也得让路，这是不争之理。轻率断言不具有排他效力的物权便不是物权，显然是站不住脚的。

2. 事实物权是否使得物权与债权的区别模糊化

有学者认为，根据登记成立主义，变更申请人如具有取得标的物物权之条件，可向登记部门提出更正申请，登记部门应予更正。在法理上，申请更正行为的权利是特定行为人之人身自由，属权能，不能认为该行为资格是一项物权，而仅仅欠缺法定公示形式。所谓"真正权利人"之法律地位是：应该享有标的物权，但实际上并不享有标的物物权；标的物物权之价值应该归属"真正权利人"，但实际上归属错误登记人。因此，"真正权利人"是应该取得权利而并未取得权利之人，可简称为"应该取得权利人"，以区别于已经取得权利人。"真正权利人"可请求救济，各国法律之救济方式并非规定其享有"事实物权"，而是许可其申请变更登记，变更登记后方取得标的物物权。❷ 该学者还认为，可请求变更不动产物权登记之人包括债权人和物权人，前者如已到过户期之购房人，后者如继承人、

---

❶ 魏永、王全弟：《事实物权：理论困境与出路》，载《东方法学》2014 年第 4 期。

❷ 李锡鹤：《物权论稿》，中国政法大学出版社 2016 年版，第 119 页。

宽限期届满之典权人。不动产物权登记人即权利人：无除外规定时，非登记人均非物权人；有除外规定时，原登记人已非物权人。权利是法律确认之行为资格，包括物权在内之任何权利均由法律规定，欠缺法律根据不发生任何权利、任何物权。将物权分为所谓"法律物权"与"事实物权"不能成立。● 该学者主张严格区分物权与债权，二者不能"化合"。

但是不仅我们"凡夫俗子"对于物权与债权的区别难以驾驭，即便是一些"法学大家"也对此感到束手无策。拉伦茨提出，最抽象的概念都只容许有两个（彼此处于矛盾对立关系的）导出概念，唯如是始能保障其所要求的圆满性。事实上，作为民法典基础的学术体系中，的确有相当的多此类对应概念，其不容许有第三者参与其中。法律上"有意义者"，若非权利主体即为权利客体，一物若非不动产即为动产，主观权利若非"相对的"即为"绝对的"权利，物权若非"完全权利"（所有权）即为"限制物权"。以此种思考方式而论，人的集合若非单一人格者（法人）即为复数人格者（合伙）。权利与义务相互排斥，因此，像格尔恩胡贝尔针对亲属法所说的"义务权"，根本就"与概念相抵触"，换言之，在概念体系范畴中，它是不能想象的。因此，只要碰到"既如此亦如此"以及中间形式的情况，这种体系就让人沦于无法克服的困难中。特别显著的适例是债权的物权化（如不动产租赁的转让、预告登记、基于债权关系而生的占有权利以及基于之前实际拥有或善意误认拥有的占有权利而提起之诉等）。同样适当的例子有公司共有、有限公司的中间形式以及不能配合民法典体系的物权（如住屋所有权、担保性所有权等）。依严格的概念区分，主观权利只能分为"相对的"及"绝对的"权利；依内容区分的权利种类，例如人格权、属人性的亲属权、对于物及其他财货的支配权、参与权、形成权及期待权等，其属类型，而非概念。因此，此等法律类型并无一定的数量，再进一步形成这些类型是绝对可能的。此时特别清楚地显示出，今日的法学不能仅凭借抽象概念式的体系，反之，形成他种体系的契机于此也显露出来。❷ 可见，物权与债权之间的区别是按照内容对权利的分类，由于类型是开放的，故类型是不周延的，总是存在着挂一漏万的危险。类型

● 李锡鹤：《物权论稿》，中国政法大学出版社 2016 年版，第 120 页。

❷ ［德］卡尔.拉伦茨：《法学方法论》，商务印书馆 2003 年版，第 331—332 页。

思考方法告诉我们，不同类型之间存在着过渡性，随着若干个要素的增减、变化，此类型可以过渡到彼类型，从而存在中间形态是必然的。❶ 所以，事实物权就是一个相对独立于物权与债权划分的客观类型，即使没有事实物权出现，也会有另一种权利表示物权与债权之间的模糊地带。

3. 事实物权理论过于庞杂

审判实践中的事实物权，更像是一个大杂烩，现有民法理论缺乏深入探讨。首先，各种事实物权的认定标准欠缺统一性。有的事实物权是根据法律规定加以认定，其具有较强的物权属性；而有的事实物权则根据学说解释认定，此时存在相反见解认为它不是物权，而是债权。其次，各种事实物权的效力存在不同。有的事实物权不能对抗善意的第三人，而有的事实物权连恶意的第三人也不能对抗。再次，有的事实物权有"转正"为法律物权的机会，而有的事实物权却不能转化为法律物权。尽管事实物权如此复杂多变，但我们认为事实物权是一上位概念，其包含了若干具体的事实物权类型，彼此之间存在较多的区别，其内部的复杂性并不影响其物权的属性。

（二）事实物权理论的价值

1. 将物权区分为法律物权和事实物权，并非主观臆想，而是对客观事实的总结，具有十分重要的理论意义和实践意义

显然，不论是事实物权还是法律物权，都有依法保护的必要性；但是在它们发生矛盾的时候，法律必须确定以哪一种物权作为保护基准，同时，对另一种不能作为基准的物权，也要在法律上建立保护制度。比如在建立不动产登记制度的情况下，因当事人自己的原因，或者因为当事人之外的其他原因，经常会发生纳入登记的权利人并非真正的权利人、纳入登记的权利与事实上的权利不一致的情况。动产物权，在占有表征与真正权利之间也会有不一致的情况，在这种情况下，立法和司法就会遇到如何既客观地确定物上权利支配秩序，又能够对正确权利进行保护的问题。因此，必须在法学上以及立法指导思想上将其予以区分。将物权分为法律物权和事实物权，比其他物权分类方式意义更为重大。因为，传统的物权分类，大多只具有学理意义，实践意义不强。而物权从法律物权和事实物权

---

❶ 张志坡：《物权绝对性之反思》，载《云南大学学报法学版》，2010 年第 2 期。

的区分，学理上意义明显，且实践意义比其他物权分类方式更强烈。❶

2. 事实物权可以体现物权变动的快捷与稳健原则

现代物权法的基本任务不仅仅在于确定静态的归属关系，还在于尽可能地肯定、保护财产的变动关系，确保财产能够快速地在市场中流通。这是因为物权实际上是一种财产权，现代市场经济的发达依赖于财产在市场中不停地流动，在流动中升值，提高经济效益。这要求现代物权法应当将交易便捷与稳健作为一项基本原则，而事实物权规则最大程度地体现这项原则。

3. 我国各地发展差异巨大的局面为事实物权提供了土壤

对于物权变动而言，事实物权模式虽然看似凌乱，但要比债权形式主义立法模式更迎合当事人的不同观念与需要，更有实践价值，尽管后者看起来整齐划一。登记公示规则对于我国的现实社会而言，具有较强的强行植入色彩，我国缺乏实行登记要件主义的制度历史，也不符合我国民众传统的房屋产权交易习惯。基于传统习惯与成本考虑，老百姓一般都不愿意办理房产手续，却乐于采用协议等方法解决权利变动问题。如果坚持让民众接受一个在外国或许比较可行的制度，就可能发生一种错位，可能出现"法律多但秩序更少的世界"。❷

4. 我国目前的登记规则与交付规则也适合事实物权规则的存在与发展

我国目前的登记制度在很多方面还有不足，比如登记部门过于多元、程序烦琐、公示效果欠佳等。尽管国家对登记制度正在进行完善，但上述登记制度的不足是难以较快克服的。在这种制度背景下，难以实现物权变动的债权形式主义的美好愿景，如果一意孤行推行"唯登记论"，肯定会造成法规则与现实相冲突的难堪。既然如此，不如采纳更为符合实际的物权变动规则，认可主体之间的意思表示即可发生物权效力。另外，事实物权也符合我国交付制度的现状。我国目前动产交付存在多种形式，除现实交付、简易交付具有较强的公示性，指示交付与占有改定并不具有公示性，很大程度上就是当事人之间的物权变动合意，第三人很难知道买卖双方之间的物权变动，但是二者也为物权法所认可。所有这些都为事实物权的形成与发展提供了条件甚至必要性。

---

❶ 孙宪忠：《中国物权法总论》，法律出版社 2014 年版，第 125 页。

❷ ［美］罗伯特．C．埃里克森：《无需法律的秩序》，苏力译，中国政法大学出版社 2003 年版，第 354 页。

三、事实物权的理论基础

(一) 两大法系关于事实物权的立法例

物权变动的意思表示与该意思表示的方式，是内容与形式之间的关系。作为一种法律规则，物权变动的法定公示形式，强调法定性、外在性甚或排他性，意欲对社会生活法律调节手段达到一统江湖的目的，进而实现物权变动交易安全。但是，实现交易安全的路径并非唯一。法国民法采纳物权变动的意思主义，即使没有进行登记，买受人的身份也从债权人变成了物权人，其可以进一步转让自己的物权，无须登记等其他行为。可见在法国民法制度下，对于不动产所有权的证明，不存在任何可靠性。不动产行政注册登记（包括地产公告、土地的测量及登记、纳税人名册等）本身充其量只能算是所有权的"标志"而非所有权的证明。❶ 在法国法中，要求第三人承担交易安全的注意义务是唯一合理的选择。可见，这种立法例对权利人的保护是重点，只能对第三人以不保护为原则，为了补救由此对善意第三人造成的不公平，而设立善意第三人保护制度。德国民法即使坚持形式主义，但其也承认如果登记是错误的，则表明不动产物权是不真实的，这也意味着不动产物权的客观真实状态与其登记状态是可以分离的。据此，法律物权与事实物权的区分得到了明确的承认。英美法系区分动产与不动产所有权的移转。在动产物权变动中，合同起着决定性的作用，而作为公示方式的交付则只是对抗第三人或后来的购买者的补充作用。而在房产等不动产物权变动中，合同的作用则有质的变化，仅在不动产物权变动的环节中起证明意思表示一致的作用。英美两国都认为登记不是物权变动的要件，只是发生对抗第三人效力的要件。❷

(二) 物权变动是当事人意思自治的结果

1. 不动产登记是民事行为而非行政行为

在我国，长期以来都是把不动产登记当作是一个行政行为，所以在法

---

❶ 尹田：《法国物权法》，法律出版社 1998 年版，第 249—250 页。

❷ 卓莉媛：《我国房产事实物权人利益保护研究》，2011 年厦门大学硕士学位论文，第 25—27 页。

院司法体制下，涉及不动产物权登记的诉讼，历来都是由行政庭管辖，不是民事庭管辖。这个做法从法理上看是很不妥当的。因为物权确认的问题，由行政法庭依据行政程序法、行政诉讼法来处理是没有道理的。因为不动产登记只是不动产物权变动的一种公示方式，物权变动的原因是类似于买卖、赠与、抵押等合同，而物权的设立、转让等，同样是当事人自己意思表示推动的结果，这些事情可以说和行政管辖确立的国家管理没有什么太多的关联。在我国建立行政管理形式的不动产登记，其根源在于从改革开放之前到改革开放初期相当长的一段时间里，我国没有不动产的市场行为，国家只是从土地等资源开发管理的角度建立了土地登记、房地产登记、森林登记、海洋滩涂登记等。在不动产登记这个问题上，我国法学界特别需要转变自己的观念。在国际上通行的做法是，所有的涉及民事法律关系的登记都是民事登记，或者民商事登记，和行政管理没有关系，没有什么行政登记。❶

2. 物权变动是意思自治的结果

从法律的角度看，民商法上的不动产物权登记并不是物权唯一正确性的根据。在物权的设立、转让、变更等过程中，登记是非常重要的法律上的公示行为。但是理解不动产物权登记的核心，是要理解当事人之间物权变动的根源是当事人的意思自治，如果当事人意思自治采取了其他的公示方式，也应该得到法律的承认和保护。这就是民商法基本原理。但在中国为什么最后只认登记？关键的原因就是我国法学界对于民事权利变动的基本根据——法律行为的基本价值和基本意义认识不足。我国法学界虽然也承认民事权利变动的基本根据是法律行为这种最重要的法律事实，但是法理学界、宪法学界、行政法学界以及民法学界曾经的主流或者"多数人"，多认为民事权利的法律根据还是国家行为，比如国家管理对民事权利赋权、授权、确权等。这些观点其实都是计划经济体制下的法律观念，它违背了法律渊源的基本原则，其结果必然损害人民权利。不论是不动产登记还是交付，都是当事人将其无权变动的内心意思表示予以"公示"的方式。债权意思没有公示的必要。同样，不动产登记必须从民众意思自治原

---

❶ 孙宪忠：《〈物权法司法解释（一）〉若干问题的分析与适用》，载《法律适用》2016 年第 10 期。

则的角度来理解。所以，当事人将其意思表示予以公示的方式，以动产交付和不动产登记为典型，但是，此外也还应该存在其他方式。❶

换言之，物权变动的根本原因是当事人的意思即当事人之间变动物权的合意，而非其他。当事人根据其意思变动物权，当事人之间所变动的为何种物权，自何时起物权变动，都仅仅取决于当事人的意志，而非决定于他人的意志。因此，不论是动产还是不动产，物权由何时发生转移也就应当由当事人决定，而不是由他人为其决定。物的交付还是权利登记，都是物权变动的外在表征，而非物权变动的根本原因。

（三）登记制度目前很难作为不动产物权判断的绝对标准

登记作为物权判断标准应当满足一系列条件：法定权利与事实权利完全吻合；占有、登记的表征与物权的实际状况完全一致；登记的公信力获得社会大众确信。但问题在于，这样的要求能够实现吗？答案是否定的。

（1）登记或者占有所反映的权利信息，有可能不能完全绝对真实地表现物权的事实归属。而且，社会生活和交易是丰富多彩的，物权表现形式也是多种多样的，法律仅仅规范登记或者交付表现的物权，并不能完成确定物权归属及内容的使命。

（2）伦理权利与法定权利是相分离的。权利是以伦理为基础的，权利的属性虽多，但究其本质，"权利是每个人出自本我，希望或已处于某种有利状态。"总之，权利就其本质来说是利己的。那么在这种利己主义的指导下，社会公众对伦理权利的观点与法定权利的观点就会出现冲突。法律机制在将伦理权利过滤形成法定权利时，很有可能出现错误，或者代表少数人的伦理观念，或者考虑到大多数，但由于我国地域辽阔很难考虑周全。这样形成的法律权利很可能会，最起码在部分地区、部分人群中失去伦理基础的支撑。以海域使用权证为例，研究者通过对调查问卷的分析发现，渔民对海域权属性质的认识与其获取海域的途径往往有密切的联系。认为海域属于个人所有的，大多是通过"谁先用就归谁"的先占原则获取的；认为海域属于村集体所有的，大多是通过与村集体签订承包合同、缴纳承包费来获取的；认为海域属于国家所有的，上述情形兼有。市场经济

---

❶ 孙宪忠：《〈物权法司法解释（一）〉若干问题的分析与适用》，载《法律适用》2016 年第 10 期。

的发展和利益关系的复杂性加剧了这种冲突。❶

（3）就登记或占有的本质而言，其推定力应当允许被推翻。既然登记或占有的表象可能偏离真实权利状况，而真实权利也要受到法律保护，则登记或者占有的推定力就具有被推翻的可能性。德国学说认为，推定所指向的当事人，是对登记有法律利益之人，其有权对推定进行反驳，要达到反驳的目的，就必须提供登记错误的完全证据，使得法官依据新证积极地肯定：推定不真实，其对立面真实，即被推定存在的权利不存在，被推定属于对方的权利不属于对方，被推定不存在的权利存在。❷ 既然推定是可以推翻的，事实物权就有了存在的可能性。

四、事实物权与法律物权及债权的区别

（一）事实物权与法律物权的关系

1. 从联系方面看

一般来说，事实物权构成法律物权的前提，法律物权是事实物权的法律表现；事实物权是根本物权，法律物权是外在物权；先有事实物权，后有法律物权；登记、交付可以使事实物权转化为法律物权，法律物权也可以通过变更、撤销登记转变为事实物权。从本质上讲，二者是一致的，但在具体场合，二者可能发生分离，产生权利冲突现象。

2. 从区别方面来看

二者主要有如下不同：

第一，权利的表现方式不同。法律物权的表现形式为不动产登记或者动产的占有或交付，具有公开性、公示性，具有推定力；事实物权则通过权利人所享有的更正登记请求权、返还请求权等物权请求权等来表现，与物权公示原则没有必然的联系。

第二，权利的判断依据不同。登记、交付或占有等外观标准是法律物权自身正确性的判断标准，至于外观标准是否符合客观真实情况，名义权

---

❶ 孟俊红：《论登记制度与物权判断——以物权判断标准的迁移为视角》，载《甘肃政法学院学报》2011 年第 6 期。

❷ ［德］莱奥·罗森贝克：《证明责任论》，庄敬华译，中国法制出版社 2002 年版，第 240 页。

利人有无具有实体法上的根据，则均非法律物权所关注；而事实物权则是以客观标准加以判断，由于其缺乏法定的公示形式，无法根据外观进行判断。

第三，权利人的举证责任不同。所谓推定，是指依照法律规定或者由法院按照经验法则，从已知的基础事实推断未知的推定事实存在，并允许当事人提出反证推翻的一种证据法则。推定分为法律推定与事实推定两类。法律推定分为推论推定和直接推定。推论推定是法律推定中最典型、最标准的推定，是依据法律从已知事实推论未知事实，从前提事实推论推定事实的结果。❶ 而法律物权采纳的是登记或者占有的公示方法，具有推定力，主张权利正确性的权利人无须举证。其他人要否定这种推定的正确性，必须承担举证责任，这相当于推论推定；而由于缺乏法定公示带来的正当性支撑，事实物权的权利人需举证证明事实物权的正确性，适用"谁主张，谁举证"规则。

第四，权利的关注点不同。法律物权的关注点不仅在于交易当事人内部，更重要的是交易关系之外的第三人，承担维护交易安全的任务。而事实物权的关注点限于交易当事人的内部，在事实物权与法律物权出现分离的场合，事实物权也有受保护的必要性。

第五，权利的效力不同。法律物权是完全物权，当然具有绝对性、排他性和对世性，权利人无须承担举证责任等负担，即可对抗事实物权。而事实物权是一种"缺乏对抗力的物权"，不能对抗交易第三人。除了上述依据《物权法》第28、29、30条发生的事实物权，其他的事实物权往往是借助买卖合同、分割协议等债权行为发生的，该债权行为的目标是设定某种物权，往往需要等到债权行为履行完毕时才能实现该目标，而事实物权理论则将物权实现的目标提前了，事实物权相当于一个"早产的物权"，其自身的对抗力必然较差。

（二）关于事实物权与债权的区别

1. 物权与债权之间是否存在先验的区别

在我国现行民事立法中，物权与债权作为财产权的两种重要类型，区

---

❶ 参见卞建林、谭世贵主编：《证据法学》（第二版），中国政法大学出版社2010年版，第504—505页。

别明显。依据《物权法》第 2 条第 3 款的规定，"本法所称物权，是指权利人依法对特定的物享有直接支配和排他的权利，包括所有权、用益物权和担保物权"，物权属于支配权，具有排他效力；而依据《民法通则》第 84 条第 2 款的规定"债权人有权要求债务人按照合同的约定或者依照法律的规定履行义务"，债权属于请求权、相对权。现行民事立法借助上述两款不完全法条，将物权与债权的区分主要界定为权利作用上的差异，即物权为支配权，债权为请求权。但确如学界通说所言，这一区分并非物权与债权的唯一区分。实际上，支配权与请求权之分也并非物权与债权最为核心的区分。原因是支配权与请求权之间并不存在一个先验的、无可争辩的区分标准。❶ 我们认为，物权与债权的区别很大程度上是一种立法政策的结果，而不是逻辑思辨的产物。崔建远对于物权与债权的区分提出如下看法：人对于特定物所享有的权利。若被称为物权，需要具备人直接支配该物的事实。不过，这种事实关系是否上升为物权关系取决于立法政策。法律对于诸如借用、租赁等人直接支配特定物的事实并未按照物权关系设计，而是将借用人的使用权、承租人的租赁权规定为债权。其深层次原因在于债权能够满足承租人、使用人的需要，为防止出租人出卖住房等可能损害承租人的生存权，特设买卖不破租赁的原则也就足够了；若为物权，则意味着借用人、承租人获取了超出甚至远远地超出了所付代价的利益，会阻碍出借人、出租人处分标的物，尤其在借用人、承租人利用借用权、租赁权融资的情况下，极有可能使出借人、出租人遭受重大的不利。❷

2. 事实物权与债权的区别

其一，事实物权向法律物权的转化，还需要借助不动产登记或者动产占有或交付等公示手段，而这些公示恰恰是债权实现的表现。我们在债权实现之前就享有的物权不是完全的物权。

其二，事实物权有公示的机会。事实物权具有绝对效力而无对抗效力，此亦符合债权的特征，但是事实物权有机会上升为具有对抗效力的物权，而债权则不可能具有对抗效力。有学者早就提出，对物权变动采意思主义立法的，仅依当事人的意思而转让或设定的物权（前者如转让的所有

---

❶ 王轶、关淑芳：《物权债权区分论的五个理论维度》，载《吉林大学社会科学学报》2014年第 5 期。

❷ 崔建远：《物权法》，中国人民大学出版社 2009 年版，第 18 页。

权,后者如设定的抵押权),在标的物交付或登记前,名为物权,实为债权。❶ 我们认为,在此涉及的物权与债权之间的本质区别究竟是什么?有学者认为,绝对效力是物权最为重要的特征,是物权与债权之最为根本的区别(债权为相对权,仅具有相对效力)。这是因为,物权的支配效力(谓之"支配权")与债权的请求效力(谓之"请求权")并非完全能够成为区分两类权利的绝对标准:事实上,很多债权都具有或者包含支配效力(如承租人、保管人、承运人、借用人等对相关财产所享有的直接支配的权利)。物权之所以是物权,关键并不在于其具有支配性,而在其具有绝对性。❷ 而我们赞同如下观点:是否具有对世效力,究竟是绝对权还是相对权,至少从解释论角度来看,是物权与债权最为核心的区别。物权要么就是具有对世效力的绝对权,要么是得经由选择采用法律给定的公示方法从而产生对世效力的绝对权。债权就有所不同,从解释论的角度出发进行考察,除了个别的例外,债权就是不具有对世效力的相对权,法律通常也不会给债权人提供经由选择特定公示方法就可以具有对世效力的机会。❸ 所以,只有那些法律赋予了公示机会的权利才能被称为事实物权,否则其只能被认定为债权。在这种意义上讲,事实物权也是法定的或者至少需要加以解释的,而债权往往无须如此。

其三,原所有权人承担的义务是不同的。物权与债权是截然不同的两种权利,原所有权人在其所有物上设定一项物权与设定一项债权,其所承担的义务是两样的。以所有权的买卖为例,当事人完成所有权变动的意思表示之后,受让人就是该买卖标的物的新的所有权人。尽管受让人此时尚有可能未实际占有该标的物,或者尚未进行不动产的变更登记,但其对该有体物已经完全享有除法令限制以外的自由,其对该买卖标的物的任何行为(负担行为或处分行为)均不再构成对出卖人的侵权。相反,出卖人在此后的任何使标的物价值减损的行为,都将构成对买受人的侵权。其实,对于只有物权变动合意,没有物权变动外观形式的当事人之间的物权变动,就是事实物权。

---

❶ 李开国:《物权与债权的比较研究》,载《甘肃社会科学》2005 年第 2 期。

❷ 尹田:《论物权对抗效力规则的立法完善与法律适用》,载《清华法学》2017 年第 2 期。

❸ 王轶、关淑芳:《物权债权区分论的五个理论维度》,载《吉林大学社会科学学报》2014 年第 5 期。

其四，当事人的意思不同。只要事实上符合"直接支配特定物而享有其利益的权利"这一定义的权利，即是物权，无论其是否登记或交付。理由是当事人的意思就是要创设物权性质的权利而非债权等其他权利。如果将其解释为债权，必然违反当事人的真实意思。

五、事实物权的效力

（一）事实物权缺乏对抗效力

1. 物权的对抗效力来源于物权的公示

对于第三人而言，已予公示的物权的存在视为其知晓或者应当知晓，即物权公示的直接效果，是立刻使任何意图设立与物权相悖的权利或者利益的第三人成为"恶意第三人"。因此，未经公示的物权变动的存在，是物权对抗效力之有无得以显现的必要条件，换言之，对于已予公示的物权，其抵御妨害的效力完整而全面，即同时具备绝对效力和对抗效力，仅对于未经公示的物权，方可发生绝对效力与对抗效力的分离（即其仅具有绝对效力但不具有对抗效力）。

2. 对抗效力不同于绝对效力

我国原来的物权理论主要是借鉴德国以及我国台湾地区"民法"理论，而德国以及我国台湾地区"民法"采用物权变动的"形式主义"，即基于法律行为的物权变动只能是依据某种具有外部形式的行为而发生，具体而言，动产物权变动以动产交付为准，不动产物权变动以登记为准。因"交付"和"登记"分别为动产和不动产物权变动的法定公示方法，故一般情况下，动产或者不动产物权变动与物权公示系同时发生，基本上不存在物权"无对抗力"的问题。因此，在我国原有的民法理论中，物权的所谓"对抗效力"被纳入物权的所谓"绝对效力"中加以阐述，或者更准确地说，物权的对抗效力被混同于物权的绝对效力。但事实上，物权的对抗效力被混同于物权的绝对效力。但事实上，物权的绝对效力与其对抗效力是完全不同的：物权的绝对效力，是物权所具有的防范一切不法侵害的法律保障力，从这一角度而言，物权具有对抗物权人之外的任何人的约束力。但物权的对抗效力，则专指物权所具有的排斥他人合法妨害的效力，即当第三人的权利或者正当利益主张妨害了物权人的权利时，物权人有权

予以对抗或者抵御，即否认第三人的权利或者正当利益的主张。❶

3. 公示对抗要件主义与公示处分主义的物权均缺乏对抗效力

学者尹田提出，在"形式主义"物权变动模式及由此必然导致的"公示成立要件主义"（非经公示，物权变动不成立）立法模式之下，由于物权的取得与物权的公示同步，故物权人的物权既具有绝对效力，也具有对抗效力，二者通常不会不发生分离。只有在以法国、日本民法为代表的物权变动的"公示对抗要件主义"（非经公示，已经发生的物权变动无对抗效力，即不得对抗善意第三人）的立法模式下，才有可能存在"无对抗力"的物权。由于我国物权法并未完全照搬德国以及我国台湾地区"民法"的物权变动模式，对机动车、船舶、航空器以及农村集体土地承包权、宅基地使用权、地役权和动产抵押权的物权变动采用了"公示对抗要件主义"，由此导致了上述物权变动有可能产生因"未经登记"而"不得对抗善意第三人"的情形，并由此产生了诸多无对抗力的物权。❷ 笔者认为，《物权法》第 31 条关于同法第 28、29、30 条非基于法律行为发生的不动产物权变动，要求必须登记才能发生物权效力，学说称之为公示处分主义，上述物权因为没有履行公示手续，故也属于没有对抗效力的事实物权。

（二）事实物权的效力

1. 物权对抗效力的含义

物权人与主张权利或者正当利益的第三人之间的冲突，为正当利益之间的冲突，对此，法律必须谨慎地进行利益平衡，如果第三人在设定其权利或者利益时，因物权已予公示而知晓或者应当知晓物权的存在，则其构成恶意，不应予以保护，但如其为善意，即因物权未予公示而不知其存在，则其利益因构成交易安全（整体利益）的载体而应予侧重保护，故法律应规定未经公示而无权利外观的物权对之不具有约束力。据此，如果将物权抵御不法妨害的效力称为物权的"绝对效力"的话，那么，物权人否认第三人权利或者正当利益主张的效力，则为物权的"对抗效力"。

2. 事实物权可以对抗让与人

让与人和受让人签订了买卖合同，让与人已经把不动产或者产权证书

---

❶ 尹田、尹伊：《论对未经及登记不实财产的强制执行》，载《法律适用》2014 年第 10 期。

❷ 尹田、尹伊：《论对未经及登记不实财产的强制执行》，载《法律适用》2014 年第 10 期。

交付给受让人，那么在双方当事人之间应当认定已经发生物权变动，让与人不得反悔要求返还标的物。

3. 事实物权可以对抗其他没有办理登记的债权人

此时的根据是"物权优先于债权"，事实物权人享有的是物权，而其他债权人享有的只是债权，前者可以对抗后者。

4. 事实物权不得对抗已申请强制执行的普通债权人

2007年《物权法》扩张了公示对抗要件主义物权变动模式适用的范围，由此导致各类"未经公示而无对抗力的物权"的出现。其中，机动车等以登记为物权公示方法的特殊动产在物权变动后未经公示能否对抗出让人的债权人的问题，迅速成为强制执行程序中急需定夺的重大疑难问题。根据《物权法》第24条的规定，机动车、船舶、航空器因交付而发生物权变动时，如未经登记，不得对抗善意第三人。此项规定中的"善意第三人"，应否包括已申请并经由法院对相关财产采取强制执行措施的出让人的债权人？对之，理论界和实务界均发生了重大的认识分歧。而我国最高人民法院于2016年2月22日发布的《物权法司法解释（一）》第6条对之作出了否定的规定。就其理由，该法院负责人作出的公开说明是：根据"物权优先于债权"的原理，受让人经交付所取得的未经登记的特定动产物权应优先于转让人的一般债权人（包括破产债权人、人身损害债权人、强制执行债权人、参与分配债权人等），故其均应排除在《物权法》第24条所称的"善意第三人"范畴之外。

前述说明的错误在于，物权的优先效力指的是当物权与债权在实现上发生冲突时，物权应优先于债权而得以实现。此处的"优先"，是对均应由法律保障实现的两项权利（物权和债权）所安排的一种权利实现的"顺位"，仅适用于担保物权（抵押权、质权和留置权）与普通债权发生冲突的情形，而物权的对抗效力则是指物权人有权以其物权否认第三人对物权标的的权利或者利益主张，如果物权无对抗效力，则该物权对于善意第三人视为"不存在"。因此，当强制执行程序中的债权人（申请执行人）和取得执行标的所有权但未经公示（登记）的所有权人发生冲突时，需要确定的并不是该两项权利（未经登记的物权与已申请强制执行的债权）实现的先后顺位，而是该物权对于该债权人应否被视为"不存在"。如果该物权对其具有对抗力，即该物权对于该债权人是"存在"的，在这种情况下，由于被执行的财产根本就不是被执行人的财产，故该债权人请求执行该财产就丧失了依据。反之，如果该物权对该债权人无对抗力，即该物权对于该债权人应视为"不存在"，那么，该财产当然就应当被视为被执行人的财产而被强制执行。由此可见，物权的优先效力与物权的对抗效力风马牛不相及，以"物权优先于债权"来作为未经登记的物权可以对抗已申请强制执行的债权的理论依据，完全是错位的。而既有物权效力理论中对抗效力理论知识的缺位，正是造成前述错误的重要原因。

事实上，未经公示的物权不得对抗已申请强制执行的普通债权人的理由在于：其一，如同信赖物权登记而为交易的第三人，已申请强制执行的债权人同样具有应予保护的信赖利益：申请强制执行的债权人因信赖物权登记而选择查封被执行人的财产后，如第三人（取得未经公示的物权的权利人）提出的执行异议能够成立，则申请执行人就有可能因丧失对被执行人的其他财产的执行机会而受损；其二，怠于进行物权变动公示的权利人不值得特别保护：物权变动时，物权受让人既不申请预告登记，也不及时办理物权变动登记，即使其物权变动登记受阻，亦应及时寻求法律救济，故其应当承担由此导致的法律风险。❶

5. 事实物权无对抗力与善意取得的关系

物权的对抗力来源于物权的公示，其原因是：未经公示的物权变动，第三人不仅无从知晓，而且还会误认为原权利人仍为权利人，并基于此项信赖而为交易，故第三人的利益应予特别保护。很显然，法律确定物权"无公示即无对抗力"的目的在于保护交易安全及第三人的正当利益。诚然，在某些情况下，无对抗力制度与善意取得会发生适用上的重叠（即法条竞合）。例如，甲将其机动车出卖给乙并予以交付，乙即取得该车的所有权。在未办理过户登记的情况下，甲又将该车出卖给丙，并办理了过户登记。此时，丙可以善意取得制度主张其依法取得了该机动车的所有权，作为对乙请求返还原物的有效抗辩，丙也可以主张乙已取得的未经登记的所有权不具有对抗效力，而丙自己所取得的已予登记的所有权具有对抗效力，从而作为对乙返还请求的有效抗辩。

于是，有学者认为，未经公示物权不能对抗已经公示物权，实际上是

---

❶ 尹田：《论物权对抗效力规则的立法完善与法律适用》，载《清华法学》2017 年第 2 期。

一个善意取得的问题。因为这一情形完全符合物权善意取得的法律制度构造。既然为善意取得，作为事实所有权人之所以不能对抗第三人，并非在于事实所有权人的地位应被否定，而是在于第三人主观上为善意的时候，其从有所有权之虚像的无处分权人那里所受让的所谓的所有权，能否对抗事实上的所有权人。其中的经济因素的决定作用是不言而喻的：在农业经济社会，法律一般不予第三人对抗事实所有权人的权利；在商品经济社会，绝大多数国家的法律给予第三人以对抗事实所有权人的权利。总之，是对交易安全的追求使然。如果将未经公示物权不能对抗已经公示物权等同为善意取得制度合适的话，则上述"不经登记就不能对抗第三人"中的第三人的范围就应该适用善意取得者的范围。❶

相反观点却认为，无对抗力制度与善意取得基于不同的逻辑基础而设置，故二者在法理解释和适用条件及范围上有所区别：善意取得仅适用于物权被无权处分且为有偿转让的情形，其保护交易安全的方式是令善意受让人依法直接取得权利，同时使真正权利人即刻丧失其权利，而善意受让人之取得权利，与真正权利人的权利是否具有对抗效力毫无关系，因此，善意取得主要适用于错误登记的不动产（包括错误登记的机动车等登记动产）被登记名义人有偿转让（无权处分）的情形；而无对抗力制度并不适用于错误登记情况下的无权处分，例如，甲的房屋被错误登记在乙的名下，被乙出卖给丙并办理了过户登记。此种情形，不存在甲的物权因"未经公示而无对抗力"的问题，故善意受让人丙不得基于主张真正权利人甲的权利"无对抗力"而获得保护，只能通过主张善意取得而获得保护，且这一制度并不否认未经公示的物权的存在，只是否认其具有对抗效力，此种无对抗力及第三人范围较大，除了不得对抗在无权处分情况下的善意购买人之外，还包括其他具有信赖利益的第三人（如善意受赠人、申请强制执行的普通债权人等）。❷

我们赞同第二种观点，对此可以获得比较法解释。依照法国和日本的立法例，未经登记而无对抗力的物权，其不得对抗的善意第三人是指不知道或者不应当知道物权变动的事实且对标的物享有正当利益的人，主要包

---

❶ 董学立：《也论交易中的物权归属确定》，载《法学研究》2005 年第 5 期。

❷ 尹田、尹伊：《论对未经登记及登记不实财产的强制执行》，载《法律适用》2014 年第 10 期。

括如下类型：就同一财产已经取得经登记的物权的第三人。权利人取得未经公示的物权后，如善意第三人取得了同一财产的经过登记的所有权，或者在同一财产上设立了经过登记的用益物权或者担保物权时，该未经公示的物权对该第三人无对抗力。❶ 可见，比较法上往往并不将该善意第三人局限为善意取得的第三人。

六、事实物权与法律物权冲突的协调与保护

法律物权以法定的公示形式表现出来，故其具有便捷交易的功能，然而事实物权并不具备此优点。但是事实物权也会进入交易领域，从而与法律物权之间产生冲突对抗。

（一）不涉及第三人利益的场合

1. 事实物权优先于法律物权

在不涉及第三人利益的情况下，事实物权是能够对抗法律物权的，即在法律上应当对事实物权予以承认和保护。此种状态因不涉及交易第三人无害于交易安全，故虽真正物权人的权利没有通过登记和占有公示的方式表现出来，但是只要有足够充分的证据表明权利人有合法的根据取得权利，即应保护真正物权人的合法权利。这存在如下原因。其一，此时不存在第三人，不存在交易安全保护问题，故保护事实物权并不与物权公示原则相矛盾。其二，可以发挥物权法维护物权"静态安全"的功能。所谓"静态安全"是指在不涉及第三人利益的情况下当事人之间的物权关系。在静态物权关系下，因没有第三人的介入，物权公示公信原则没有适用的空间，保护事实物权，从而实现了物权的静态安全。其三，绝对贯彻物权法定主义将导致一系列问题，必须对其加以缓和。按照物权法定主义，物权即是法律物权，不包括事实物权，只有经过公示的权利才能受物权法的保护。实践当中大量事实物权的出现要么基于当事人的意思自治，要么当事人对其并无过错，如果否定这些物权显然违背社会公平正义。为此必须

---

❶ 尹田：《法国不动产公示制度》，载梁慧星主编：《民商法论丛》第16卷，金桥文化出版有限公司2000年版；〔日〕铃木禄弥：《物权的变动与对抗》，渠涛译，社会科学文献出版社1999年版。

缓和物权法定主义的僵化，承认事实物权。❶

2. 保护事实物权人的法律措施

首先，更正登记与异议登记。事实物权可以对抗法律物权，事实物权人享有更正登记请求权和异议登记请求权。二者的区别在于，更正登记是提示、督促当事人及时依法申请物权登记，而异议登记则是为了及时采取限制登记物权行使和流转的法律措施。异议并不导致对土地登记簿的"封锁"，也不导致其冻结。登记权利人仍然可以对其权利进行处分，而异议所阻却和排除的只是基于该项处分行为的善意取得。自法律性质上来看，异议既不是登记权利的一项负担，也不是对登记权利人处分行为的绝对或者相对的限制。若嗣后证实登记簿一直是正确的，则异议自始失去意义。❷其次，除了上述更正登记和异议登记，还有初始登记可以利用。初始登记，是指对建筑物的首次登记。再次，确认物权请求权与返还请求权。《物权法》第 33 条规定："因物权的归属、内容发生争议的，利害关系人可以请求确认权利。"事实物权人可以利害关系人的身份请求确认所有权。人民法院在审理确权案件时，应当根据涉案物权产生的原因行为是否有效、有无涉及第三人利益等因素进行综合判断，不能再把登记或者占有作为确定权利归属的根据。对于具有事实和法律依据的事实物权，要依法予以确认。《物权法》第 34 条规定："无权占有不动产或者动产的，权利人可以请求返还原物。"最后，合同履行请求权。事实物权人要求法律物权人按照合同约定履行协助办理过户登记手续或者交付动产的，人民法院在查明事实的基础上，应当予以支持。上述措施可以使事实物权转变为法律物权。

3. 事实物权并不必然会转化为法律物权

多数情况下事实物权人会获得法院支持，顺利地转化为法律物权人，但是也不排除在特殊情况下如借名买房、冒名买房者如欠缺所在城市的购房资格，则法院即使认定其为事实物权人，也不会立即支持其转正为法律物权人，甚至法院不认定其为事实物权人。如"马 X1 诉马 X2 等房屋买卖合同纠纷案"就是一典型案例。该案件事实如下：原告马 X1 与被告马 X2

---

❶ 焦丽静：《对一起"借名登记"案件的法律分析》，2012 年兰州大学硕士学位论文，第 10 页。

❷ ［德］鲍尔、施蒂尔纳：《德国物权法》，张双根译，法律出版社 2004 年版，第 366 页。

系姐妹关系，被告米 X1 系马 X2 之子。2003 年 6 月 7 日，米 X1（乙方）作为买方与案外人北京潞隆房地产开发有限责任公司（甲方）签订《北京市内销商品房买卖契约》（合同编号为 No. 玉桥东里 000092），约定乙方自愿购买甲方的通州区玉桥东里×号楼×单元×层×号壹套壹居房屋（以下简称×号房屋），该房屋建筑面积为 54 平方米，房屋总价款为 125280 元。同时约定乙方同意在本契约签定 60 日内将购房价款全部汇入甲方指定的银行通州区建行支行新华分理处。签订合同当日，米 X1 支付房款 25280 元，后又于同年 7 月 4 日支付房款 10 万元。2006 年 8 月 1 日米 X1 取得×号房屋所有权证书。2011 年 5 月 31 日，米 X1 作为出卖人与买受人马 X2 签订了《存量房屋买卖合同》（合同编号：CW171302），房屋成交价格为 1 万元，并于同年 7 月 12 日马 X2 取得×号房屋的所有权证书。2015 年 5 月 7 日，马 X1 以所有权确认纠纷为由将米 X1、马 X2 诉至本院，要求确认×号房屋归马 X1 所有。另查，马 X1 目前不具备 2011 年 2 月 15 日北京市人民政府办公厅发布的《关于贯彻落实国务院办公厅文件精神进一步加强本市房地产市场调控工作的通知》（京政办发（2011）8 号）及 2015 年 8 月 14 日由北京市住房和城乡建设委员会和通州区人民政府联合发布的《关于加强通州区商品住房销售管理通知》（京建法（2015）12 号）中规定的居民家庭在本市购买住房的资格条件。

本案裁判要旨如下：法院认为，公民合法的民事权益受法律保护。本案争议的焦点在于诉争房屋的权属确认及能否过户问题。第一，不动产物权的设立、变更、转让和消灭，应当依照法律规定登记。不动产物权的设立、变更、转让和消灭，经依法登记，发生效力；未经登记，不发生效力，但法律另有规定的除外。房屋系典型不动产，相关权属登记部门颁发的诉争房屋的所有权证书中明确载明了诉争房屋所有权人为被告马 X2，根据物权登记的公示公信的基本原则，现房屋权属仍应视为登记在被告马 X2 名下。第二，现北京市相应住房限购政策规定，对已拥有 1 套住房的本市户籍居民家庭、持有本市有效暂住证在本市没拥有住房且连续 5 年（含）以上在本市缴纳社会保险或个人所得税的非本市户籍居民家庭，限购 1 套住房（含新建商品住房和二手住房）。在符合北京市上述限购政策基础上，满足以下条件之一的四类家庭，才可以购买 1 套位于通州区的商品住房：一是没拥有住房的本市户籍居民家庭；二是已拥有 1 套住房、户籍属于通州区且落户 3 年（含）以上的本市户籍居民家庭；三是已拥有 1 套住房、近 3 年在通州区连续缴纳社会保险或个人所得税的本市户籍居民家庭；四是在本市没拥有住房且近 3 年在通州区连续缴纳社会保险或个人所得税的非本市户籍居民家庭。如当事人不符合相应限购条件，则无法确认房屋归其所有或办理房屋过户登记手续。现原告并未提供其已获得房屋权属登记机关审核通过的购房资格，非北京市户籍，其亦未向法庭提供纳税证明及社会保险缴纳证明，故现本院对于原告请求确认房屋为其所有，并为其办理过户手续的诉讼请求难以支持。❶

我们认为，如事实物权人有朝一日具备了购房资格，具备了相关的权利能力，再以相同理由起诉，那么法院不能以一事不再理为由拒绝审判，相反应当支持原告的确认物权请求权并为其办理过户手续。

（二）涉及第三人利益的场合

1. 第三人善意与否很重要

第三人非善意时，如交易的相对人明知登记物权非真实物权而进行买卖，即便该交易已经具备完善的法律手续，已进行过户登记或者交付，相对人也不能取得物权。此时，事实物权可以对抗法律物权，应以事实认定为依据作出物权归属判断。反之，交易相对人为善意时，由于物权公示的权利推定效力和善意取得制度的规定，法律在事实物权和法律物权的内部矛盾和真正权利人与善意第三人的外部冲突之间，选择了能够保护第三人利益的标准，已经办理过户登记或者取得占有的第三人的法律物权得以对抗事实物权。因为事实物权已经进入交易流通领域，故而物权被信赖物权公示效力的善意第三人取得，法律上虽可对事实物权作出认定，但此认定已非交易物权归属的判断，对事实物权的法律保护只能另觅他途。

2. 善意取得的要件

从物权公示公信原则角度看，善意取得需满足如下要件：

第一，让与人无处分权，但其具有公示原则所要求的权利外观。

第二，受让人须为善意。最高人民法院《关于适用〈中华人民共和国物权法〉若干问题的解释（一）》（以下简称《物权法解释（一）》）第15

❶ 马 X1 诉马 X2 等房屋买卖合同纠纷案，北京市通州区人民法院（2015）通民初字第17733 号民事判决书。

条第 1 款规定：受让人受让不动产或者动产时，不知道转让人无处分权，且无重大过失的，应当认定受让人为善意。可见，受让人的善意是指受让人不知道也不应当知道转让人无处分权，在确认转让人享有外观上所彰显的权利上无重大过失。因此，凡受让人知道或者应当知道转让人实践是不享有公示原则所彰显的权利的，并无处分权，受让人也就没有保护的必要。就不动产来说，受让人的善意表现为信赖登记的名义权利人。根据《物权法解释（一）》第 16 条规定，具有下列情形之一的，应当认定不动产受让人知道转让人无处分权：（一）登记簿上存在有效的异议登记；（二）预告登记有效期内，未经预告登记的权利人同意；（三）登记簿上已经记载司法机关或者行政机关依法裁定、决定查封或者以其他形式限制不动产权利的有关事项；（四）受让人知道登记簿上记载的权利主体错误；（五）受让人知道他人已经依法享有不动产物权。真实权利人有证据证明不动产受让人应当知道转让人无处分权的，应当认定受让人具有重大过失。其中，前三种情形就是从公示的外观上就应当知道转让人为无权处分的。对于动产，受让人当然不能从转让人的占有上判断出转让人是否有处分权，但可以从交易的具体场景作出判断。根据《物权法解释（一）》第 17 条规定，受让人受让动产时，交易的对象、场所或者时机等不符合交易习惯的，应当认定受让人具有重大过失。

第三，转让人与受让人之间须有有效的交易行为。

3. 善意受赠人、申请强制执行的普通债权人、主张以未经登记的动产抵押权标的物清偿债务的债权人等

物权无对抗力要比善意取得的适用对象更为宽泛，适用条件更为宽松，未经公示的物权除了不得对抗在无权处分情况下的善意购买人之外，还包括其他具有信赖利益的第三人，如善意受赠人、申请强制执行的普通债权人、主张以未经登记的动产抵押权标的物清偿债务的债权人等等。此外，在举证责任上，主张善意取得的当事人须证明其以"合理价格"取得财产，但主张物权无对抗力的当事人无须承担此项举证责任，其举证责任较轻。由此，主张物权无对抗力通常更有利于财产的善意受让人。❶

---

❶ 尹田：《论物权对抗效力规则的立法完善与法律适用》，载《清华法学》2017 年第 2 期。

物权法定主义的命运与使命

引 言

物权法定主义作为物权立法的基本原则在物权法中居于枢纽地位。近年来，学界对于物权法定主义颇有争议，有人主张坚持物权法定，有人主张废除物权法定，各执一端。我们认为，基于学术的传统性与保守性，不宜废除物权法定主义，但是对其须加以深度改造。对物权法定的"法"应从宽解释，它不仅包括全国人大及其常委会颁布的基本法律，也包括行政法规、司法解释，在适当的条件下也要给予习惯法适当的规范地位。物权法定除种类和内容法定外，物权的变动条件和保护方式也应当是法定的。随着经济的发展，物权的类型和内容也不能一成不变。对交易习惯中出现的新的物权类型，以物权的基础理论来衡量，如认为与物权法定主义宗旨不相违背，且有合适的方式予以公示，则可通过物权法定缓和主义的运用加以承认。物权法虽为强行法，但作为私法的组成部分也必然贯彻意思自治的品质，而物权法定与意思自治正是解读物权法的两把钥匙。

一、物权法定主义的理由

（一）有助于明确物债二分体系

物权和债权最早起源于罗马法上的对人之诉和对物之诉。"这种分类是一般性的，它包含着所有的诉讼，因此不存在一种既不属于这种诉讼又不属于另一种诉讼的诉讼。"这两个诉讼的区别主要表现在：一方面，前者主要针对债的纠纷，后者则主要针对物的归属纠纷；另一方面，前者需要写明特定的被告人，后者则不需要写明特定被告人，诉讼时可以追及任何无权占有特定物的人。两项区别，一则表现为对人/对物，二则表现为针对特定人的关系/针对不特定人的关系。但后者，即绝对性或相对性，被认为是主要区别。萨维尼也认为，"这两种诉之间的区别主要在于不特定的相对人或特定的相对人。"❶

"对人权"和"对物权"的概念起源于注释学派和评注学派的创设，经过人文主义法学和自然法学的广泛应用，这一对概念成为主观权利的基本分类。但需要说明的是，此时对物权和对人权的区分标准不是对物的支配或对人的请求，而是权利所指向的义务人是"相对"还是"特定"。萨维尼在将"对物权""对人权"转化为"物权""债权"时，一方面固守注释法学以来的物权绝对性、债权相对性；另一方面又重新诠释两者的本质：物权为对物的支配、债权为对人的请求。因此，潘德克顿学派典型的物权、债权区分标准诞生了：物权为支配权且有绝对性；债权为请求权且有相对性。❷

潘德克顿学派在物权债权概念及其区分学说上的缺陷在于，混用了概念思维和类型思维这两种立法技巧。在支配权、请求权和绝对权、相对权两组四种要素的组合中，除了绝对的支配权（物权）、相对的请求权（债权）两种情形外，还可能包括绝对的请求权、相对的支配权。物权（绝对的支配权）、债权（相对的请求权）充其量只能算作是两种财产权类型，而绝非"非此即彼"的择一式概念。但是，潘德克顿学派错误地将债权和物权进行了概念化思考，认为特定物之上存在的财产权就只有"相对的请求权（债权）"和"绝对的支配权（物权）"这两种权利，除此之外，再无别种类型的权利。在德国民法典立法时，"所有不符合物权与债权严格界限划分的混合形式原则上都被谴责为是'错误'的。所有理论上试图进行的某种意义的'相对物权'一开始就被认为是不恰当的。"❸ 为了精密地区分物权、债权、婚姻家庭权等各类私权，传统的仅以绝对效力和相对效力来界定物权和债权本质的观念必然为萨维尼所抛弃，而代之以物权之支配性和债权之请求性。❹

---

❶ 金可可：《简论罗马法上对人之诉与对物之诉的区分》，载《学海》2007 第 4 期。

❷ 张鹏：《物债二分体系下的物权法定》，载《中国法学》2013 年第 6 期。

❸ ［德］沃尔夫冈·维甘德：《物权类型法定原则——关于一个重要民法原理的产生及其意义》，迟颖译，载张双根等主编：《中德私法研究》（第 2 卷），北京大学出版社 2007 年版，第 97 页。

❹ 张鹏：《物债二分体系下的物权法定》，载《中国法学》2013 年第 6 期。

既然无法依据支配权/请求权、绝对性/相对性这两组概念严格界分现实规范中的物权和债权，那么，区别物权和债权的实际标准究竟是什么？在此，物权法定主义就担当重任了。"民法典制定者的意思是，'物权'仅仅限于民法典具体列举的范围，除此之外，那些即便具有物权属性的权利也只能被认定为是一种债权。"❶ 换言之，在潘德克顿体系中，围绕特定物的权利，究竟哪些是物权，哪些是债权，并非对照物权、债权概念予以演绎认定，而实质上是机械地依照物权法定原则，看其是否在法定物权名单之列，在者，为物权，不在者，则为债权。❷

（二）有助于确认物权、定纷止争

通过强调物权法定，对实际上已经存在的，包括由有关法律、法规、规章、司法解释等规定的各种具有物权性质的财产权进行认真的分析研究和整理，如果确实有必要确认为物权的，就应当在物权法中规定，从而形成完整和谐的物权法体系。物权法确认了一整套物权的体系，明确列举了各种物权的类型、内容和公示方法，并且对各种物权之间的关系加以规范。物权法定既可以明确相互之间的权利义务关系，又可以防止产生纠纷。例如，在集体土地所有权上，可以设立承包经营权、地役权。为了解决好承包经营权和地役权之间的冲突，《物权法》第 162 条规定："土地所有权人享有地役权或者负担地役权的，设立土地承包经营权、宅基地使用权时，该土地承包经营权人、宅基地使用权人继续享有或者负担已设立的地役权。"物权法定就是要对这些纷繁复杂的关系进行调整，对各类物权定纷止争。❸

（三）便于公示以保护交易安全

权能法定的权利包括绝对权和相对身份权。其中，人身性绝对权和相对权不可流转。不可流转的权利不存在交易安全问题。物权和智力成果财产权可流转。物权以物为客体，物可占有。因可占有，物的支配方式可组成多种行为资格：或支配方式完全，即归属关系；或支配方式不完全，即

---

❶ ［日］篠塚昭次：《物权法定主义》，成文堂 1981 年版，第 28 页。转引自张鹏：《物债二分体系下的物权法定》，载《中国法学》2013 年第 6 期。

❷ 参见谢哲胜：《民法物权》，三民书局 2012 年版，第 40 页。

❸ 王利明：《物权法研究》（上卷），中国人民大学出版社 2012 年版，第 158 页。

非归属之支配。或可使用，可占有；或可使用，不可占有；或可使用，不可处分；或不可使用，可处分；或既可使用，又可处分；或可处分，可占有；或可处分，不可占有；等等。为保护交易安全，法律必须规定占有、使用、收益、处分如何组合成可发生之权利，发生什么权利；也就是说，未经规定之组合不发生权利，规定之组合只发生规定之权利，不发生其他权利。可以推论，特定物未经公示，无对世效力；已经公示，不发生超越该特定物权公示之效力，第三人只需根据公示权利履行义务。❶

（四）促进物尽其用

物权法定有利于节省谈判成本。"以法律明定其种类、内容，建立物权类型体系，有助于发挥物尽其用的经济效益。"因为法律规定了物权的种类和内容，当事人在创设物权时就不需要再谈判协商创设某一种物权应当具备什么样的条件以及有关物权的内容应该如何确定。物权法定其实就是要形成一种物权创设的标准化，这就是说，在物权法定的模式下，法律所规定的物权类型和内容，是法律设计的最优化的财产权标准，按照这种标准化来创设物权就可以节省谈判成本。物权被法定之后，当事人在谈判中只需严格法律规定的内容以及类型进行协商，而不必就某一类物权具有什么样的内容、达到什么样的条件才能创设物权以及该物权具有哪些效力等问题大伤脑筋，这样就减少了当事人谈判的成本。而且大陆法系国家大多选择了物权法定，原因就在于这种方式能够使财产权利标准化，尽量避免当事人因为设定不符合法律要求的物权导致不被法院承认，进而导致交易成本上升；也可以减少当事人的搜索成本和解决纠纷的成本。因此物权法定是配置资源一种有效方式。❷

当然，还存在其他支持物权法定主义的论点，如主权论认为如果中国物权法规定"物权自由原则"，则在中国境内活动的外商、外资、外企和外国律师，就必然会在他们所参与的经济活动中采用他们自己熟悉的本国法律上的物权类型，那么必将对中国的法律制度和国家主权造成巨大的冲击和损害。❸

---

❶ 李锡鹤：《物权论稿》，中国政法大学出版社 2016 年版，第 159 页。

❷ 参见苏永钦：《物权法定主义松动下的民事财产权利体系——再谈大陆民法典的可能性》，载《月旦民商法杂志》2005 年第 8 期。

❸ 梁慧星：《物权法草案第六次审议稿的修改意见》，载《比较法研究》2007 年第 1 期。

（五）物权法定主义在我国的特殊价值与任务❶

1. 保护我国经济改革的成果

经过新中国成立后近五十年的探索，我国宪法确认了以公有制为主体、多种所有制形式并存的基本经济制度。《物权法》第 1 条明确规定："为了维护国家基本经济制度，维护社会主义市场经济秩序，明确物的归属，发挥物的效用，保护权利人的物权，根据宪法，制定本法。"可见，我国物权法的重要任务就是要维护宪法所确立的基本经济制度。

2. 确立社会主义市场经济的法律基础

社会主义市场经济体制的构建首先要求产权清晰、权责明确，而物权法就是调整平等主体之间"因物的归属和利用而产生的民事关系"。只有确认了财产的归属，才能明晰产权，交易才能顺利进行。因此，一部完善的物权法是我国社会主义市场经济法制体系完善的重要标志。

3. 物权法定可以增进社会财富，鼓励广大人民群众创造财富，增强我国的综合国力

"有恒产者有恒心"，在财富日益积累的今天，如果不能从法律上确立保护合法财产的强有力机制，则社会经济的发展将失去持续性的动力，所以，物权法的重要目的就在于巩固我国改革开放以来的成果，通过明确规定各种物权形态，保护此种权利形态下的利益。

二、物权法定主义的命运

（一）物权法定主义的现实缺陷

首先，物权法定主义虽然实质上承载了区分物权和债权的重任，为潘德克顿法律体系中物权和债权两分体系，乃至整个五编制民法典体系的构建奠定了基石。但是，物权法定主义僵固物权种类和内容，阻碍新型物之利用方式产生的弊端，长期以来，还是一直遭受广泛批评。早在德国民法典立法之初，基尔克就批评道："它阻碍了未来法律发展的命脉，并且具

---

❶ 参见朱岩等：《中国物权法评注》，北京大学出版社 2007 年版，第 52—53 页。

有使我们的法律限于保守和僵化的危险！"❶ "物权的种类和社会经济生活是密切相关、相辅相成的。随着现代社会的发展，传统的物权种类体系已经越来越不适应现代社会发展的要求了，仍然坚持严格的物权类型强制原则，并且限制新型物权种类的诞生，已经越来越不适应现代社会了。"❷

在国外，让与担保、所有权保留、期待所有权等新型物权类型在法定物权种类之外逐渐生成。在我国，物权法颁布之后，物权法定原则其实并没有得到严格贯彻，各类非法定物权以各种样态得以存在。例如，住建部制定的《经济适用住房管理办法》（2007 年）第 31 条明文引入了非法律规定的"经济适用住房购房人有限产权"；《南京市城镇房屋权属登记条例》（2010 年修订）第 28 条明确认可"约定优先购买权""约定回购房屋""约定通行权"等非法定物权可以预告登记，有的法院判决认定"商铺承租权质押"这一非法定权利质押有效，有的法院也认可"让与担保""后让与担保"等新型非典型担保物权的合法性。此外，许多银行也开始受理出租车经营权质押、汽车合格证质押、理财产品受益权质押等新型担保业务。但与此同时，我们也发现，囿于物权法定观念及其相关制度，社会公众对物之利用的新型需求似乎难以完全实现。❸

其次，物权类型并非如同想象的那样有限而确定，它们不仅相互交错，类型之间还存有缺口，并随着时势发展而呈现出动态的开放局面。而且，即便是定型的物权，其内容也只是貌似明晰，其实含混不清，还不时掺入当事人的意愿，最终导致名称同一的物权未必有相同的内容。果真如此，物权法定的基本内涵根本就无从确定，只不过是徒有法定之名的概念游戏而已。❹

（二）物权法定主义之批判诸说

1. 物权法定否定说

为了解决物权法定主义的上述缺陷，办法之一是及时修改法律或制定新的特别法，但不论修改或者制定总是需要一定过程的。办法之二是以习

---

❶ ［德］沃尔夫冈·维甘德：《物权类型法定原则——关于一个重要民法原理的产生及其意义》，迟颖译，载张双根等主编：《中德私法研究》（第 2 卷），北京大学出版社 2007 年版，第 97 页。

❷ 张鹏：《物债二分体系下的物权法定》，载《中国法学》2013 年第 6 期。

❸ 张鹏：《物债二分体系下的物权法定》，载《中国法学》2013 年第 6 期。

❹ 常鹏翱：《体系化视角中的物权法定》，载《法学研究》2006 年第 5 期。

惯法来弥补物权法定主义的缺点。对于这一解决办法，学者之间存在争议，主要有以下学说：物权法定无视说，此说由日本的我妻荣等学者所倡导，认为"习惯法有废止强行法之效力"；习惯法包含说，此说由日本的稻本洋之助等学者所倡，认为"物权法定"之"法"，应包含习惯法❶。此外还有习惯法物权有限承认说、物权法定否定说等。

其中"物权法定否定说"特别值得关注。从物权法定主义产生之初就一直有学者质疑其妥当性。近年来，主张否定物权法定主义，改采物权自由创设的学者逐渐增多。否定物权法定主义的学者认为，传统民事财产法中"物债二分"的基本结构欠缺合理性。但从物权对物的直接支配性和保护的绝对性来看，由于物权较债权的效力更强，对第三人的利益影响也更大，对其不进行区分将严重危及法的安定性。持否定说的学者期待借助现代化财产信息电子登记网络系统的完善来克服物权法定主义的不足，但不能回避的是，将一切财产都纳入网络登记系统中，在可预见的未来单从技术角度来看就是不可行的，遑论个人隐私和商业秘密的保护等社会因素了。立法在一定程度上需要具有超前性，但也不能完全脱离社会经济发展水平。以未来的科技和社会发展程度为背景，对当今人们的行为提出要求显然是不切实际的。诚然，物权法定将在一定程度上限制交易的自由，影响当事人之间的交易效率。但这同时也是物权法定主义的优点所在。市场交易效率即交易自由从来都不是随心所欲的，其必须接受物质条件和制度条件等外在因素的制约，物权法定主义只是外部制约因素的一种而已。物权法定主义在当代最重要的价值实际上在于保护交易安全，其已经在新的历史时期被赋予了新的意义。❷ 所以，没有必要因为物权法定主义之整理旧物权的功能逐渐丧失而否定该原则所具有的其他功能甚至其存在本身。

2. 物权法定缓和说

该说认为在物权法定主义下，法律所提供的物权种类与内容符合社会永远之需要，固为最理想的设计，然时变境迁，事实上殆无可能。法定的物权制度随着社会的发展，难免形成与社会脱节的现象。处此情形，物权

---

❶ ［日］稻本洋之助：《民法（2）物权》，东京：青林书院新社 1983 年版，第 56 页。转引自陈华彬：《物权法原理》，国家行政学院出版社 1998 年版，第 76 页注释。

❷ 申卫星：《物权法定与意思自治——解读我国〈物权法〉的两把钥匙》，载《法制与社会发展》2013 年第 5 期。

法定主义之存废遂备受争议。然物权法定主义发展至今，不但仍有合理之基础，于民法区分物权与债权之架构下，为确保交易之安全亦仍有维持之必要。但时过境迁，规范私人间财货秩序的物权法不能与社会需要脱节，更不能阻碍其进步。若民事实定法与社会实际生活已生不一致之现象，立法又未能适时补充时，民法设计即许习惯法填补，物权法定主义亦应无例外。此以观之，可认为物权法定主义之意旨应仅在限制当事人创设物权，尚无禁止经由习惯法形成新物权之理。况物权法定主义之立足根本既在确保以自由所有权为基础所建立之物权体系及特性，防止封建时代旧物权之复苏，及便于物权之公示，以保障交易之安全，则社会新生之物权，果能无违物权法定主义上述存立之宗旨，以及能有公示方法，以确保交易安全，且社会上确有其实益与需要时，即可认为与物权法定主义存在之宗旨无违，当能透过物权法定缓和之运作，加以接受，习惯法上物权之能否存在，亦应以此为度，并非因此而任意而行，2009 年我国台湾"民法"修订，增列习惯为物权之法源，即系本此意旨。简言之，物权法定主义之适用应不得过度僵化，以免成为社会进步之绊脚石，其他方面更不得虚化，以免造成物权法体系之解构。准此意旨，对于社会生活中发生之财产权新秩序，物权法定主义之解释及适用宜依一系列原则为之。然社会上有新物权发生后，最佳因应之道仍属尽速立法，自不待言。❶

（三）物权法定主义不能放弃

以上各说，以物权法定缓和说为通说，笔者赞成之。物权法定主义，若从发端之时算起，迄今已走过了近 3000 年的漫长路程。其间，它经历萌芽、茁壮及开花的不同历史时期，而最终于近代物权法上绽放出绚丽的色彩，一跃成为物权法结构体系的基本原则之一。值得关注的是，非但大陆法系物权法采纳物权法定主义，而且英美法系财产法也同样存在物权法定主义。虽然英美法系各国学说和法律没有将其明确作为财产法的基本原则，但在司法实践中，法官仍然默默遵循着这一原则，即财产权利的类型和内容只能约束合同当事人，不具有对抗不特定多数人的效力。从司法判例中的说理来看，法官遵循物权法定主义的理由主要包括两个方面：其一，保护交易安全，防止第三人因难以查知的法律关系而受害；其二，维

---

❶ 谢在全：《民法物权论》，中国政法大学出版社 2011 年版，第 36—37 页。

护不限嗣继承地产权人对土地的自由利用与自由处分，保障财产的可转让性。这两个理由恰恰与大陆法系学者对物权法定主义的说理相吻合，足以说明物权法定主义具有超越外在概念体系的实质合理性。但是，在登记制度完善后，英美法系的物权法定主义也呈现出松动的趋势。目前，英美法系的财产法学者基本上承认物权法定主义存在，大多数学者认为该主义具有合理性，虽亦有少数学者主张适当放松或放弃这一主义。❶惟物极必反，器满则倾。

首先，物权法定主义之缺陷在于因其所言之"法"拘泥于民法等成文法。结果使自身限于僵化的泥坑，并与社会的需要脱节，甚至成为社会经济进一步发展的桎梏。可见，物权法定主义，非时刻追随社会生活之变迁而不断注入新的因素不可。唯有如此，物权法定主义才能应付裕如地适应社会生活的需要，进而绽出永恒的光芒。而要达成这一目的，则非缓和物权法定主义的僵化性不可。换言之，承认社会惯性上产生的不悖于物权的绝对支配性和保护的绝对性，并有适宜的公示方法的新"物权"之适法性。社会惯性上产生的新"物权"，其是否为物权法定主义所包容，须从它是否有悖于物权的绝对支配性与保护绝对性，以及有无适宜的公示方法上进行判断。倘若其物权的绝对支配性和保护的绝对性既不相悖，同时也有适当的公示方法，以及社会上确有其存在的必要与需要时，即应肯定其与物权法定主义之旨趣无违，进而也就应当通过从宽解释物权法定主义予以接纳。可见，物权法定主义缓和说无疑为正确的学说，值得重视。考虑到物权法定主义的发展趋势及我国的实际情形，我们认为一方面应当坚持物权法定主义不动摇，另一方面应当在理论学说及司法实务解释上同时采纳物权法定主义之缓和。❷

其次，公示与意思自治导致物权法定的开放。虽然正如有的学者指出，物权法定是一个外观模糊、内涵不确定的概念，难以跟上物权公示系统的变化，与开放的民法体系也格格不入，面对它的缺陷，不得不慎重考虑它的正当性。一旦否定物权法定主义，物权势必自由，物权法也势必开放，这种自由和开放不仅面向法官和行政官员，还面向当事人，当事人可

---

❶ 黄泷一：《英美法系的物权法定原则》，载《比较法研究》2017 年第 2 期。

❷ 陈华彬：《物权法原理》，国家行政学院出版社 1998 年版，第 77 页。

以自由决定物权的类型或者改变物权法的规定。即便如此，债权与物权的区分仍然存在，前者是当事人自愿保持权利相对性的结果，后者则是当事人借助公示提升权利绝对性的产物，当事人的意愿与公示决定了权利的特性差异。❶ 由此可见，在物权法定主义中，不仅要衡量公示因素的影响，更需要考虑意思自治等其他因素，而这些因素的考虑只是使得物权法定变得更加开放，但并不会导致物权法定主义的灭亡。

再次，物权法定缓和主义之缺位给民事司法造成了如下困境：一是物权法规定的物权种类严重不足，无论在用益物权还是担保物权类型上莫不如此；二是十年来物权法没有规定的物权的命运如何，司法实践中法律适用上的困难较大，无论是让与担保、居住权还是典权，均充满了不确定性。

最后，物权法定缓和主义并非否定物权法定主义。缓和并非主张物权自由创设主义，只是对民间产生的新型物权符合法律要求的，赋予其习惯法的效力。❷

三、物权法定主义的"法"

根据我国《物权法》第 5 条之规定："物权的种类和内容，由法律规定。"从文义上看，物权法定之"法"应为"法律"无疑。对此无须解释。这种解释具有明显的概念法学的色彩，除了显示我们思维的机械或是对民主立法的尊重外，对于实际问题的解决没有实际益处。实际上，对此处的"法律"应进行多层次的符合实际需要的解释论探讨，盖法律只是手段，生活才是目的。

（一）物权法律

物权法定之"法"为"法律"，那么，接下来的问题便是何为"法律"。一种观点认为："依照立法法的规定，民事基本制度只能由法律规定。"物权制度是民事基本制度，既如此，《物权法》第 5 条里的"法律"就是立法法上的法律，而不是行政法规、地方性法规、条例或者规章，更

---

❶ 常鹏翱：《体系化视角中的物权法定》，载《法学研究》2006 年第 5 期。

❷ 杨立新：《民法分则物权编应当规定物权法定缓和原则》，载《清华法学》2017 年第 2 期。

不是其他效力层级的规范性文件。然而，这只是狭义的法律，作为专业术语，广义的法律与"法"同义，其不仅包括狭义的法律，而且也包括行政法规、部门规章、司法解释，甚至还包括判例法。因此，将"法律"作扩大解释、广义解释并未超出"法律"文义的射程。❶ 具体而言，此处的物权法包括形式意义上的《物权法》在内的有关物权的狭义法律，如《民法通则》《担保法》等直接法源。此外，物权法定是否会依《合同法》而定？表面来看，物权与债权截然分开，物权的种类和内容无法依据《合同法》确定。但是，《合同法》关于行纪人、受托人的留置权和不动产修建人的优先受偿权等条文，无不为物权种类及其内容的规定。其他法律如《海商法》《民用航空法》等都有关于船舶和民用航空器所有权、抵押权、优先权的规定，显然这些物权也是我国物权体系的重要组成部分。总之，物权法定的法律不限于物权法及和物权法紧密相关的法律，一切民商事法律中有关物权的规范都可能成为物权法定的渊源。当然，物权法定也可以依据行政法而定，比如《土地管理法》等行政法都是物权法定的渊源。❷

（二）物权行政法规

对于在立法时不完全成型的物权，狭义法律无法给予完全界定，会通过引致条款明确把部分调整任务托付给国家有关规定或国务院有关规定。有学者敏锐地观察到，按照《立法法》第 9 条的规定，未排除全国人大及其常委会授权国务院制定有关民事制度方面的行政法规。故而，尚存在授权制法、规范物权的空间。实际上，物权法多次使用"行政法规"一词，表明了物权法在调整物权关系上的宽容和谦抑，容许行政法规参与其中。实际上，我国现在经济发展很快，当事人利用物的方式日趋增加和复杂化，而法律规定的物权类型有限，物权法也没有设置解决物权法定主义落后于社会实践的有效渠道，再加上我国的经济管理体制使得行政法规和行政规章在经济生活中发挥着极为重要的作用，不承认行政法规能够创设物权是不现实的。如物权法没有规定建设用地使用权的期限，仅在《城镇国

---

❶ 张志坡：《物权法定缓和的可能性及其边界》，载《比较法研究》2017 年第 1 期。

❷ 申卫星：《物权法定与意思自治——解读我国〈物权法〉的两把钥匙》，载《法制与社会发展》2013 年第 5 期。

有土地使用权出让和转让暂行条例》第 12 条加以相应的规定。❶

（三）党的政策

既有的法院裁判经验是把党的政策作为裁判说理依据，这既与法院须依法审判的法律要求一致，也能避免出现法院裁判依政策而非依法律的不当做法，还能保持法院裁判依据的稳定性，应予坚持。换言之，法院只能在裁判文书的说理部分，把政策文件当成确定物权种类和内容的根据，如通过援引和阐述《中共中央国务院关于全面推进集体林权制度改革的意见》，认可家庭林地承包权抵押的正当性，而不能把政策文件作为裁判依据。在此基础上，应特别在党的政策和狭义法律的调适上加强阐释，以合理消解政策、现实与法律之间的差距。不过为了落实依法治国、依法改革和依法审判，作为物权法源的党的政策在司法适用时，必须受到合理的规制，只有在党的政策与狭义法律规定不一致的情形下，作为基本政策和具体政策载体的党中央文件才能成为法院裁判说理的依据。在此基础上，法院应通过目的解释等方法，对党的政策与狭义法律进行合理调适，在狭义法律中选择能与党的政策衔接的适当规定作为裁判依据，❷ 从而使党的政策和狭义法律协力为民事案件审判提供正当性依据。

（四）习惯

因为立法者的有限理性和词语表达的有限功能，任何成文法都不可能无一遗漏地全面反映规范目的，而且，成文法还必然滞后于社会发展而存有遗漏堪称成文法的常态。调整物权的狭义法律同样如此，为了弥补该缺陷，习惯就成为法源。❸

习惯能否创设物权是颇有争议的问题。由于学界对于物权法定的僵硬性一直都有警惕，也一直在寻求习惯和习惯法对于物权法定的积极调整，因此在日本先后出现了习惯法包含说和习惯法物权有限承认说，以对物权法定主义的僵硬性进行缓和。在我国民法学界关于习惯法能否成为物权法定之"法"，历来争论不休，迄今尚无定论。我国《物权法》第 85 条规

---

❶ 申卫星：《物权法定与意思自治——解读我国〈物权法〉的两把钥匙》，载《法制与社会发展》2013 年第 5 期。

❷ 常鹏翱：《物权法的基础与进阶》，中国社会科学出版社 2016 年版，第 182—185 页。

❸ 常鹏翱：《物权法的基础与进阶》，中国社会科学出版社 2016 年版，第 150 页。

定："法律、法规对处理相邻关系有规定的，依照其规定；法律、法规没有规定的，可以按照当地习惯。"《物权法》第 116 条第 2 款规定："法定孳息，当事人有约定的，按照约定取得；没有约定或者约定不明确的，按照交易习惯取得。"第 85 条和第 116 条第 2 款使地域习惯和交易习惯成了规范相邻关系和法定孳息的依据，弥补物权法定的不足。❶ 不仅如此，《民法总则》第 10 条也规定："处理民事纠纷，应当依照法律；法律没有规定的，可以适用习惯，但是不得违背公序良俗。"

在此，有人主张区别习惯与习惯法，认为此处所指的是"习惯"上的物权，而非"习惯法"上的物权。❷ 关于习惯与习惯法是否可以区分，存在着同质说和异质说两种观点，同质说认为习惯和习惯法在本质上是相同的，并不存在差别。异质说认为，习惯和习惯法存在性质上的差别，习惯仅仅是人们有此惯行，而习惯法还要求人们对此惯行有法的确信。习惯只是一种规则，而不是严格意义上的法。本文虽然赞同异质说，承认习惯与习惯法之间的区别，但是在关于物权创设上，无论习惯还是习惯法都可能创设新型物权，只不过在举证、援用等方面有些不同而已。实际上，国内很多学者在阐述物权法定缓和时，也往往并不严格区分习惯与习惯法，甚或将二者混用。❸ 有人干脆主张以"习惯法"而非"习惯"创设新型物权，如某些转让型事实物权可视为经由法院判例形成的习惯法所创设的新型物权。❹

四、物权法定主义与物权公示制度

（一）物权公示制度能否取代物权法定主义

物权的对世效力，要求通过一定的方式，使第三人了解物上物权的变动，这种可资辨认的外部表征，即为物权的公示。物权公示是近现代各国

---

❶ 申卫星：《物权法定与意思自治——解读我国〈物权法〉的两把钥匙》，载《法制与社会发展》2013 年第 5 期。

❷ 张志坡：《物权法定缓和的可能性及其边界》，载《比较法研究》2017 年第 1 期。

❸ 申卫星：《物权法定与意思自治——解读我国〈物权法〉的两把钥匙》，载《法制与社会发展》2013 年第 5 期。

❹ 陶丽琴、陈永强：《不动产事实物权的适用与理论阐释》，载《现代法学》2015 年第 4 期。

普遍采纳的制度，它使物权的支配性和排他性得以实现。通过公示，权利人可以将特定物上的权利状况公之于众，避免他人侵扰；潜在交易者可以知悉物上的负担情况，降低交易成本，防止不测损害；其他第三人可以了解行为界限，避免误入禁区徒增纷扰。"物权的公示原则并不是法律的抽象拟制，而完全是现实生活关系的反映。"如果没有公示制度，公示无法知悉物权的存在与变动，即使法律限定了物权的种类和内容，权利的排他效力难以贯彻，物权和债权的划分也没有实际意义。❶

有观点认为，物权法定服务于物权公示。在物权法的整体架构中，物权法定尽管有其独立存在的特有价值，但它毕竟还是物权法体系的一个部分，在系统整体性功能的牵引下，不可避免地要和其他组成部分发生关系，共同朝着实现物权绝对性的目标形成合力作用。在物权法的诸多成分中，物权法定和物权公示的关系最为紧密，因为物权法定的一个很重要的功能，就是便于物权公示，以确保交易安全和便捷。由此，物权公示成了物权法定的决定性要素，只要物权法中的公示系统不产生本质变化，在排除物权法定基本内涵的不确定性之后，物权法定能在实现物权法体系功能的方向上继续保持其存续的正当性；否则，物权法定除了内涵不确定的自身系统内弱点，其外围制约因素的突变也将削弱其生命力。❷

具有绝对性的物权应通过公示机制公开，而要落实这些公示机制，物权法定原则不可或缺。登记是最主要的公示机制，它能清晰地展示物权的种类与内容，当事人只要查阅就一目了然，从而既将物权排斥第三人的固有风险降到最低，第三人又无须支出额外的检索和甄别成本。不过，审核并记载物权的实际操作需花费大量的人力和物力，若允许当事人自创物权，审核和记载的成本就会大幅提高，而这些成本最终要转嫁给当事人，结果自然是很不经济。因此，最简约的方式就是由法律规定物权的种类和内容，在登记时只需记载物权名称和大致内容，更具体的信息由法律提供即可。在登记无法适用的地方，需用占有来公示动产物权。占有的公示效能很弱，更需物权法定原则的配合，即先由法律确定占有可表征的物权种类及其内容，再让占有的移转成为这些物权变动的要件，最终使占有与其

❶ 陈本寒、陈英：《也论物权法定原则》，载《法学评论》2009 年第 4 期。
❷ 常鹏翱：《体系化视角中的物权法定》，载《法学研究》2006 年第 5 期。

体物权协调一致。通过物权法定原则对公示的配合，物权的绝对性属性得以支持，就此不妨说物权法定原则服务于物权公示原则。

这种观点进而认为，用公示制度代替物权法定原则，认为这样不仅可以为当事人自由创设新型物权提供空间，而且借助于公示制度，也可以准确地判断当事人创设的权利性质。这一观点的理由是：物权的本质属性在于对世性与追及力，而这两种属性又根源于物权的公示性。债权之所以不具备对世性与追及力，是因为债权未经公示。❶ 持类似观点的学者还认为，就契约债权而言，设定债权的契约只不过是债权人与债务人之间的内部约定而已，不特定的第三人无法从外部了解到这种约定，既然第三人不知情，债权人理所当然地就不能以债权对抗他了。物权则不同，当事人设定某一项物权后，可以通过登记、移转占有等公示方法，把该物权表征于外部，这样不特定的第三人就可以从外部查知物权的存在，既如此，第三人就应当尊重该物权，不实施有损于该物权的行为，如果第三人也打算在同一标的物上取得一项物权，那么他就应当承受这样的后果：其所取得的物权在效力上要受到在先物权的限制，在先物权人可以对他主张物权的追及力或优先力。某些已经"物权化"了的债权之所以具备对世性与追及力，也是因为该权利借助登记来表征其租赁权。如果没有这样的公示方法，这些权利就不应具备对世性与追及力，从而也就不能"物权化"。既然物权的本质属性源于物权的公示，那么在司法实践上对于某一项新型的涉及物的权利究竟属于物权还是债权，就应当以该权利是否经过公示作为判断标准。只要该权利经过公示，就应当把它认定为物权。这样，公示性就取代法定性成为物权与债权的区分标准。公示本身就足以作为区分物权与债权效力的理由，没有必要再以是否经过法定作为另一个理由。❷

（二）公示制度不能替代物权法定

我们认为，上述观点存在以下问题。

首先，公示性不是物权与债权区分的绝对标准。物权从内容到形式均由法定，债权则基本上交由私人自治，这种差异的原因在于：债权是相对

---

❶ 陈本寒、陈英：《也论物权法定原则》，载《法学评论》2009 年第 4 期。

❷ 杨代雄：《物权法定原则批判——兼评〈中华人民共和国物权法〉第五条》，载《法制与社会发展》2007 年第 4 期。

性的权利，只约束有直接法律关系的当事人；物权具有绝对性，其面向的是不特定的社会公众，为了避免社会公众遭受被物权人排斥的风险，物权法就要强行规定物权的形态。在物权绝对性的大前提下，正是因为公示的形式和效能非常有限，物权难以像债权那样自由，其类型和内容的法定性也就成了不二法门。当然，公示对法定的决定性作用，在历史发展中并非如此简单清晰，而是伴随着物权和债权区分的逐渐明确，以及登记簿的专门化，直到德国民法典才最终确立下来。不过，在物权法的规范体系中，公示决定法定的逻辑操作被颠倒过来，成为法定先行、公示殿后，物权法定引导着物权公示的方向，公示的对象必须是法律明定的物权，法定成了公示是否正当的首要标准。这样一来，尽管物权法定和公示分属两套系统，但公示的有限性决定了物权法定，法定反过来牵引着公示。可以说，物权法定固定了我们所能设定的物权型态，指向客观存在的权利；物权公示则指向我们实际享有的主观权利，它通过具体外观向社会公众展示了特定主体支配特定物的关系，并以此沟通具体的主观权利与物权法，最终落实物权法定原则。❶

其次，忽视了公示制度的现实障碍。且不说公示能否做到万无一失，即使将全部具有排他效力的权利都进行公示，也可能存在以下问题。①公示制度只涉及物权种类的公示，并不涉及权利内容的公示，物权内容的确定将成为问题。②由于缺少定型化标准，各种权利五花八门，交易当事人为了了解物上的权利状况，需要花费大量时间、金钱和精力，对不同消息进行搜寻、过滤、比较，徒增交易成本。③公示权利的增加和非规范化，将使登记部门的工作任务呈几何倍数增长，远非目前的机构设置所能承担。④应否赋予公示以公信力还难以抉择。如果公示没有公信力，权利的公示状况随时可能被推翻，公示的意义就值得怀疑；如果公示具有公信力，公示机关审查的成本过高又无法转嫁给当事人，反而会使公示制度瓦解而失去应有的功效。❷

再次，低估了物权法定原则在民法结构体系中的功能。德国民法典将民事财产法划分为"物权法"和"债的关系法"，并在此基础上抽象出民

---

❶ 常鹏翱：《体系化视角中的物权法定》，载《法学研究》2006 年第 5 期。
❷ 陈本寒、陈英：《也论物权法定原则——兼评我国〈物权法〉第 5 条之规定》，载《法学评论》2009 年第 4 期。

事法律行为的概念，形成总则和五编制的结构，这一模式为近现代各国提供了法典编纂模版。在这一模式中，物权与债权的区分是法典编纂的前提，如果用公示原则替代物权法定原则，将使物权与债权的界限变得模糊不清，民法典的体系将无从构建。❶

最后，绝对性才是物权与债权的区别，而该绝对性取决于法律的规定或者当事人的授权。物权的绝对效力可以分为"对外绝对效力"和"对内绝对效力"，前者是指物权具有神圣不可侵害性，权利人对于侵害人得主张物权请求权；后者是指一物上存在多个权利时，物权具有排他性、优先性。就前者而言，物权与债权并无区别，"就对外效力来说，债权与其他民事权利一样都具有不可侵害性，当这种权利受到第三人侵害之后，债权人有权获得法律上的救济。"❷ 就后者而言，特定物上权利的所谓绝对效力，并不仅仅局限于物权之间，或物权与债权之间，债权之间也存在。依照法治精神，任何法律效力的取得都源于法律的授予，"权利即法律制度对权利人的授权"。如果法律不赋予相关权利相应的法律效力，则任何权利均没有任何法律效力。权利绝对效力的取得与否，同样源于法律的授予，而非物权的支配性使然。而法律决定是否赋予物上权利绝对效力的根本因素应当包括如下两项：一是法律基于特定政策考量决定特定物上权利的先后次序；二是特定物上权利的创设人可以自主决定是否授予权利以绝对效力。❸ 换言之，一种权利究竟是物权还是债权，取决于法律的规定或者当事人的意思，至于公示与否，则根本不是主要的。

总之，以公示制度取代物权法定原则的做法无论在理论上还是在实践中都存在重大缺陷，它颠倒了物权法定与物权公示制度的关系。造成了民事财产法律体系的混乱。物权法定原则的存在基础表明，物权法定与公示制度之间是"体"与"用"的关系：一方面，物权的性质是由立法者在法律中直接规定的，先有对物权性质的认定，然后才有对此类权利的公示；另一方面，公示制度为物权法定原则提供了技术支撑，它使物权的支配性和排他性得以实现，使物权法定原则得以贯彻。正因如此，即使已经建立

---

❶ 陈本寒、陈英：《也论物权法定原则——兼评我国〈物权法〉第 5 条之规定》，载《法学评论》2009 年第 4 期。

❷ 王利明：《民法典体系研究》，中国人民大学出版社 2008 年版，第 665 页。

❸ 张鹏：《物债二分体系下的物权法定》，载《中国法学》2013 年第 6 期。

了完备的公示制度，物权法定原则仍不能废除。❶

五、物权法定的对象

（一）物权的种类法定

物权种类法定，亦名物权类型法定，即物权法中所有可能的物权性权利，都必须在法律上予以固定。当事人约定法律关系变动时，只能在法律规定的范围内选择物权种类，当事人无权创设新的物权类型。

在经济交往中经常发生当事人设定某种法律关系的情况。物权种类法定原则的本意，即当事人设定的法律关系中涉及的物权类型，必须是本国现行物权法明确承认的物权类型。比如，中国现行法尚未有关于居住权的规定，虽然这种权利是世界上大多数国家立法中均直接或者间接采纳的权利类型，那么在中国法律没有承认这种类型之前，当事人不可在法律关系中设定这种权利。人民法院在审判实践当中也不认可当事人设定的居住权。例如，1999 年 11 月 8 日，李卓取得系争房屋产权。目前，李兆海的户籍仍在小浦东东路×××号。现李兆海诉至法院，请求判令：确认李兆海拥有系争房屋的居住权。法院认为，《中华人民共和国物权法》第 5 条中"物权的种类和内容，由法律规定"已经确立了物权法定原则。上诉人李兆海在本案中以其为系争房屋的原始取得人为由，要求确认其在系争房屋中享有居住权。但是，我国法律目前并无居住权的相关规定，李兆海主张的居住权非属法律规定的独立物权种类，不能作为诉讼标的。原审法院受理本案缺乏法律依据，所作判决应予以撤销。若李兆海认为其确有理由入住系争房屋，且权益无法实现，则李兆海可以排除妨害为由另行主张。❷

又如，实践当中，当事人设定的公路用益物权也是不被法院认可的。下面的案例就非常典型。1999 年年底，神农架林区阳日镇大坪村级公路由阳日矿产公司开始投资兴建，2002 年 1 月 8 日，在大坪村级公路竣工之前，阳日矿产公司与阳日镇政府签订了《公路建设项目协议》，协议主要

---

❶ 陈本寒、陈英：《也论物权法定原则——兼评我国〈物权法〉第 5 条之规定》，载《法学评论》2009 年第 4 期。

❷ 上诉人李兆海因用益物权纠纷案，上海市第一中级人民法院（2015）沪一中民一（民）终字第 2910 号民事判决书。

内容为：阳日矿产公司负责公路建设的投资，负责林地征用、土地征用手续的一切费用及青苗补偿、房屋拆迁的全部费用，公路完成投资后享有永久所有权，并承担使用期间的全部维修费用。阳日镇政府负责协调办理公路建设项目的申报、审批手续，争取路网建设的优惠政策；协助阳日矿产公司按照村级公路优惠政策办理土地、林地征占用手续；负责协调阳日矿产公司与村在公路建设、维修使用过程中的关系（青苗补偿、房屋拆迁）；当地村民可享受生产、生活资料在交通上的无偿通行。协议自签订之日起生效，至阳日矿产公司自愿放弃公路所有权时废止。一审法院认为：我国《物权法》第 5 条规定，"物权的种类和内容，由法律规定。"依据这一物权法定原则，物权的种类和内容均由法律作出强行性规定，自然人和法人只能依据法律的规定设立物权和行使物权的权利内容。法律对物权的种类和物权的内容，亦都以明定和列举的方式，在物权法、自然资源法中作出了规定；除法律规定的物权的名称、物权的类别、物权的内容外，行为人不得自行创设物权的名称、物权的类别或任意约定物权的内容。现阳日矿产公司依据与阳日镇政府签订的村级公路建设协议，和协议中约定的对大坪村级公路的永久所有权，请求确认用益物权，该合同的形式、主体、标的等方面，都不符合设立物权合同的要件；同时在我国的物权法律中，并未规定公路用益物权，现阳日矿产公司主张对村级公路享有用益物权，显然是违背我国物权法定原则。据此，依照《中华人民共和国物权法》第 5 条、《中华人民共和国民法通则》第 5 条的规定，判决驳回阳日矿产公司的诉讼请求。二审法院认为：我国《物权法》第 5 条规定，"物权的种类和内容，由法律规定。"依据这一物权法定原则，物权的种类和内容均由法律作出强行性规定，自然人和法人只能依据法律的规定设立物权和行使物权的权利内容。法律对物权的种类和物权的内容，亦都以明定和列举的方式，在物权法、自然资源法中作出了规定；除法律规定了的物权的名称、物权的类别、物权的内容外，行为人不得自行创设物权的名称、物权的类别或任意约定物权的内容。对于国内外经济组织投资修建的公路，除了经依法审批取得该公路的收费权外，《公路法》并未规定投资者享有公路的用益物权。本案上诉人虽投资修建了阳日镇大坪村级公路，但其以此为由要求享有该公路的用益物权不符合法律规定，原判适用法律并无不当，上诉人的上诉理由不能成立，本院不予支持。综上所述，原判认定事实清楚，审理程序合法，适用法律正确，实体处理并无不当。据此，依照《中华人民共和国民事诉讼法》第 153 条第 1 款第（1）项之规定，判决如下：驳回上诉，维持原判。❶

再如，按照物权法对物权的界定，承租人优先购买权不属于物权。物权是对物的直接支配权，具有排他性，其相对的义务人是不特定的任何人，权利人不必借助义务人的积极行为就可以自行实现权利。而承租人优先购买权的义务人是具体的、特定的，必须依靠出租人的积极行为才能够得以实现，因此是请求权而非支配权，不具有排他性，不具备物权的特征，显然不属于物权的范畴。在物权法施行后，能够设立哪些种类的物权，各种物权有哪些基本内容，将只能由法律规定，而不能由法律之外的其他规范性文件确定，或当事人通过合同任意设定。物权法和其他法律均没有将承租人优先购买权规定为一种物权，因此，只能将承租人优先购买权定位为一种法定的债权。如"黄长西与重庆银吉典当有限公司九龙坡分公司，况忠明、重庆银吉典当有限责任公司租赁合同纠纷案"，黄长西申请再审称：银吉分公司违反与我订立的《房屋租赁合同》约定，明知我具有优先购买权，仍与况忠明、刘明秀恶意串通，订立损害我利益的《商业用房产权转让协议》，该协议应属无效，一审、二审判决适用法律错误。法院认为，首先，优先购买权不是物权。《中华人民共和国物权法》第 5 条确立了物权法定原则，物权法没有将优先购买权规定为物权种类，故优先购买权不是物权，不具有物权的特性即对世性，第三人没有保障优先购买权人实现其权利的法定义务。❷ 有的法院判决认为，优先购买权可分为物权效力优先购买权和债权效力优先购买权。前者如共有权人享有的优先购买权，这种优先购买权基于物权共有关系产生，具有物权效力，具有对抗第三人的效力。承租人享有的优先购买权则属于后者，它虽然是基于法律直接规定并且专属于承租人的一种法定权利。但本质上仍是租赁关系双方基于租赁合同的属性而产生的权利，这种优先购买权仅仅在出卖人和优先购买权人之间发生法律效力，优先购买权人仅对于出卖人可以要求其优

---

❶ 上诉人阳日矿产公司因与被上诉人阳日镇政府用益物权确认纠纷案，湖北省宜昌市中级人民法院〔2010〕宜中民一终字第 00201 号民事判决。

❷ 黄长西与重庆银吉典当有限公司九龙坡分公司，况忠明、重庆银吉典当有限责任公司租赁合同纠纷案，重庆市高级人民法院（2014）渝高法民申字第 00539 号民事裁定书。

先向自己出卖租赁物，而不得以此对抗第三人。❶

(二) 物权内容法定

依类型法定原则所可能成立的权利，其内容至少在轮廓上须由法律强制性地予以确定。❷ 当事人交易中所确定的物权的内容，只能由法律规定，必须按照法律所规定的内容来解释，而不能按照当事人自己的意思来解释。❸

在现实交往中，当事人或由于法律知识的欠缺，或由于习惯上的原因，他们约定的物权在名义上是法律规定的物权，但是他们对于这种物权的含义会有不同的理解。这一点在实践中是常见的。不要说实践中使用较少的物权类型，就是所有权，当事人之间也会有不同的理解。但是，如果当事人在法律关系中确定的交易对象是某种物权时，则这种物权就只能是法律规定的物权，而不是当事人理解的物权，或者某些地方规章、部门规章规定的物权。现实中关于房地产交易，如果当事人购买一宗房地产时，就应该理解为买方购买的所有权是物权法意义上的所有权，而不是所谓的"部分产权""单位产权"等。因为，物权内容强制原则的本意，即当事人所约定的所有权，必须就是物权法中明确规定的所有权，对此权利，当事人不得有其他的解释。❹ 如"王小平诉吴成丛返还原物纠纷案"，法院认为"物权法定"系物权法的一项基本原则，《中华人民共和国物权法》第 5 条规定，物权的种类和内容，由法律规定。当事人设立抵押权或质权均应遵守物权法的明确规定，而根据《中华人民共和国物权法》第 179 条、208 条和《中华人民共和国担保法》第 33 条、34 条及 63 条的规定，就担保物权而言，对于以不动产提供担保的，法律制度设定的是抵押制度，以不转移不动产的占有为前提；对于以动产提供担保的，法律设定的是质押制度，以转移动产的占有为前提。本案所涉金丰阳光 7 号 603 室房屋系不动产，双方当事人实质上约定的是以转移该不动产的占有作为履行债务的担

---

❶ 赵彦生、邢孟东确认合同无效纠纷案，河北省邯郸市中级人民法院（2017）冀 04 民终 2177 号民事判决书。

❷ ［德］鲍尔、施蒂尔纳：《德国物权法》（上），张双根译，法律出版社 2004 年版，第 7 页。

❸ 孙宪忠：《中国物权法总论》，法律出版社 2014 年版，第 264 页。

❹ 孙宪忠：《中国物权法总论》，法律出版社 2014 年版，第 264 页。

保，明显与法律规定不符，违法了"物权法定"原则，不产生法律效力。❶
本案当事人约定改变担保物权的内容，法院不予认可。如"广东集成融资
担保有限公司诉佛山市南海区鼎置金属制品有限公司等追偿权纠纷案"，
法院认为《还款特别约定条款》约定原告在履行全部或部分担保责任后有
权选择通过出租、出售、转让或者其他方式处置相关土地及地上建筑物，
该项权利具有直接支配特定物和收益的特征，并具有排他性，属于物权。
根据《中华人民共和国物权法》第 5 条规定："物权的种类和内容，由法
律规定。"原告主张根据《还款特别约定条款》取得的上述物权，并不属
于我国现行法律规定的物权种类，权利内容亦无法律明确规定。❷ 本案当
事人改变权利的内容，但是这往往也就改变了物权的种类。

（三）物权公示方法的法定

所谓物权公示方法的法定，即物权变动的要件法定，是指物权的产
生、变更和消灭的条件要由法律来规定，当事人不得任意创设。其中包括
不动产物权登记和动产物权占有。我国《物权法》第 9 条规定，不动产物
权的设立、变更、转让和消灭经依法登记发生效力；未经登记不发生效
力。之所以要求物权变动的条件法定，就是因为物权之变动对于当事人和
交易安全均有重大影响。若不法定，既无法保护权利人，也会因物权变动
未按照法定要求进行公示而影响交易安全。但对于物权变动条件的规定并
非严苛。对于物权法规定登记成立要件者，当事人自然无自治余地。若法
律规定登记仅为对抗要件者，当事人自可以约定改变法定，将登记对抗要
件改为成立要件。

我们认为，关于物权公示方法的法定，在理论和实务中都是没有争议
的。考虑到我国物权法已经明确将物权公示作为一项基本原则，实际上在
物权公示原则中一项基本的要求就是公示方法的法定，此外还包括公示的
对象、公示的效力、公示的范围等方面的问题。正是因为考虑到公示原则
已经包括公示方法的法定，所以物权法定原则中不再特别突出公示方法的
法定，但是从物权法定原则的整体含义来看，公示方法的法定仍是其题中

---

❶ 王小平诉吴成丛返还原物纠纷案，宁波市镇海区人民法院（2016）浙 0211 民初 2691 号
民事判决书。

❷ 广东集成融资担保有限公司诉佛山市南海区鼎置金属制品有限公司等追偿权纠纷案，广
东省佛山市禅城区人民法院（2016）粤 0604 民初 8447 号民事判决书。

应有之义。❶ 有人认为若将物权变动公示方法作为物权法定主义的范畴，将使物权公示原则空洞化，另外，物权法也并不完全限制当事人在动产物权公示方法上的选择自由。❷ 这一观点恐有不妥。因为一来物权法的诸多制度之间难免存在重叠与交集，这是因为法律概念、原则原本是抽象、孤立的，但是具体阐释之后会产生网络关系；二来即使动产物权的公示方法也不是所谓的完全自由，而是受限于物权法的条文规定。如"青岛源宏祥纺织有限公司诉港润（聊城）印染有限公司取回权确认纠纷案"，山东省聊城市中级人民法院一审查明：原告源宏祥纺织公司与第三人程泉布业公司为被告港润（聊城）印染公司供应布匹。截止到 2009 年 11 月 4 日，港润（聊城）印染公司欠源宏祥纺织公司货款 1195139.17 元，欠程泉布业公司货款 1075952.31 元。2009 年 11 月 20 日，三公司达成如下协议：一、程泉布业公司将港润（聊城）印染公司所欠货款全部转让给源宏祥纺织公司，港润（聊城）印染公司和程泉布业公司均同意由港润（聊城）印染公司直接将欠款支付给源宏祥纺织公司。二、源宏祥纺织公司同意港润（聊城）印染公司以其所有的七台机械设备折抵所欠货款，此七台机械设备所有权自本协议生效之日起转移为源宏祥纺织公司所有。三、港润（聊城）印染公司应在 2010 年 3 月 31 日前将所折抵的设备交付源宏祥纺织公司，并保证源宏祥纺织公司顺利取得设备，港润（聊城）印染公司必须严格按照上述时间交付设备，若逾期交付，港润（聊城）印染公司应按照所欠货款金额的每日千分之一向源宏祥纺织公司支付滞纳金。协议签订后，至三方协议中约定的 2010 年 3 月 31 日之前，港润（聊城）印染公司未向源宏祥纺织公司交付七台设备。2010 年 3 月 17 日，山东省聊城市中级人民法院作出民事裁定，受理了恒润热力公司对被告港润（聊城）印染公司的破产申请，2010 年 5 月 6 日原告源宏祥纺织公司向港润（聊城）印染公司申报债权。2010 年 7 月 27 日，聊城市中级人民法院做出民事裁定宣告港润（聊城）印染公司破产。山东省聊城市中级人民法院一审认为：原告源宏祥纺织公司与被告港润（聊城）印染公司、第三人程泉布业公司签订的三方协议合法有效，但协议有效并不表示本案所涉七台设备的物权发生转移。

---

❶ 王利明：《物权法研究》（第三版），中国人民大学出版社 2012 年版，第 157 页。
❷ 冉克平：《物权法总论》，法律出版社 2015 年版，第 59 页。

《中华人民共和国物权法》第 23 条规定："动产物权的设立和转让，自交付时发生效力，但法律另有规定的除外。"该条规定排除了当事人的约定。本案中，虽然当事人约定七台设备的所有权自本协议生效之日起转移为源宏祥纺织公司所有，但并未向源宏祥纺织公司交付，且不属于《中华人民共和国物权法》中规定的占有改定、指示交付、简易交付三种例外情形，所以七台设备的物权因未交付并未发生转移。源宏祥纺织公司并不是本案所涉七台设备的所有权人，而是港润（聊城）印染公司的债权人。港润（聊城）印染公司被宣告破产，本案所涉七台设备属于港润（聊城）印染公司的破产财产。二审法院：出于维护交易安全考虑，交付作为动产物权变动的法定方式，具有强制性。该法共规定了现实交付、简易交付、指示交付和占有改定四种交付方式。《合同法》第 133 条规定也是以交付作为动产物权变动的生效条件，其中的"法律另有规定和当事人另有约定"所涵盖的内容是现实交付之外的其他法律规定的拟制交付方式。此后实施的《中华人民共和国物权法》，进一步明确了当事人只能够在法律规定的四种交付方式中通过约定选择一种具体的交付方式，除此之外，不存在其他基于法律行为而发生的动产物权变动的方式。而本案中，虽然双方当事人签订的七台设备物权转让协议包含有所有权变动内容，但没有就被上诉人港润（聊城）印染公司继续占有使用该七台设备另外达成协议。因此，港润（聊城）印染公司与上诉人源宏祥纺织公司之间的协议不构成占有改定交付。综上，因该七台设备并未现实交付，尽管当事人签订的协议有效，也只是产生债权效力，并未发生物权变动效力，上诉人源宏祥纺织公司并没有实际取得该七台设备的所有权，故其在被上诉人港润（聊城）印染公司破产案件中并不享有取回权。源宏祥纺织公司称涉案七台设备物权通过三方协议已经转移给其所有并享有该设备的取回权理由不能成立。❶ 本案，法院并不认为当事人约定构成占有改定，尽管其约定与占有改定法律要件极其相似。

（四）物权效力的法定

我们认为，物权法定主义应当包括效力法定。一方面，物权效力是由

---

❶ 青岛源宏祥纺织有限公司诉港润（聊城）印染有限公司取回权确认纠纷案，山东省高级人民法院 2011 年 5 月 5 日二审民事判决书。

法律赋予的，物权的对世效力、优先效力，都要对第三人产生效力因而涉及交易安全，因此不能由合同当事人自由作出安排。物权的效力包括对世性、支配性、优先性以及追及性，它是物权的基本性质的体现，也是物权和其他基本权利区别的标志。另一方面，就物权所具有的排他性、支配性和优先性的具体内涵以及在不同的物权中的表现来说，在理论和现实生活中都存在较大的争议，必须由立法作出明确的规定。尽管我国物权法没有明确提到效力法定的问题，但并不意味着物权法否定了效力法定的必要性，只不过是因为物权的定义以及与物权有关的规定中涉及效力的问题，所以在物权法定的表述中没有提到效力问题。❶

---

❶ 王利明：《物权法研究》（第三版），中国人民大学出版社 2012 年版，第 156—157 页。

不动产善意取得构成要件之完善

引 言

在《物权法》颁布之前，学者往往认为善意取得仅与动产物权变动有关。《物权法》第 106 条用一个条文对动产和不动产进行了统一规定，不免会给动产和不动产善意取得的构成要件的认定造成不便。如何解决不动产善意取得制度与不动产登记簿公信力的关系便成为把握第 106 条的关键。学术界对于不动产善意取得的适用前提及其善意认定也存在争议。本文对此逐一予以评析。

一、不动产善意取得制度的适用前提

（一）不动产登记公信力与善意取得

在物权法颁布之前，我国大陆学者往往将善意取得视为一项关于动产物权取得的特殊制度。学者们往往从物权公信原则出发，主张不动产登记簿和占有均具有公信力，信赖登记簿与信赖占有的善意第三人，其所得利益均受法律保护。上述见解之所以没有引起争议，是因为不动产登记簿的公信力与动产的善意取得制度一直被视为两种不同的制度。在物权法制定过程中，这两种见解曾同时获得立法者的认可。例如，《物权法》（第四次审议稿）第 22 条规定了不动产登记簿的公信力制度，而第 110 条规定了适用于不动产和动产的善意取得制度。然而，正是这两个法条对不动产善意保护的分别规定，凸显了不动产善意取得制度和不动产登记簿公信力制度之间长期隐而未现的矛盾：是用善意取得制度还是不动产登记簿公信力制

度来保护不动产善意取得及其相关权利。❶

《物权法》颁布之后，有些学者意识到，《物权法》第106条用一个条文对动产和不动产进行统一规定，难免给动产和不动产善意取得的构成要件的判定带来不便。如何解决不动产善意取得制度与不动产登记簿公信力之间的关系便成为把握第106条的关键。对此，学者们提出了两种解决方案：其一，不动产善意取得制度与不动产登记簿公信力制度无实质差异，《物权法》第106条包括了不动产登记簿公信力制度。其二，应区分不动产善意取得制度与不动产登记簿公信力制度，单独规定不动产登记簿公信力制度。❷ 有学者持类似折中说认为，公信力需要透过善意取得制度来实现，二者是一体两面的关系。这里的同一本体是"第三人对表征方式的合理信赖受法律保护"，两面则是分别从表征方式在法律上的作用力的角度观察得出的表征方式之"公信力"，与从第三人取得权利及其基础之角度观察得出的"善意取得"。❸

我国《物权法》第106条统一规定了不动产与动产善意取得，其基础性认识无疑值得肯定，即不动产、动产善意取得立基于共通的原理，具有相似的构成。而根据《物权法》第16条之规定，我国法律赋予不动产登记簿以权利推定力，从善意取得制度的角度看，这种推定力实际上是一种善意推定。不同于德国法上对不动产登记簿所具有的善意推定是一种不可反驳的法律拟制，这种制度性信赖，在我国法上并无依据。因此，我国法上对不动产登记簿的信赖是作为善意推定而存在的，但这种推定并非决定性的，对受让人而言，其在主观上必须因为信赖登记而为法律行为，如果受让人有足够的理由怀疑不动产登记簿的内容，则其就应当被认为缺乏对不动产登记簿的具体信赖，也就是知道转让人无处分权，从而无法构成善意。总之，我国立法者舍弃登记绝对公信力的思路，改采不动产善意取得之思路，其目的在于增加更多的利益衡量因素，尤其要加重第三人的注意义务，倾斜保护真实权利人的权利。

---

❶ 鲁春雅：《论不动产登记簿公信力和不动产善意取得制度的区分》，载《当代法学》2012年第1期。

❷ 鲁春雅：《论不动产登记簿公信力和不动产善意取得制度的区分》，载《当代法学》2012年第1期。

❸ 叶金强：《物权法第106条解释论之基础》，载《法学研究》2010年第6期。

（二）适用前提为无权处分而非不动产登记簿错误

1. 不动产登记簿权利事项错误

不动产登记簿权利事项的错误包括权利主体错误和权利内容错误。权利主体错误，是指不动产登记簿上记载的不动产物权主体不一致，具体包括如下几种情况。（1）将不是权利人的人记载为权利人。该错误往往是当事人采取欺诈等违法方式欺骗登记机构或与登记机构工作人员恶意串通所致。（2）遗漏权利人，即将原为共有的不动产登记为一人单独所有。在我国，这种错误最普遍地发生在夫妻共有不动产的情形中。此种错误的产生大多是当事人所致，与登记机构无关。权利内容错误，即登记簿上记载的不动产权利内容、权利所受限制与真实的权利内容、所受限制不一致。有学者认为，不动产与动产善意取得的重要区别就在于"无权处分"的内涵不同。就动产而言，无权处分的认定比较容易，但就不动产而言，无权处分的认定不仅包括没有处分权处分财产，还要扩大到明知登记错误而处分财产。从实践来看，不动产的无权处分主义是指发生了登记错误的情形下，登记权利人将不动产转让给他人时，受让人因信赖登记而进行了交易且办理了登记的情形。只有不动产登记簿存在权利事项错误时，才可能适用不动产的善意取得。换言之，登记簿的权利事项错误才是适用不动产善意取得的前提条件。❶ 如此操作的理由如下。其一，动产物权变动与不动产物权变动的公示方式并不相同，前者为交付，后者为登记。只有当登记簿上存在权利事项错误时，才有了非真实权利人无权处分不动产的可能性。不承认不动产登记簿的推定力，就无法确立不动产善意取得制度；没有登记簿的权利事项错误，也不会发生善意取得问题。其二，以登记簿的权利事项错误作为不动产善意取得的适用前提，能够有效地确定不动产善意取得的适用范围，从而区分善意取得与其他保护善意的法律规则或制度。倘若不动产登记簿上记载的权利人和权利内容没有错误，第三人即便善意，也并非是对不动产物权归属或内容的外观的信赖，而只能是对其他权利表象（如代理权或代表权表象）或权利外观的信赖。此时，即便这种信赖需要保护，也是通过表见代理等其他而非善意取得。所以，权利变动的信赖保护与缔结交易的信赖保护应当严格区分。脱离不动产登记簿来理

---

❶ 程啸：《不动产登记簿的权利事项错误与不动产善意取得》，载《法学家》2017 年第 2 期。

解不动产善意取得的前提，就会发生错误适用善意取得的情形。其三，以不动产登记簿的权力事项错误作为不动产善意取得的适用前提，也有利于我国不动产统一登记制度的建立和完善。❶

2. 无权处分才是适用前提

首先，凡是主张以登记错误为不动产善意取得适用前提的观点，均是以德国法的不动产登记簿公信力说为蓝本的。如有的学者称，德国细致严密的不动产登记制度，几乎尽其所能地确保了真实权利关系与不动产登记簿登记状态之间的协调一致性。错误登记的概率，已被控制到最小。基于此，不动产登记簿可以以极高的准确率展现不动产的权利状态。在此情况下，赋予不动产登记簿公信力，使不动产登记簿成为一种无可置疑的信赖事实，虽然有可能导致真实权利人丧失权利，但这种发生概率极低的权利丧失事件，与不动产登记簿的公信力对增进普遍信任的作用相比，根本不值一提。不动产登记簿是物权归属和内容的根据，唯有如此，才能确保不动产交易的快捷与安全。❷ 然而，这些学者在推崇德国不动产登记簿的公信力时，显然忽略了两个极为重要的问题。其一，中国与德国的夫妻财产制度存在巨大差异，德国的法定夫妻财产制度为分别所有，以不动产为例，不动产登记在夫妻名下的为夫妻共有，登记在夫妻一方名下的为夫妻个人所有，于此，不动产登记簿与财产权属保持高度一致，受让人有理由信赖不动产登记簿的公信力。但中国的法定夫妻财产制是婚后所得共有制，婚姻期间所得不动产登记在夫妻一方名下，除法令特别规定或夫妻另有约定外，为夫妻共有。再者，新中国成立后长期实行房屋分配制度，且执行分男不分女的分房政策，很多单位都要求房屋产权证书只能登记在本单位人员的名下，由此造成我国不动产登记簿上记载的权利人与真实权利人不一致的情况十分普遍，且以登记在男性名下的居多。这一国情与德国严谨的登记制度大相径庭，中国没有借鉴德国的基础。其二，在德国相关法律中，家庭共同住房是排斥善意取得制度适用的。❸ 鉴于家庭居住的房屋涉及家庭成员的重大生活利益，相对于交易安全，具有更大的法律价

---

❶ 程啸：《不动产登记簿的权利事项错误与不动产善意取得》，载《法学家》2017 年第 2 期。

❷ 朱广新：《不动产适用善意取得制度的限度》，载《法学研究》2009 年第 4 期。

❸ 奚晓明主编：《最高人民法院婚姻法司法解释（三）理解与适用》，人民法院出版社 2011 年版，第 183 页。

值，因此，各国法律都给予特殊的保护。从这个角度讲，单纯强调德国不动产登记簿公信力的立法规定，忽视其具体实施时的实际运用情况及例外规定有失偏颇。❶

其次，不动产登记簿事项错误论有误解"错误"一词之嫌。其曰权利主体错误是指不动产登记簿上记载的不动产物权主体与真实主体不一致，其第二种情形即为"遗漏权利人"，该学者特别指明这种错误最普遍地发生在夫妻共有不动产的情形中。我们认为这种情况不属于"错误"，"错误"是指当事人进行意思表示时，因认识不正确或欠缺认识，以致内心的效果意思与外部的表示行为不一致。当事人的意思与表示偶然的、无意识的不一致，为错误的特征；如系明知而故为不一致的表示，则为心中保留或虚伪表示。错误与单纯的不知有别，不知系单纯的不认识事实，通常为决定善意或恶意的标准；错误则须因认识不正确并进而表现为某种行为。❷学理上一般认为，"错误"具有"表意人若知其事情即不为意思表示者"的关键特征。而实践当中，夫妻共有或者家庭共有不动产登记为夫妻一方或者户主时，往往相关权利人对于这些是"心知肚明"的，为何明知而为之呢？因为法院与法律承认此时尚未登记为权利人的一方当事人为"事实权利人"，即使不被记载为权利人，我也是权利人，那又何必在登记簿上记载我的姓名呢？这就是百姓的心态。至于登记名义权利人擅自处分了共有不动产，事实权利人后悔当初没有登记为共有人，这也不能称为"错误"，只能叫后悔。法律不保护所有的后悔，构成"错误"的"后悔"才有可能获得保护。所以，不动产登记簿事项错误论至少是夸大了"错误"的范围，将本来不属于"错误"范畴的情形纳入其中，可谓张冠李戴。此时登记权利人擅自处分共有不动产，缺乏权限，宜解释为无权处分。

再次，《物权法解释（一）》第16条第1款第4项的确只规定了登记簿记载的权利主体错误，将第三人知道权利主体错误作为排除第三人善意的情形，却未就权利内容错误及第三人知道该错误时应排除其善意作出规定。但即便如此，我们也注意到司法解释只是将"权利主体错误"作为"无权处分"的其中一种情形而已，从逻辑层次上讲，前者无法取代后者；

---

❶ 孙若军：《论我国不动产善意取得制度的完善——以遏制夫妻共有房屋被一方擅自处分为视角》，载《浙江工商大学学报》2013年第3期。

❷ 施启扬：《民法总则》，中国法制出版社2010年版，第246页。

相反，后者却可以从容地涵盖前者。可见，不动产登记簿事项错误论明显犯了以偏概全的错误。

最后，体系解释决定了无权处分是不动产善意取得的前提。《物权法》第 106 条规定，"无处分权人将不动产或者动产转让给受让人的，所有权人有权追回"，但符合善意取得构成要件的除外。根据该规定，无权处分是善意取得制度适用的前提。尽管该条中没有明确将"无权处分"作为善意取得的构成要件列举出来，但由于该条将其作为前提条件，所以，从体系解释的角度来看，"无权处分"是善意取得的构成要件之一。❶

3. 无权处分的典型类型

一是登记错误。理论上一般认为，登记错误是让与人无权处分不动产的一种典型情形。但也有相反的观点，这种观点认为，区别不动产有权处分与无权处分之唯一根据，就是处分人有无处分权；而判断处分人有无处分权之唯一根据，就是处分人是否为所处分不动产的物权登记人，或是否已从登记人处获得授权。因此，不动产物权错误登记人处分登记不动产，应属有权处分，非无权处分。《物权法解释（一）》第 16 条实际上否定了国家机关登记簿的权威性，违背法理。❷ 从登记错误的具体情况来看，可能是权利人记载错误，也可能是不动产权利内容、标的物状况等记载错误。从不动产所有权及其他物权善意取得的角度，由于其适用的前提条件是无处分权人转让该不动产或设定其他物权，因而不动产标的物状况记载错误的情况，通常并不会引起不动产物权善意取得适用问题，因此善意取得中的登记错误，主要是权利人记载出现错误的情况。

二是借名登记。借名登记也是造成登记簿记载与真实权利状态不符的重要情形。由于我国市场经济尚处于发育期，受各种政策、措施对交易主体和财产持有主体的限制性规定影响，以及当事人的特殊考虑，在不动产交易和登记中，借用他人名义购买、登记不动产的情形并不少见。此种情况下，不动产登记簿所记载的权利人就该不动产所为的交易行为，是否属于《物权法》第 106 条所规定的"无权处分"，实践中存在不同认识。有观点认为，借名人与被借名人之间成立债权债务关系，双方互负相应权利

---

❶ 王利明：《不动产善意取得的构成要件研究》，载《政治与法律》2008 年第 10 期。

❷ 李锡鹤：《物权论稿》，中国政法大学出版社 2016 年版，第 291—292 页。

义务，借名人享有请求被借名人在双方约定的时间或条件成就时，将不动产变更登记到自己名下的权利，被借名人负有配合变更登记和按照双方约定行使相应不动产权利等义务。当被借名人拒绝履行义务引发纠纷，借名人可依据双方约定提起给付之诉。此种观点也被一些地方法院所采纳。另一种观点则认为，这种情形属于登记簿记载的权利状态与真实权利状态不符，根据《物权法》第33条规定，真实权利人应通过物权确认之诉，由司法裁判直接确认其为权利人，而被借名人作为登记权利人，其擅自转让该不动产物权的行为则属于《物权法》第106条所规定的"无权处分"。按照《物权法解释（一）》第2条规定，当事人有充分证据证明不动产登记簿的记载与真实权利状态不符，其为该不动产物权的真实权利人，请求人民法院确认其享有物权的，应予支持。也就是说，在对内关系上，不动产物权的权利最终归属，并不以登记所表彰的权利状态作为依据。不动产登记只是确认不动产物权变动并公之于众的一种公示方法，而不是不动产物权变动原因。在当事人就不动产物权归属发生争议时，法院应当对发生物权变动的原因或基础予以审查，并最终依法确认物权的实际归属。而在此之前，登记权利人虽然可能并非真实权利人，但却在变更物权登记之前，表彰为该物权权利人，因而可能发生对外交易，产生因信赖不动产物权登记而为交易的善意第三人权益的保护问题。此种情形，通常应当纳入善意取得制度予以保护。❶

三是登记权利人为部分共有人，其未依照法律规定或全体共有人之间的约定转让共有的不动产。是否未经登记公示，共有人就不能取得对共有不动产的相应权利。对于共有人的登记问题，物权法没有作出明确规定。实践当中，基于各种原因，共有人没有被登记于不动产登记簿的情形并不少见。有的认为只要是没有被登记记载于登记簿的共有关系，依法就不能发生法律效力。《婚姻法》第17条规定，夫妻在婚姻关系存续期间所得的某些财产，归夫妻共同所有。可见，夫妻一方没有被登记于登记簿上并不意味着没有共有权利。至于其他关系的当事人之间能否适用该规定，笔者认为根据事实物权理论规则，至少不限于夫妻关系，其他如合伙关系的当事人之间也可以成立事实物权。在共有物的处分规则上，法律有明确规

---

❶ 杜万华：《最高人民法院〈物权法解释（一）〉理解与适用》，人民法院出版社2016年版，第367—368页。

定。《物权法》第 97 条规定，处分共有的不动产或者动产以及对共有的不动产或者动产作重大修缮的，应当经占份额三分之二以上的按份共有人或者全体共有人同意，但共有人之间另有约定的除外。即登记权利人对于共有物的处分是否构成无权处分，还需要审查法律对处分权行使的规定和当事人之间的约定。如果这一处分符合法律规定的处分规则，或者经共有人同意或事先授权，则不构成无权处分，相应的处分行为可以发生物权效力，不再适用不动产善意取得制度的相关规定。

四是对不动产虽然享有债权但是既没有所有权也没有处分权，例如不动产承租人。

五是对于不动产虽然享有所有权但该所有权受到限制，如抵押人擅自处分其抵押的不动产。

但是，并不是所有的无权处分都可以引起善意取得的适用，在以下两种情况，不适用善意取得：一是不以物权为对象的无权处分，如非法转租；二是非法处分他人的货币，如使用他人的货币进行消费、投资等。[1]

二、不动产善意取得中"善意"的含义与认定

（一）"善意"的含义

不动产善意取得与动产善意取得在构成要件中，物权变动的形式要件，动产是交付，采登记生效的不动产是变更登记，该不同也不是本质上的区别。最有争议、最有实践价值，与交易秩序和老百姓生活密切相关的要件，其实只有一项，即第三人的善意要件。关于不动产善意取得与不动产公信力是否为同一制度，其实也是与善意要件有关。关于不动产登记簿的公信力有绝对公信力和相对公信力之分。如采绝对公信力概念，即第三人的善意仅为"不明知"，则登记簿公信力与不动产善意取得就不宜认为是相同的制度。如采相对公信力的概念，即第三人的善意为"不明知且不应知"，则不动产公信力与不动产善意取得也就没有本质区别。[2]

《物权法》第 106 条规定的善意取得要件之一"受让人受让该不动产

---

[1] 吕伯涛：《适用物权法重大疑难问题研究》，人民法院出版社 2008 年，第 144 页。

[2] 孟勤国、蒋光辉：《论不动产善意取得的善意标准及善意认定》，载《河南财经政法大学学报》2013 年第 3 期。

或者动产时是善意的", 其中"善意"如何理解, 学界看法不同。有的认为物权法对不动产和动产实行的是同一的善意标准。不动产与动产一样, 对受让人的善意采"不知且不应知"标准, 善意指不知登记错误且对不知无重大过失。❶ 有的认为二者的"善意"判断标准不一样, 动产善意取得采"不知且不应知", 而不动产善意取得应采"不知"标准, 是否"应知"不影响受让人的善意。❷ 这两种理解, 哪一个更符合物权法立法本意, 属于法律解释的范畴, 应以法律条文本身作为判断依据; 哪一个更符合我国不动产登记的实际状况, 属于法律规定合理性的范畴, 应以法律条文与实际生活的关系加以判断。

1. 从同一解释规则看, 不动产与动产应采相同标准

同一解释规则, 即同一概念原则上应当保持同一含义, 是指同一概念在同一法律部门内部, 甚至在不同的法律部门之中, 都应当尽可能保持含义的一致。这也就是拉伦茨所说的"法律的意义脉络"。同一词汇, 其具体内涵与其所处的语境、使用的主体等是密切相连的。但是, 在解释中, 立法者在同一文本中应当对同一词语规定同一的意义。在进行文义解释时, 如果没有特别的理由, 法律中所使用的概念都应当是含义相同的。❸ 不动产善意取得与动产善意取得不仅在一部法律中, 而且在同一法条中, 在没有特别理由的情况下, 二者的"善意"理应作同一解释。❹

2. 按最高法院司法解释, 不动产与动产采相同标准

最高人民法院的《物权法解释 (一)》第 15 条: "受让人受让不动产或者动产时, 不知道转让人无处分权, 且无重大过失的, 应当认定受让人为善意。真实权利人主张受让人不构成善意的, 应当承担举证证明责任。"《物权法解释 (一)》第 17 条: "受让人受让动产时, 交易的对象、场所或者时机等不符合交易习惯的, 应当认定受让人具有重大过失。"上述两条是针对动产善意取得的"善意"的解释, 强调"应知而不知"者非善意。类似地, 《物权法解释 (一)》第 16 条: "具有下列情形之一的, 应当认定

❶ 孟勤国、申惠文: 《我国〈物权法〉没有承认登记公信力》, 载《东方法学》2009 年第 5 期。
❷ 王利明: 《不动产善意取得的构成要件研究》, 载《政治与法律》2008 年第 10 期。
❸ 王利明: 《法学方法论》, 中国人民大学出版社 2012 年版, 第 381—382 页。
❹ 孟勤国、蒋光辉: 《论不动产善意取得的善意标准及善意认定》, 载《河南财经政法大学学报》2013 年第 3 期。

不动产受让人知道转让人无处分权：（一）登记簿上存在有效的异议登记；（二）预告登记有效期内，未经预告登记的权利人同意；（三）登记簿上已经记载司法机关或者行政机关依法裁定、决定查封或者以其他形式限制不动产权利的有关事项；（四）受让人知道登记簿上记载的权利主体错误；（五）受让人知道他人已经依法享有不动产物权。真实权利人有证据证明不动产受让人应当知道转让人无处分权的，应当认定受让人具有重大过失。"可见，该解释明确规定不动产善意取得之受让人"应知"亦为恶意。

3. 国情决定了应采"不知且不应知"标准

有人建议，在研究物权法是否承认不动产善意取得与动产善意取得的区分时，不能忽视作为"母法"的德国民法的规定。法律规则的选择，需要借鉴国外同类问题的经验，但最重要的是考虑国情，因为法律规则的理解和运用是在一个特定的国家空间之中进行的，客观环境制约着法律规则的实际作用。城乡二元结构是我国的基本国情，反映在不动产登记上，城市建设用地使用权和房屋所有权已经建立基本的登记制度；而在农村，土地承包经营权基本上没有登记，宅基地使用权、集体建设用地使用权、房屋所有权很少登记。正是基于这样的事实，我国《物权法》第 14 条才规定："不动产物权的设立、变更、转让和消灭，依照法律规定应当登记的，自记载于不动产登记簿时发生效力。"依照法律规定应当登记的表述包含了有些不动产物权是法律不要求登记的或者可登记可不登记的，如物权法关于土地承包经营权、地役权、宅基地使用权等。农村不动产物权多数未登记，少数登记的在发生物权变动时也很少及时变更登记，在这种背景下，采纳德国标准可以说是异想天开，没有实际操作的可能。其实，不仅仅在农村，城市不动产登记同样也存在着不能采用德国标准的实际状况。我们要求受让人"不应知"，并非要求第三人自行调查而发现登记簿错误。

"不应知"，是指"非因重大过失而不知情"，并不是要求第三人具体调查核实登记有无错误，而可通过一些客观的方式来判断。试图通过排除"不应知"来强化登记簿的公信力是徒劳的，即便我国物权法只以"不知"作为判断不动产物权取得的善意标准，也无法使百姓信赖并不那么可信的登记。❶

---

❶ 孟勤国、蒋光辉：《论不动产善意取得的善意标准及善意认定》，载《河南财经政法大学学报》2013 年第 3 期。

4. 从审判实践来看，不动产与动产善意取得所采标准难谓不同

司法实践当中，当事人购买房屋时未就房屋的权属情况充分了解，也未看诉争房屋实地了解房屋的实际居住情况，就不动产登记簿的记载与真实权利状态不符的情况未加关注，应为其疏忽大意的过失承担责任。另外，动产善意取得之"善意"往往也可以用于不动产善意取得，二者存在相似的判断标准。如"原告钱关林、吴小娜与被告吴冬凤确认合同无效纠纷案"，关于吴冬凤是否构成善意取得，法院认为，首先，即便吴冬凤与李守卫进行借贷交易时固然不知其从事犯罪行为，但除此主观善意外，作为出借人，吴冬凤在案涉借款抵押过程中既未对此前不认识的抵押人的身份证件进行核实，又在合同签订过程中因故离开，且并未在场目睹抵押人在合同上签名、捺印，因此吴冬凤在案涉借贷交易过程中存在一定过失；其次，吴冬凤在答辩中表示冒充钱关林、吴小娜的人系李守卫的父母，亦在审理中表示吴小娜的体貌特征与李守卫的母亲差别较大，且其在民间借贷纠纷一案起诉到本院，司法鉴定后即已知道前去办理案涉房屋抵押登记的不是钱关林、吴小娜，但其却在刑事案件处理中出于自身利益考虑而未告知相关部门；最后，吴冬凤的借款系被李守卫骗取，并非被钱关林、吴小娜骗取，其系生效刑事判决的受害人，而该刑事判决已责令李守卫向其退赔损失，而即便钱关林、吴小娜与李守卫、李守卫父母曾系亲戚，但他们既未领取借款，吴冬凤亦无证据证明他们从中获益，若吴冬凤能行使抵押权将导致钱关林、吴小娜的利益受损，则有失公允。综上，本院认为，吴冬凤在借款抵押交易过程中存在一定过失，不符合法律规定的善意取得的要件，不能据此依法取得案涉房屋抵押权，其对应的辩解，本院不予采信。❶可见本案判决充分考虑了交易环境等登记之外的因素，并非简单地认为只要受让人信赖了登记，就是善意的。

（二）"善意"的认定

1. 证明责任的分配

判断第三人是否善意，首先涉及证明责任问题。有人认为德国民法的善意是消极性构成要件，证明责任在否定第三人善意的权利人一方。我国

---

❶ 原告钱关林、吴小娜与被告吴冬凤确认合同无效纠纷案，杭州市富阳区人民法院（2015）杭富新民初字第 313 号民事判决书。

《物权法》第 106 条规定的"善意",属于积极性构成要件,须由主张适用善意取得者承担证明责任。❶ 这种解读缺乏依据。众所周知,物权法理论有占有事实推定规则,其中之一便是在无法确定善意占有还是恶意占有的情况下,通常推定为善意占有。在占有人无权占有某物的情况下,如果没有相反的证据,就应当推定占有人的占有是善意的。法谚曰:"法律不推定恶意。"因此,如果某人主张占有人是恶意的,该人必须承担举证责任。我国物权法对此没有作出规定,但学理上认为此规则是十分必要的。这是因为:一方面,善意是一般情形而恶意是例外情形,法律推定只能建立于一般性的和常态性的事实基础之上;另一方面,从举证的难度来看,要证明自己是出于善意十分困难,而要证明他人的恶意则相对容易。占有人是否为善意,因其系个人内心的情事,难以举证证明,故推定其为善意占有。❷ 上述善意推定规则,不仅适用于动产与无须登记的不动产,而且完全可以类推适用于不动产登记领域。更何况《物权法》第 16 条已规定了不动产登记的推定力规则,应推定信赖登记的第三人为善意,由否定善意的权利人承担第三人非善意的证明责任。实践当中,第三人要证明自己善意是非常困难的,如果将证明责任分配给第三人,很少有善意取得能够成立。不仅如此,《物权法解释(一)》第 15 条规定:"真实权利人主张受让人不构成善意的,应当承担举证证明责任。"可见,司法解释确定由否认善意取得的当事人承担举证责任。

还有一种较为特殊的情况是,当受让人作为原告提起诉讼时,是否需要自证善意?实践中的做法出现了较大分歧。有观点认为,原告方对自己的主张应当举证证明,既然受让人提出自己是善意取得人的主张,则其应当就受让物权时的善意承担证明责任。反对的观点则认为,这种善意应当是根据不动产登记或者动产占有之权利表彰推定的,仅在主张受让人非善意的对方当事人提供证据证明受让人恶意的情况下,受让人应当提供相应反驳证据。

2. 是否应当实际查阅

有人认为判断是否善意,应当以第三人是否实际查阅了登记簿为准。

---

❶ 徐涤宇、胡东海:《证明责任视野下善意取得之善意要件的制度设计》,载《比较法研究》2009 年第 4 期。

❷ 王利明:《物权法研究》(下卷),中国人民大学出版社 2013 年版,第 1487 页。

怠于查阅的推定其不构成善意。❶ 有的学者将不动产买受人在缔结合同前负有两项注意义务：第一，检查登记簿义务，以确信出卖人享有权利；第二，查看房屋状况，了解房屋的实际居住人。按照严格的标准，买受人应当查验登记簿并且排除买受人的居住，只有这样才能被认为是善意的。❷

我们认为，首先，向买受人施加查阅不动产登记簿义务，似乎无形当中修改了物权法的善意取得要件，将主观善意改为法定的查阅义务。法定义务是客观的，与主观善意性质不同，前者取代后者已不是民法中的善意取得。一概要求受让人实施积极的查阅不动产登记簿的行为，与物权法善意取得的立法精神不相符合，也与《物权法解释（一）》对于善意证明责任的规定不符。根据不动产登记簿的权利推定效力和不动产登记簿的公开性，只有证明受让人非善意的情形才能推翻对于受让人基于对登记簿记载的权利状况信赖而成立的善意，因此，即使第三人没有实施查阅登记簿的行为，在原权利人无须证明受让人为非善意的情形下，不利的后果还是归于原权利人，故第三人无须被苛以查阅登记簿的义务。❸ 其次，这并非意味着受让人在任何时候都无须查阅不动产登记簿。如瑞士法上根据学术界对客观化标准的理解，司法界通过判例确立了注意义务的标准：如果取得人获悉了一个事实，而这个事实足以引起一个具有通常的智力和注意程度的人对不动产登记簿正确性的怀疑，那么此时取得人负有对这一事实进一步调查的义务。取得人履行调查义务的目的，在于消除自己对不动产登记簿的怀疑，并由此确立对不动产登记簿的信赖。❹ 因此，如果某一事实足以引起一个正常人对不动产登记簿正确性的怀疑时，则受让人如果仍不查阅登记簿，则其显然对不知转让人无处分权构成重大过失。❺ 再次，如果该不动产登记簿登记状态与受让人所认为或主张的状态一致，则其是否实际查阅登记簿，不应影响其善意的认定，但如果该不动产登记簿上明确记载了权利障碍或瑕疵，根据《物权法解释（一）》第 16 条的规定，则可以

❶ 王利明：《不动产善意取得的构成要件研究》，载《政治与法律》2008 年第 10 期。

❷ 高富平：《物权法原论》，法律出版社 2014 年版，第 450 页。

❸ 杜万华：《最高人民法院〈物权法解释（一）〉理解与适用》，人民法院出版社 2016 年版，第 391 页。

❹ 鲁春雅：《论不动产登记簿公信力制度构成中的善意要件》，载《中外法学》2011 年第 3 期。

❺ 杜万华：《最高人民法院〈物权法解释（一）〉理解与适用》，人民法院出版社 2016 年版，第 392 页。

推定不动产受让人知道让与人无处分权，如预告登记、异议登记即是适例。最后，即使买受人个别时候承担查阅不动产登记簿义务，我们也需注意到，实践当中查阅登记簿的难度的确不小，笔者曾经就此咨询北京西城区房管局的工作人员，问其买房人在订约之前到住建委查阅不动产登记簿以确认卖方是否无权处分的情形是否常见，他答复说此种情形并不多见，且一般都是托人查阅。可见，单方面地苛以买受人查阅登记簿义务并非合理之策，至少应当先出台一系列配套措施保障查阅登记簿行为的开展。

3. 善意的认定方法

动产与不动产的公示方式不同，必然导致动产的善意取得与不动产善意取得在构成要件上有所不同，这些构成要件上的不同并不必然导致二者本质上的差异或者善意标准的不同，不动产善意取得的善意标准也是采取"不知且不应知"标准，但二者的认定方法有所不同。《物权法解释（一）》对于受让人的"知道"认定，采取列举的方式，即"具有下列情形之一的，应当认定不动产受让人知道转让人无处分权：（一）登记簿上存在有效的异议登记；（二）预告登记有效期内，未经预告登记的权利人同意；（三）登记簿上已经记载司法机关或者行政机关依法裁定、决定查封或者以其他形式限制不动产权利的有关事项；（四）受让人知道登记簿上记载的权利主体错误；（五）受让人知道他人已经依法享有不动产物权。"而对于受让人的"应当知道"即"重大过失"，采取抽象概括阐述。重大过失有无的判断，应综合考虑个案中受让人拥有的信息、所处的地位等交易的整个背景加以判断。这些因素包括但不限于以下内容。

第一，受让人与真实权利人、让与人之间，以及真实权利人与让与人之间的关系。根据《瑞士民法典》第 228 条第 2 款规定，只要第三人不知或理应不知缺少另一方处分共有财产的同意，允许其以该同意为先决条件。从这一条款的规定来看，受让人虽然可以假定另一方已经同意对共同财产的处分，但他必须对此尽到应有的注意义务。❶ 如"郭亚杰与张修法、张正山返还原物纠纷案"，法院判决认为，具体至本案，一是判断张修法购买时是否为善意，是否尽了足够的注意义务。被告张修法与原告系邻居，对该房屋此前由郭亚杰与张正山夫妇共同居住拥有必然是知情的，在

---

❶ 鲁春雅：《论不动产登记簿公信力制度构成中的善意要件》，载《中外法学》2011 年第 3 期。

该种情况下，其购买房屋这种重要财产时仅同夫妻一方的张正山签订协议而不通知郭亚杰，不征得郭亚杰的同意，说明张修法在买卖该房屋时未作充分了解，未尽足够注意义务，其对此负有过错。另外，根据当前农村房屋的现状以及农房买卖的一般交易习惯，买卖双方在买卖房屋时应该到房屋所在的村委会了解房屋的产权情况并在买卖时经过村委会的确认或见证，而村委会工作人员对该房屋的相关情况是了解的，张修法未经过该程序即买受房屋。基于以上两点，故不能认定张修法的买受行为是善意。❶本案判决认为原被告系邻居关系，推定受让人应当知道所购房屋为夫妻共有。当然，即使对相似案件的受让人是否构成善意，不同法院把握标准也不尽相同。如"崔东凤上诉陶玉玲等房屋买卖合同纠纷案"，一审法院认为，本案中，崔东凤是否构成善意取得的判断重点在于其签订《购房协议》时主观上是否是"善意的"。刘雨系马营村村民，崔东凤嫁给刘雨后在马营村生活多年，知道也应当知道陶玉玲与养子聂升的家庭状况。诉争房屋系陶玉玲作为低保户申请危房改造而建造的，村委会也出力帮忙，崔东凤作为马营村村民，在购买同村其他村民房屋时，对欲购买房屋情况应有所了解。且原一审庭审记载，崔东凤未找过陶玉玲核实情况，也没有向聂升其他家属询问过，崔东凤称只是聂升向其保证陶玉玲同意，给陶玉玲打过电话，还拿出了《集体土地建设用地使用证》。崔东凤称买房时，也不知道陶玉玲是否嫁人，只是听说。在此情况下，可以认为崔东凤知道陶玉玲系诉争房屋所有权人，却在未与陶玉玲核实并取得陶玉玲同意的情况下，与聂升签订了《购房协议》，不符合主观善意。而二审法院却认为，本案中崔东凤经本村村民介绍与聂升达成《购房协议》，以 5 万元购买了诉争房屋，聂升按照农村交易习惯将《集体土地建设用地使用证》原件交付崔东凤。崔东凤在履行《购房协议》过程中主观无恶意，陶玉玲亦未举证证明其存在恶意。现崔东凤已入住诉争房屋多年，并对该房屋进行了装修改造。因此，崔东凤的购房行为构成善意取得。故崔东凤提出的其购买房屋的行为属于善意取得的上诉意见成立，本院予以支持。❷本案一审适

---

❶ 郭亚杰与张修法、张正山返还原物纠纷案，山东省胶州市人民法院（2013）胶民初字第 1168 号一审民事判决书。

❷ 崔东凤上诉陶玉玲等房屋买卖合同纠纷案，北京市第一中级人民法院（2016）京 01 民再 87 号民事判决书。

用"熟人社会法则",认为同村村民之间应当知道所购房屋为共有,而二审大相径庭却认为即使同村村民也没有义务知道房屋系共有。

第二,让与人的基本情况。实践中,如果让与人与受让人为初次交易,一般不应对受让人了解让与人的职业、收入、经营状况等基本情况作出不切实际的过高要求。如为居住之需购买二手房,让与人为一与买受人完全陌生之人,受让人一般确实难以有确切渠道了解让与人的一些基本情况。但如果双方经常为一些交易或为生意伙伴,受让人在进行一些价值较大的交易时对让与人的经营状况、信誉等一些基本情况应有所了解,否则就有可能会构成重大过失。❶ 但是,受让人对让与人的基本情况的了解应当限于形式方面,不能包括实质审查。如"横县农村信用合作联社、横县农村信用合作联社校椅信用社等与黄英梅、罗昌端抵押权纠纷案",法院认为,罗昌端在办理他项权证的过程中,通过伪造离婚判决书的方式,制作了与黄英梅的假离婚判决书的内容,从而骗取了抵押权登记。作为原告校椅信用社而言,审查义务不应包含罗昌端在办理他项权证过程中的违法或犯罪行为。因此,原告在发放贷款时已尽到审慎审查义务。原告黄英梅提供的真实的离婚判决书可以证明罗昌端系无权抵押,但无法证明债权人在接受抵押时明知或应知房屋的真实产权与登记不符,因此债权人在接受抵押时是善意的。2012 年 4 月 1 日,横县房地产管理所为本案抵押权办理了抵押登记手续,并向抵押权人核发了房屋他项权证,抵押设定后,校椅信用社依约向罗昌端发放了贷款,该项债权依法成立。综上所述,本案抵押权的设立符合我国物权法关于善意取得他项物权的规定,抵押权人善意取得该房屋的抵押权,该抵押权自登记时设立。❷ 本案信用社仅承担形式审查义务。又如"王风红与王伟志、段利伟房屋买卖合同纠纷案",法院判决认为:关于王风红购买段利伟的房屋是否善意的问题。法律上所称的善意是指不知情。因王风红与段利伟系同事,根据本案王伟志原审所提交的照片显示,王风红与段利伟又是朋友关系,王风红应当知道段利伟有配偶,对于其购买涉案商铺产权可能是夫妻财产不能说不知情,故王风红诉

---

❶ 杜万华:《最高人民法院〈物权法解释(一)〉理解与适用》,人民法院出版社 2016 年版,第 387—388 页。

❷ 横县农村信用合作联社、横县农村信用合作联社校椅信用社等与黄英梅、罗昌端抵押权纠纷案,横县人民法院(2014)横民二初字第 351 号一审判决书。

称其是善意购买不能成立。❶ 本案当事人双方系朋友关系，应当知道的范围更大。

第三，关于受让人的文化程度、职业、知识背景、交易经验等相关因素对善意认定的影响。有学者主张，受让人善意与否的判断一般应以普通人的知识、经验为基础，但是在上述相关因素相同的情况下，一个知识水平较高、交易经验较多的受让人应当具有更高的注意程度，如法律工作者，其更能够基于交易安全的考虑注意对标的物权属的查证，这就不能排除存在一种于一般人而言可以构成"善意"，对拥有较高知识、丰富交易经验的人而言不成就"善意"的可能性。❷ 我们基本赞同上述见解，一般情况下应以普通人的标准来衡量受让人的善意与否是正确的。但是，绝对适用这种观点难免有"知道得越多越危险"之讥。北京房山区人民法院在某案判决书认为，"侯国云主张合同约定的房屋价格与当时的房地产市场价格相差悬殊，万通房产公司、孙洪海存在'价格欺诈'，要求撤销房屋买卖合同。侯国云在庭审中明确表示签订合同系其自愿行为，作为完全民事行为能力人，且系中国政法大学教授，其也理应对合同内容、房地产市场行情及其房屋的价格有所了解和预判，根据侯国云提供的现有证据，不能充分有效地证明其主张。因此，侯国云与孙洪海签订的房屋买卖合同，是双方的真实意思表示，不违反法律、行政法规的强制性规定，为有效合同。"本案即以当事人职业、文化程度等因素认定是否构成意思表示瑕疵，类似这种做法可能无视"书呆子"的存在，法学教授的专长在于教学科研等理论知识的传授而非实践也。所以，"隔行如隔山"，我们不赞同夸大职业、学历等某些因素在善意认定中的影响。

第四，不动产物权变动登记时，登记簿上是否存在有效的异议登记、预告登记。一方面，就异议登记而言，即便登记簿上存在异议登记，不动产权利人可以处分不动产并申请相应的处分登记，但是，因该处分而取得不动产权利的第三人必须承担此后出现无权处分情形时无法构成善意取得的风险。如果债权人与抵押人申请抵押权首次登记时，登记簿上存在有效

---

❶ 王风红与王伟志、段利伟房屋买卖合同纠纷再审案，河北省邯郸市中级人民法院（2016）冀04民申22号民事裁定书。

❷ 杜万华：《最高人民法院〈物权法解释（一）〉理解与适用》，人民法院出版社2016年版，第388页。

的异议登记，此后抵押人抵押不动产的行为属于无权处分的话，则债权人不构成善意，不能善意取得抵押权。《物权法解释（一）》之所以特别强调必须是"有效的异议登记"，其原因在于：依据《物权法》第 19 条第 2 款第 2 目规定："登记机构予以异议登记的，申请人在异议登记之日起 15 日内不起诉，异议登记失效。"《不动产登记暂行条例实施细则》第 83 条第 2 款规定："异议登记申请人应当在异议登记之日起 15 日内，提交人民法院受理通知书、仲裁委员会受理通知书等提起诉讼、申请仲裁的材料；逾期不提交的，异议登记失效。"从目前的登记实践来看，自异议登记之日起 15 日内，申请人没有提交人民法院受理通知书、仲裁委员会受理通知书等提起诉讼、申请仲裁的材料的，异议登记虽然已经失效，但不动产登记机构不依职权注销异议登记的记载。因此，即便登记簿上存在异议登记的记载，但只要债权人与抵押人申请抵押权首次登记时，该异议登记已经失效了，债权人也会构成善意。另一方面，就预告登记而言，《物权法解释（一）》第 15 条第 1 款第 2 项规定：预告登记有效期内，未经预告登记的权利人同意的，应当认定不动产受让人知道转让人无处分权。换言之，此时不动产受让人并非善意，不能善意取得。当然，从不动产登记程序法的角度来看，预告登记后，预告登记义务人其实根本无法处分不动产并办理相应的登记。因为《不动产登记暂行条例实施细则》第 85 条第 2 款明确规定："预告登记生效期间，未经预告登记的权利人书面同意，处分该不动产权利申请登记的，不动产登记机构应当不予办理。"❶

第五，不动产登记簿上是否已经记载司法机关或者行政机关依法裁定、决定查封或者以其他形式限制不动产权利的有关事项。换言之，当登记簿上记载了相应的查封登记，第三人也不可能善意取得抵押权。不过，如果法院或者有关机关虽然作出了查封或者以其他形式限制不动产权利的裁定或者决定，且该裁定或决定已经生效，但是没有记载于不动产登记簿的，第三人依然可能善意取得不动产物权。这是因为，法院的裁定或者有关机关的决定没有通过查封登记等方式在不动产登记簿上进行记载从而向外界加以公示的，不得对抗善意第三人，否则将极大地危害交易安全。故

---

❶ 程啸：《论不动产抵押权的善意取得——兼评最高人民法院物权法司法解释之规定》，载《财经法学》2017 年第 1 期。

此，《最高人民法院关于人民法院民事执行中查封、扣押、冻结财产的规定》第 26 条第 3 款规定："人民法院的查封、扣押、冻结没有公示的，其效力不得对抗善意第三人。"❶

第六，受让人是否知道他人已经依法享有不动产物权。如果受让人明知他人对不动产享有事实上的所有权，此时构成恶意，不能成立善意取得。

第七，不动产的基本情况，包括自然状态，如界址、楼层、朝向等，以及不动产的现实占有使用情况。如在实践中，交易相对人往往基于了解标的物之自然属性会进行实地查看。因此，在为生活居住而购买房屋的情形下，没有考察房屋的实际占有使用状况就受让房屋，可能难以认定无重大过失。在瑞士法上，进行实地察看的依据是《瑞士民法典》第 676 条第 3 款规定的自然公示，虽然这一条款本来的适用范围是外在的管道，但对这一条款的适用范围可以进行扩展，使其也适用于不动产的外在物理状况。依据自然公示的法理，与不动产外在状况有关的一些情况可能在不动产登记簿中并未被登记为物权，但这些情况的存在可能会对不动产物权造成重要影响。受让人如果没有通过调查去查证这些不动产的外在状况，那么他不能主张自己是善意的。❷ 又如对不动产实际占有状况的考察。虽然在不动产交易中，对标的物占有不具有表彰所有权的公示公信力，但不可否认的是，"占有"拥有传递某种信息的天然属性，能够在一定程度上对登记所公示的信息加以验证。而且，不动产具有固定的特性，对其占有外观进行考察只需要很低的成本，这一成本与标的物的价值或是交易风险成本相比微不足道。在不动产非由登记权利人占有时，受让人就应当要求登记权利人加以解释并提交书面证明文件。❸ 但是，也有法院判决并不认为买方没有实地看房会影响善意取得。在"巫丽琴、巫丽君与王哲辉、孙卫香物权纠纷案"审理过程中，法院认为，巫丽琴、巫丽君在交易前虽没有实地查看涉案房产，但巫丽琴、巫丽君在庭审中作出了解释，实际在房地

---

❶ 程啸：《论不动产抵押权的善意取得——兼评最高人民法院物权法司法解释之规定》，载《财经法学》2017 年第 1 期。

❷ 鲁春雅：《论不动产登记簿公信力制度构成中的善意要件》，载《中外法学》2011 年第 3 期。

❸ 杜万华：《最高人民法院〈物权法解释（一）〉理解与适用》，人民法院出版社 2016 年版，第 388—389 页

产市场交易中未看房即交易的情形也有发生，仅凭涉案房产在出售前有人居住的情况，即要求巫丽琴、巫丽君洞悉涉案房产可能存在的交易风险，已经超出了一般人应当具有的谨慎和注意义务。因此，巫丽琴、巫丽君未查看房产虽失于谨慎，但不能依据该情形即推定巫丽琴、巫丽君在购买涉案房产时为非善意或存在重大过失。涉案房产最后登记于巫丽琴、巫丽君名下，符合善意取得的法定条件。❶

第八，受让人交易时的场所、所处的市场环境及相关交易信息。比如，若受让人是在公开、正规的市场上购买的不动产，特别是出具了发票的情况下，其"善意"的可能性就比较大，但如果其是在非公开场所，尤其是"黑市"中完成交易，则受让人就有可能构成非善意。农村与城市对于善意取得的认定也有影响，如"王金昌、王金德等与王法程、傅效林排除妨害纠纷案"，法院认为，王法程受让涉案房产时是否属于善意。善意与否的判断，根据法律规定，应当以受让人在受让不动产时不知道转让人无处分权且无重大过失为判断标准。即判断受让人非善意的标准是要求受让人对转让人无处分权这一事项具有重大过失以上的主观状态。本案中，王金昌、王金德、王金兴认可在其父母亲去世之后，涉案房屋系由王金兴管理使用，相应的土地权证亦由王金兴保管；王金德在 1989 年之后就离开本村，住到妻子家中，且平日亦很少回到本村；而王金昌亦在事后放弃继承权。在上述情形下，即使涉案房屋发生了继承，但王金昌、王金德、王金兴一直未办理涉案房屋的土地权属变更情况，而由王金兴持有和保管涉案房屋的土地权属证书，王法程根据当时农村的风俗习惯、涉案房屋的使用状况以及房屋土地权属证书的持有情况，其有理由相信王金兴对涉案房屋具有相应的处分权。王金昌、王金德、王金兴主张王法程不构成善意的，应当承担举证证明责任；其无法举证证明受让人王法程为恶意的，则推定其为善意。❷ 再如，实践当中买受人往往不去查阅登记簿，但是往往会查看不动产证书，该证书是关于不动产权利人的非常重要的证据。如"汪哲诉李慎国等房屋买卖合同案"，对于李欣在受让本案诉争房屋时是否

---

❶ 巫丽琴、巫丽君与王哲辉、孙卫香物权纠纷案，广东省深圳市中级人民法院（2015）深中法房终字第 1118 号民事判决书。

❷ 王金昌、王金德等与王法程、傅效林排除妨害纠纷案，浙江省金华市中级人民法院（2016）浙 07 民终 3972 号二审民事判决书。

是善意问题，法院认为，根据我国物权法的相关规定，不动产登记簿是物权归属和内容的根据。而不动产权属证书是权利人享有该不动产物权的证明。在本案中，李慎国及李经纬所取得的房屋所有权证即物权法规定的不动产权属证书，基于不动产的公示、公信原则，作为买受人的李欣有理由相信上述李慎国及李经纬所取得的房屋所有权证所载明的物权及内容，即李慎国与李经纬系所出售房屋的共有人，所占份额李慎国为99%、李经纬为1%，又因李慎国系李经纬的法定代理人，其在办理房屋所有权转让手续时也出具了证明两者监护关系的相应公证书，故李欣基于上述信赖而相信出卖人李慎国及其共有人李经纬对所出售的房屋享有完全权利，并与二人签订存量房屋买卖合同，尽到了受让人的注意义务，不存在过错。又因，诉讼中，汪哲亦未向法院提交李慎国、李欣签订上述存量房屋买卖合同时，存在恶意串通损害其和李经纬利益的行为的相应证据，因此，法院认定，李欣在受让本案诉争房屋时确属善意。❶

当然，对于上述因素的考量需要法官根据当事人提供的证据，结合个案实际情况作出裁量。这其中所需遵守的一个原则就是，如若真实权利人能够举证证明受让人在尽到一般人通常情况下起码的注意义务即可得知登记错误，但其却因消极注意而未知晓，即可认定受让人存在重大过失。也就是说，虽然相关信息并没有彻底否定登记的内容，但已足以引发受让人对转让人处分权的合理怀疑时，受让人就应当谨慎交易，进一步调查或要求对方提供更多的证据如相应的合同、发票、相关文件资料等。如果受让人对此置之不理，径行交易，就可以认定为存在重大过失。

（三）不动产善意取得"善意"的时间点

适用不动产善意取得制度时，善意的判断时间节点十分重要。由于《物权法》第106条规定的"转让的不动产依照法律规定应当登记的已经登记"，是指"申请登记"还是"完成登记"并不明确，因此，在理论与实践中都出现了歧义。第一种观点认为，善意是指在受让人接受标的物之时，受让人是善意的。其理由是，根据文义解释，此处使用受让一词，表明其对于动产和不动产都以交付之时为准，动产和不动产处分中善意的时

---

❶ 汪哲诉李慎国等房屋买卖合同案，北京市第一中级人民法院（2010）一中民终字第16095号民事判决书。

间节点是交付标的物之时。第二种观点认为，只要第三人向登记机关递交申请时为善意，就足以表明其交易行为具有正当性，故第三人的善意应以申请登记作为节点，之后即使第三人知悉无权处分，也不妨碍善意取得的构成。第三种观点认为，受让人只有从交易开始至变更登记完毕，整个时段均不知道无权处分的，且对此没有重大过失，才是善意的。我们赞同第三种观点，《物权法解释（一）》第18条规定：物权法第一百零六条第一款第一项所称的"受让人受让该不动产或者动产时"，是指依法完成不动产物权转移登记或者动产交付之时。该条文也采纳了第三种观点。第一、第二种观点考察善意的时间节点过于提前，不利于原权利人权益的保护。虽然善意取得制度是为交易安全所设，但这并不意味着其对真正权利人所有权的漠视。基于诚信原则的要求，在变更登记尚未完成，第三人对房产还未办理完毕登记的情形下，应当在知道登记簿不实后撤回登记申请。事实上，相关规章也对撤回申请作了规定。如《房屋登记办法》第21条规定：房屋登记机构将申请登记记载于房屋登记簿之前，申请人可以撤回登记申请。

何谓"完成登记"，从实践中不动产物权转移登记的操作来看，当事人提出登记申请、不动产登记机构完成登记和向申请人核发不动产权属证书往往是三个不同的时间点，而按照《不动产登记暂行条例》第21条第1款的规定，登记事项自记载于不动产登记簿时完成登记。因此，应当以登记事项自记载于不动产登记簿时作为确定"依法完成不动产物权转移登记"的具体时间点。

三、不动产善意取得的"以合理价格转让"

（一）"合理价格"之认定

《物权法解释（一）》第19条规定："物权法第一百零六条第一款第二项所称'合理的价格'，应当根据转让标的物的性质、数量以及付款方式等具体情况，参考转让时交易地市场价格以及交易习惯等因素综合认定。"

1. 转让时交易地市场价格

（1）明显不合理低价认定的时空标准。首先，认定明显不合理低价的时间标准一般应以签订合同时为准。其次，认定明显不合理低价的地域标准应为合同签订地。（2）明显不合理高价不能作为认定受让人是否善意的标准。这是因为不合理高价不但不能证明受让人主观上为非善意，反而往往能间接证明其为善意。❶

2. 转让标的物的性质、数量以及付款方式、交易习惯等

对于巨额款项支付，付款人通常会选择分期支付方式，缓解资金给付压力。但如果买卖双方约定一次性付款就会打折，折后价即便远低于市场一般交易价格，而这明显符合正常商业交易规则和双方真实意思表示，也不能得出转让价格不合理的必然结论。

有时，让与人为了维系其与受让人之间的长期供货关系，通常会给受让人以远低于市场交易价的商业折扣，从而导致实际交易价格低于市场交易价。此时，受让人可以此为由证明转让价格合理，主张善意取得。当然，受让人需要就双方之间存在该交易习惯承担举证责任。❷

3. 还需要考虑房屋买卖"阴阳合同"的因素

"阴阳合同"现象颇为盛行，主要是为了通过少写网签价格而避税。买卖双方当事人之间签订的为"阴合同"，约定了真实的价格。而网签合同即"阳合同"，即持之纳税的合同，其约定的价格往往与当地住建委规定的指导价相当。此时，一个法律关系却有两个合同价格，以哪个为准？应当以"阴合同"价款为准，而切切不能以合同无效为由拒绝参考真实价格条款。有学者认为，就以登记为生效要件的不动产物权变动而言，只要完成了登记，就应当认为价格是合理的。因税务机关已经对价格合理与否进行了替代性审查。❸ 这种观点值得推敲，实践当中，税务机关会规定一个"房屋过户指导价"，只要网签合同价格不低于该价格，就按照网签价格征税；若基于某些原因，网签价低于该指导价，则按照指导价征税。而指导价与市场交易价之间往往都会存在一个差额，而该差比有可能低于70%，尤其是在房价上涨期间更是如此。而且，即使当事人约定的价格真的低于指导价，税务机关也是不会让买受人补差价的，而只是令其按照指导价纳税而

---

❶ 杜万华：《最高人民法院〈物权法解释（一）〉理解与适用》，人民法院出版社 2016 年版，第 444 页。

❷ 杜万华：《最高人民法院〈物权法解释（一）〉理解与适用》，人民法院出版社 2016 年版，第 446—447 页。

❸ 程啸：《论不动产善意取得之构成要件——〈中华人民共和国物权法〉第 106 条释义》，载《法商研究》2010 年第 5 期。

已。所以，不能认为税务机关对价格合理与否进行了所谓的替代性审查，即便是顺利通过缴税，对于价格是否合理、是否构成善意取得仍有文章可做。

（二）是否必须实际支付价款

受让人是否必须已经实际支付价款，对此有争议。一种观点认为，受让人未实际支付价款者，不构成善意取得。相反的观点认为，依据《现代汉语词典》的解释，价款是买卖货物时收付的款项，价格为商品价值的货币表现，表明价格具有中性，不以是否支付为界定的标准。由此可以得出结论，作为构成善意取得要件之一的价格合理，既指受让人已经向让与人付清了合理的价款，也包括受让人尚未实际付款，但合同约定了合理的价格。❶ 我们赞同第二种观点。理由为，第一，善意取得制度旨在解决无权处分场合受让人善意时的物权变动问题，并不刻意考虑受让人取得物权是否公平。善意取得制度的目的在于保护善意受让人的期待利益（物权的取得），其立足点是建立在受让人已经取得动产占有或者不动产登记的事实状态基础上，而不是建立在单纯避免受让人经济利益损失的基础上（即受让人因实际支付价款而遭受损失），否则，即使受让人实际支付了价款，如无权处分人能够返还价款，或者原权利人愿意通过代无权处分人返还价款，则善意取得即无适用的依据。但是这样一来，善意取得制度的法理基础就被否定。因此，受让人是否实际支付价款，不应成为善意取得的成立要件。此外，所谓"以形式上的有偿掩盖实质上的无偿"的问题，纯属无权处分人与受让人之间的合同关系性质。第二，主张必须已经实际付款说的学者无非担心原权利人（买卖或是赠与）的事实认定问题，与善意取得成立要件的确定毫无关系。❷

四、不动产善意取得的权利变动要件：登记抑或交付

《物权法》第 106 条第 3 款所指的"依照法律规定应当登记的已经登记"显然是指那些以登记为生效要件的不动产物权变动，这些不动产物权

---

❶ 崔建远：《物权：规范与学说——以中国物权法的解释论为中心》（上册），清华大学出版社 2011 年版，第 217 页。

❷ 尹田：《物权法》，北京大学出版社 2013 年版，第 196 页。

包括建设用地使用权、房屋所有权、建设用地使用权抵押权、房屋抵押权以及已经登记的地役权。在取得人善意取得这些不动产物权时，必须完成登记方符合善意取得的构成要件。对此，学界没有异议。然而，学界有争议的是，那些不以登记为物权变动生效要件而是对抗要件的不动产物权，如土地承包经营权等不动产物权的善意取得究竟是以登记还是以交付为要件。第一种观点，如王利明认为，对于不以登记为生效要件的不动产物权，其善意取得仅以交付为要件。❶ 而第二种观点，如崔建远则提出，任何不动产物权的善意取得均以办理了登记为要件，如不登记，即便已经交付，也不发生善意取得的法律效果。❷

我们认为，基于以下三项理由，第二种观点更为可取，第一种观点是错误的。①与善意取得的法理基础不相符合。关于善意取得的法理基础，理论上存在复杂的分析，但除了无权处分人对动产的占有或被登记为不动产物权人所具有的公信力以及交易安全保护的需要之外，善意受让人已经取得对动产的占有或者成为物权登记的名义人这一事实对外界所产生的信赖，也是法律上"固定"受让人物权之享有事实的重要理由。而在善意受让人所受让的不动产物权并未公示（登记）的情形，其虽然在形式上完成了对于该种不动产物权的取得，但对于外界却无法产生其享有物权的外观，故认定期构成适用善意取得的条件，不符合相关法理。②受让人的善意难以成立。善意取得制度中，信赖公示而为交易，是受让人成立其"善意"的基本原因，亦即不动产登记的公信力，是不动产善意取得制度设立的基本依据。但在土地承包经营权、地役权等未经公示而被无权处分人转让的情形，由于被让与的不动产物权未经公示而无公信力，故即使受让人可以依据合同或者通过接受土地的交付而在形式上取得不动产物权，该受让人也因不能构成善意取得而根本无法主张善意取得。③受让人所取得的"无对抗力"的物权不能发生善意取得的效果。土地承包经营权等不动产物权在错误登记的情况下被无权处分转让，受让人固然可构成善意，也固然可依据合同成立或者通过接受土地交付而在形式上取得不动产物权，但在其受让的不动产物权未予登记的情形下，其取得的不动产物权对真正权

❶ 王利明等：《中国物权法教程》，人民法院出版社 2007 年版，第 150 页。

❷ 崔建远：《物权法》，中国人民大学出版社 2007 年版，第 89 页。

利人不具有对抗效力，亦即对于真正权利人而言，受让人取得的不动产物权被视为根本不存在，真正权利人仍有权请求其返还不动产。鉴于受让人主张善意取得的目的正是对抗原权利人的返还请求，因此，土地承包经营权等不动产物权未经登记不能发生善意取得的效果。❶

当然，上述论断的前提是不动产物权应当登记且能登记，假设因为非当事人原因，不动产不能办理登记，此时虽然未办理登记，也可能会构成善意取得，如"刘某与阮某房屋所有权确认纠纷再审案"。1997 年 1 月，阮某以 125000 元总价款自北京市温阳城建筑安装工程公司购买了位于怀柔区南华大街楼房一套，双方签订商品房购销合同，但未办理产权证。2006 年 6 月 15 日，在北京恒信万家房地产经纪有限公司第一分公司为中介的情况下，刘某与阮某双方签订了以阮某为甲方、刘某为乙方的房屋买卖合同，合同约定：一、经甲、乙双方协商，甲方同意将怀柔区南华大街 5 号楼 5 单元 502 室，总面积为 89.36 平米的楼房出售给乙方。双方商定价格为 184000 元。二、乙方交清房款后，甲方将所卖房屋及附属设施包括车棚太阳能一并交给乙方使用。三、如今后此房办理房产手续时，甲方应无偿提供任何手续。（因特殊原因双方子女必须为办理房产无偿提供任何手续，办理时原产权发生费用由甲方支付，其他费用由乙方负责支付等协议内容）。合同签订后，刘某当日依约将买房款 184000 元付给了阮某，阮某也将原购房合同交给刘某并交付了该房。后刘某搬入诉争房屋内居住，但未办理房屋产权变更登记。2007 年 11 月 9 日，北京市怀柔区建设委员会发布《通知》，告知南华大街 5 号楼居民可以办理产权证。因被告拒绝为原告提供办理产权证的相关手续，故原告于 2007 年 12 月 25 日起诉至法院。另查明：通过证人中介公司吕某及王某证实，在中介公司登记出售房屋时，是被告阮某与第三人温某共同去中介公司办理的，虽未进行书面登记，但留下了被告阮某的电话。同时证明，中介公司领原告刘某看房时，被告阮某与第三人温某均在场，证实第三人温某知道原、被告买卖房屋的事实。通过证人张某某、物业公司证实，在房屋出售前，被告阮某与第三人温某及双方子女均住该房，邻居并不知道阮某、温某夫妻离婚的事，并在腾退房屋后，全家共同租赁他人房屋共住的事实。一审北京市怀柔区人

---

❶ 尹田：《物权法》，北京大学出版社 2013 年版，第 218—219 页。

民法院经审理认为，尽管原、被告签订房屋买卖合同系经中介公司介绍，且原告在交易中亦尽到一定的注意义务，但被告所卖房屋的所有权确归其前妻温某所有，被告系无权处分人，且双方未能办理房屋产权登记，原告不符合善意取得所有权的情形。原告虽出示证人证实看房时温某在场，但既不能形成表见代理亦不能认定为默示，故应认定原、被告所签订的房屋买卖合同无效，对原告的诉讼请求不予支持。依据《合同法》第51条之规定，判决：驳回原告刘某的诉讼请求。一审宣判后，经一审法院审判委员会讨论决定，于2009年8月1日作出（2009）怀民监字第03723号民事裁定，再审本案。一审法院另行组成合议庭，公开开庭审理了本案。本案在再审过程中，追加温某（本案中被告阮某的前妻）为本案第三人。第三人温某在2008年2月20日曾以房屋归其所有，原、被告之间的房屋买卖协议无效为由对本案提出异议。北京市怀柔区人民法院经再审认为，原告刘某与被告阮某签订的房屋买卖合同是通过中介公司进行的交易，而中介公司能够知道被告阮某要出售该房，是通过被告阮某及第三人温某共同告知的，且中介公司带原告刘某去现场看该房屋时，第三人温某在场，由此认定，此次房屋买卖行为被告阮某及第三人温某应是明知的。另涉诉楼房历史上形成当时不能办理房屋产权登记，而被告阮某在收到卖房款的同时，将原购房协议给了原告刘某，从而使得原告刘某足以相信阮某就是房屋的所有人，因为原购房协议在没有产权登记的情况下就是房屋所有权重要的证据。第三人温某也应当知道该购房协议的重要性，在明知是自己所有房屋的情况下，不保留该重要证据，与情理不符。原告刘某通过中介部门与被告阮某签订房屋买卖合同，主观上是善意的。以合理的价格交付价款后，已实际取得了该房屋的所有权，虽在形式上未能办理过户手续，是因当时的条件所限，符合善意取得的条件，应认定原告刘某善意取得该房屋的所有权。据此，判决：撤销一审判决；涉诉楼房归原告刘某所有。

围绕本案中原告刘某是否可以善意取得诉争房产，一审法官和再审法官形成了两种截然相反的意见。一审法官认为，原告刘某不符合善意取得所有权的情形；而再审法官则认为，被告刘某符合善意取得的条件。因此，本案的最大争议是刘某购买房屋的行为是否符合善意取得的构成要件。本案讨论过程中，首先需要考虑被告阮某是否为无权处分人，这是确定善意取得构成的先决条件。对此，有两种争议观点。第一种观点认为，无论是与中介公司接洽，还是向买房人介绍房屋，均有第三人温某在场，并且其未提出任何质疑意见，二人的行为使得刘某对阮某与温某是否离婚没有任何怀疑。且该房屋当时不具备登记条件，未经登记，刘某可以合理推定为阮某与温某二人共同同意将房屋出卖，因此，被告阮某并非无权处分人。第二种观点认为，阮某与温某二人已于 2000 年离婚，并有生效离婚协议，协议中已经明确规定，该房产属于温某所有，阮某以自己的名义与刘某签署房屋转让合同，属于无权处分。围绕这一争议，应当从以下方面考虑。离婚协议有效。本案阮某与温某于 2000 年 12 月份登记离婚。双方在离婚协议书中就财产进行了分割，诉争房屋及家具归温某所有。本案温某虽不持有房产证，但其权利义务已经形成。温某具有在非主观条件（条件与房产本身、开发商等相关）实现时办理产权证的资格。事实上，2007 年 11 月 9 日，本案所涉房产具备了办理产权证的条件。因此，笔者认为，温某并不会因为未持有产权证而使得房产的所有权处于不确定状态，温某实际拥有本案所涉房屋的所有权。本案的关键在于买卖合同双方当事人没有办理房屋登记。本案中，鉴于房屋的购买时间和可以登记的时间有差距，房屋暂时性不可登记，因此，对于此类特殊房屋的购买，则无须通过登记这一行为来证明房屋的所有权。另外，登记手段的实行是为了防止出现一物多卖现象的出现。如果出现大量的不动产交易，却没有办理登记，极有可能出现产权关系混乱的现象。本案当事人并非能而不办，而是不能故不办。也就是说，在不具备登记条件的情形下，购房人持有合法有效的购房合同并占有了房屋，取得了原房屋所有人的购房合同。在此情形下，原购房人因不持有原购房合同而丧失了再卖房屋的资格。而且，房屋已被买房人刘某合法占有，温某并不具有再卖房屋与他人的可能性。因此，即使无法登记也不用担心出现一物多卖的产权混乱现象。笔者认为，房产的转移并非必须登记，可以不需要登记的已经交付给受让人为据，满足这一规定。经过以上对本案不动产善意取得构成要件的依次分析，可以认定，原告刘某符合物权法善意取得的构成要件，应善意取得房屋的所有权。❶

---

❶ 刘某与阮某房屋所有权确认纠纷再审案，北京市怀柔区人民法院（2009）怀民再初字第 03960 号民事判决书。

冒名处分不动产的民法适用

一、问题的提出

本文所要讨论的"冒名处分不动产"限定于如下情形：非所有人甲，冒用所有人乙的名义，将属于乙的不动产处分给第三人的行为。其基本形态为：甲冒用乙的名义，将乙的房屋出卖给丙并办理所有权转移登记，或者将乙的房屋抵押给丙并为丙办理抵押权登记。此外，夫妻一方请人冒充另一方，"共同"将共有房屋出卖或抵押给第三人的行为，本质上也属于冒名处分。❶

"张玉与乔威森、陈娟房屋买卖合同纠纷案"即一例典型的冒名处分不动产案件。系争房屋位于上海市浦东新区泥城镇云汉路×××弄×××号×××室，建筑面积81.63平方米，于2012年11月14日登记至两被告乔威森与陈娟名下，系两被告共同所有。2016年7月24日，两原告作为乙方，两被告作为甲方，双方签订"购房定金和居间协议"一份，约定：甲方将系争房屋出售给乙方，成交价125万元；乙方于2016年7月24日支付定金7万元，于2016年8月8日首付给甲方31万元作为购房款，同时签订房屋买卖合同，乙方以贷款方式支付87万元；待乙方向银行申请贷款审批通过后7日内办理产权过户手续；甲方收到全部房款后将房屋交予乙方等。该合同上由被告乔威森签字确认，并注明"并代陈娟"的字样。当日，原告吴菁以银行卡转账等方式向乔威森支付了7万元，乔威森出具"收条"一张，言明收到原告支付定金7万元。2016年7月30日，两原告作为乙方，两被告作为甲方，双方签订《上海市房地产买卖合同》（以下简称《买卖合同》）一份，约定：甲方将系争房屋出售给乙方，转让价款

---

❶ 戴永盛：《论不动产冒名处分的法律适用》，载《法学》2014年第7期。

125 万元；2016 年 11 月 30 日前共同办理过户手续；签订合同前乙方已支付甲方定金 7 万元，乙方于 2016 年 8 月 8 日前支付首期房价款 38 万元（含定金），乙方以贷款方式支付 87 万元，贷款发放后五个工作日内签订房屋交接书等。2016 年 7 月 30 日，原告吴菁以银行卡转账向乔威森支付 31 万元，乔威森出具"收条"一张，言明收到原告支付购房款 31 万元。2016 年 9 月 9 日，原告向被告方及中介公司发出"通知书"，要求在 2016 年 9 月 16 日前办理系争房屋的过户手续等。原告向法庭提供了被告陈娟的身份证照片，证明被告乔威森在签订合同当时曾出示过陈娟的身份证。两被告对原告的证明内容不予认可，认为乔威森并没有出示过陈娟的身份证原件，其提供给中介人员的是陈娟身份证的手机照片。庭审中，证人黄某某、朱某到庭述称，原、被告签约时，陈娟未到场，乔威森持着系争房屋的产证原件和手机内陈娟的身份证照片，声称其可以代表陈娟，与两原告签订了居间协议。签订《买卖合同》时，陈娟亦未到场，其签名系由中介人员刘某某所签，但事后乔威森又称陈娟不愿意再出售房屋。两原告、两被告对上述证人证言均无异议。原告表示，其在签订网签的买卖合同当时，并不知道陈娟不在场，事后才知道陈娟的签名是刘某某所写。证人刘某某到庭称，其自乔威森处得知系争房屋出售之事，陈娟并未向其明确表示过出售房屋的事情。双方签订网签合同时，乔威森让其代陈娟签字，其就在几份书面材料上签了字，签完字就走了，也没有向两原告等说明其身份。现原告要求法院判决两被告共同配合办理系争房屋的过户手续。[1]

　　近年来冒名处分不动产的现象并不罕见，学理上有激烈的探讨，意见极其相左，有主张按照无权处分进而考虑适用善意取得制度，有主张按照无权代理并进而考虑适用表见代理制度的。按照善意取得还是表见代理，对当事人的利益影响颇为不同。我们认为需要按照冒名行为、无权处分与无权代理的区别、表见代理与善意取得等类似制度要件加以分析，同时还需衡量公平、秩序等因素，来综合认定冒名处分不动产的民事法律效果。

　　有学者总结了冒名处分不动产表现形式大致包括如下主要情形：①房

---

[1]　张玉与乔威森、陈娟房屋买卖合同纠纷案，上海市浦东新区人民法院（2016）沪 0115 民初 67577 号一审民事判决书。

客假冒房东的身份，伪造房东签章冒名处分（出卖或设定抵押）房东房屋；②房地产中介机构假冒客户身份，伪造客户签章冒名处分客户房屋；③子女或其他亲属假冒父母或其他亲属的身份，伪造父母或其他亲属签章冒名处分父母或亲属的房屋；④夫妻一方找他人做"替身"代另一方签章冒名处分夫妻双方共有不动产；⑤甲骗取乙的房产证并伪造乙的身份证，假冒乙的身份伪造乙的签名而冒名处分乙的不动产。上述冒名处分他人不动产的行为均具备如下特点：第一，假冒他人身份，伪造他人签章；第二，处分他人不动产；第三，交易相对人善意，且付出了合理的代价；第四，骗过登记机构审查，进行了不动产变动登记。❶

二、冒名处分不动产的民法适用的观点分歧

冒名处分不动产应当发生什么民事法律效果，或曰应适用哪种民法制度，对此，我国法律界观点不一，我们在此列举有代表性的观点及法院判决。

（一）冒名处分即无权处分，可能构成善意取得

冒名处分构成无权处分，受让人为善意时，构成善意取得。同时，该观点还认为，对冒名处分既不能适用也不能类推适用关于无权代理的规定。而关于善意取得的法律适用问题又有两种不同的观点。一种观点认为，应适用《物权法》第106条的规定，相对人构成善意取得，且被原所有人无回复请求权。❷ 另一种观点则认为，应适用《物权法》第107条的规定，相对人虽构成善意取得，但原所有人有回复请求权。❸

持该观点的较为典型的法院判决如"中国农业银行股份有限公司景德镇新兴支行与占丽芳、占层松金融借款合同纠纷案"，占丽芳在占层松不知情的情况下，与李锡斌一起，提供伪造的结婚证和伪造的居民身份证，以占丽芳、占层松婚后购置的景德镇市××路57号5栋27号店面、景德

---

❶ 傅鼎生：《不动产善意取得应排除冒名处分之适用》，载《法学》2011年第12期。

❷ 王利明：《善意取得制度若干问题研究》，载于王利明主编：《判解研究》2009年第2辑，人民法院出版社2009年版，第81页。

❸ 刘保玉：《盗赃与诈骗所及财物的善意取得和赔偿责任问题探讨》，载于王利明主编：《判解研究》2009年第2辑，人民法院出版社2009年版，第102页。

镇市××社区综合楼 1 栋 1 单元 301 室、景德镇市××路 476 号 6 栋 204
室三处房产到农行新兴支行抵押贷款 1700000 元。法院认为，关于占丽芳
授意李锡斌冒用占层松名义签订借款合同将其共有房产抵押行为的法律性
质认定的问题。无权处分系无处分权人以自己的名义处分他人财产。本案
中李锡斌系冒用占层松名义处分他人财产，从形式上看是冒名处分，并不
具备无权处分的形式要件。但本案有别于一般情况下的冒名处分，特殊之
处在于：首先，李锡斌冒名占层松系根据占丽芳授意进行，李锡斌并非为
自己利益实施冒名行为，系为占丽芳利益实施，李锡斌的冒名行为实际上
是占丽芳的意思表示；其次，本案抵押房产登记在占丽芳名下，系其与占
层松的共有财产，占丽芳授意李锡斌冒名占层松系为实现其处分共有房屋
中占层松所占份额之目的。因而，李锡斌冒名占层松并非典型意义上的冒
名处分，李锡斌冒名的行为实际上是占丽芳处分共有物的具体手段和方
式，此种形式与占丽芳采用其他隐瞒房屋共有人的手段处分共有物并无本
质区别，应当认定李锡斌冒名占层松的行为就是占丽芳以自己的名义对共
有房屋中占层松所占份额的处分行为。由于占丽芳对占层松在共有房屋所
占份额的处分没有经过占层松授权，占丽芳授意李锡斌冒名占层松签订
《最高额担保个人借款合同》及其附件将共有房产中占层松所占份额用于
抵押的行为构成无权处分。分析本案农行新兴支行对占丽芳无权处分占层
松之财产是否构成善意取得，应当对照法律规定的条件分析。首先要分析
农行新兴支行取得抵押权时是否是善意的。本案抵押房屋系登记在占丽芳
一人名下，签订合同时占丽芳与假冒配偶李锡斌共同到场签名，且占丽芳
按照李锡斌的相貌伪造了占层松的身份证、结婚证。上述事实说明农行新
兴支行在对占丽芳办理抵押贷款时已经注意到抵押房屋可能存在其他共有
人，并要求共有人携带身份证件到场签名，并进行了审查。本案中没有证
据显示农行新兴支行可以对身份证、结婚证的真伪进行有效识别，更没有
证据显示农行新兴支行明知占层松系李锡斌冒名，农行新兴支行在取得抵
押权的过程中并无明显过错，可以认定农行新兴支行是善意的。其次，农
行新兴支行系为发放贷款取得争议房屋抵押权，已经支付了合理代价。再
次，本案房屋已经办理了抵押权登记，该登记至今未被撤销。因而，本案
农行新兴支行的行为符合《物权法》第 106 条规定的善意取得条件，可以

取得抵押房产中占层松所占份额的抵押权。❶ 本案正是按照善意取得制度的法理加以分析的。

（二）类推适用表见代理

对冒名处分中的善意受让人，只能类推适用无权代理中关于表见代理的规定。理由是："冒名处分"中善意第三人之保护应类推适用表见代理而非善意取得，其理由在于对登记公信力的维护。第三人信赖保护应该属于宏观制度体系，不动产善意取得和表见代理作为具体制度设计，各有其功能：前者与登记公信力相联系，后者与代理权的信赖相联系。由于"冒名处分"均非两种制度所能涵盖，司法应当考虑法律续造，进行类推适用。之所以打开表见代理的口子而不类推不动产善意取得，主要是考虑到其与登记制度相联系，国家建构登记制度花费巨大，如果其公信力不能得到维护，损害就巨大。这一点，各国做法类似，而对我国不动产登记制度当下之建立更具重要意义。比较而言，类推适用表见代理对制度的解构效应或消解力最小，为较优之方案。❷

非常典型的法院判决如"杨杰与雅安市天全县鑫诚小额贷款有限公司、杨文抵押合同纠纷案"，关于案外第三人假冒杨杰名义签订抵押合同的法律效力问题。法院认为该冒名行为可以类推适用无权代理制度下表见代理的规定。我国《合同法》规定的表见代理制度是保护善意信赖权利外观（行为人的有权代理身份）的相对人的制度设计，正符合本案中的具体案情。具体理由可从以下方面阐述。首先，冒名处分行为的主体关系结构与表见代理雷同。案外第三人假称自己是杨杰并从事了抵押、签字等行为，鑫诚公司作为善意相对人认为系"杨杰本人"的行为，虽然事实只发生在两方当事人之间，但涉及的法律利益包括三方关系，即冒名人、被冒名人及交易相对人，该当事人结构与表见代理相同。其次，评价冒名处分行为的价值取向与表见代理一致。表见代理制度调整真正权利人与善意第三人之间的利益冲突，通过对双方可归责性的比较及价值衡量来决定哪一方承担不利后果，而冒名处分行为同样遵循这一价值取向。综上，根据表

---

❶ 中国农业银行股份有限公司景德镇新兴支行与占丽芳、占层松金融借款合同纠纷案，江西省高级人民法院（2016）赣民再31号再审民事判决书。

❷ 郭明龙：《不动产"冒名处分"中善意第三人权益之保护——兼与王利明教授、傅鼎生教授商榷》，载《武汉理工大学（社会科学版）》2012年第5期。

见代理制度的规定，鑫诚公司有理由相信案外第三人系有代理权的，杨杰与鑫诚公司之间的抵押合同关系依法成立并生效，并且原告提供的证据并不能证明该抵押合同存在《合同法》第 52 条规定的合同无效情形，政府部门也为鑫诚公司办理了抵押登记，若宣告《抵押合同》无效，则不利于保护相对人的合法权益和市场交易的安全稳定。❶ 有的法院判决则明确反对冒名处分不动产案件适用表见代理制度，因相对人将冒名人当作被冒名人，其不符合代理之特征。如"朱淑珍、祝日恩与祝延智、孙辉、李颖返还原物纠纷一审民事判决书"，法院认为本案之中，原告朱淑珍与祝日恩从房产开发企业购得本案诉争房屋后，取得该房的所有权。被告祝延智在未经产权人同意的情形下，擅自与他人签订房屋买卖协议，属无权处分行为。被告孙辉与李颖购买该争议房屋时，在商品房买卖合同中记载有二原告身份信息的情况下，未尽审慎核实之义务，误将祝延智及被其称呼为朱淑珍的女性当作本案二原告，草率签订协议，存有过失。同时，该房屋作为不动产也未办理过户至二被告名下。因而，被告孙辉、李颖不构成善意取得。其在法庭辩论阶段认为被告祝延智构成表见代理的主张，因其签订购房协议时已将祝延智当作祝日恩，本案中并不存在表见代理的适用条件，对其该项主张，本院不予支持。❷

（三）既非善意取得亦非表见代理

在冒名处分下，对于善意受让人不能适用善意取得。理由是：不动产物权的善意取得，仅仅适用于登记簿错误的情形，而在冒名处分案件中，并没有发生登记簿错误的情形。冒名处分，系以欺诈的方式处分他人不动产而为自己图谋非法利益的行为，属于不法交易和非正当交易，不法的和非正当的交易行为为无效行为，因而不能受到善意取得制度的保护。另外，假冒身份，不论何种程度地使人信以为真，都不能形成受公信力保护的权利外观，换言之，对"当事人同一性"的信赖不受保护。同时，并非一切善意都能获得信赖保护，对于冒名处分案件中的善意相对人（受让

---

❶ 杨杰与雅安市天全县鑫诚小额贷款有限公司、杨文抵押合同纠纷案，四川省天全县人民法院（2016）川 1825 民初 334 号一审民事判决书。

❷ 朱淑珍、祝日恩与祝延智、孙辉、李颖返还原物纠纷，内蒙古自治区扎兰屯市人民法院（2014）扎民初字第 424 号一审民事判决书。

人），不能适用或类推适用表见代理进行保护。● 持类似见解的学者还认为，法律行为如侵害私人权利，受害人接受侵害，行为人实现效果意思，行为生效；受害人拒绝接受侵害，行为人效果意思不实现，行为不生效，由受害人决定行为性质，即效力待定，但善意取得除外。法律行为如侵害国家利益、公序良俗、公共利益，法律禁止行为人实现效果意思，行为无效。冒名行为以法律行为侵害被冒名人姓名权，无论是否侵害被冒名人财产权，均违背公序良俗，法律必须禁止行为人追求实现效果意思，行为无效，对被冒名人不发生任何约束力。不动产冒名处分如不适用善意取得，实属相对人之交易风险；如适用善意取得——套用一句流行语则是，被冒名人躺着中枪了。主张不动产冒名处分适用善意取得之种种理论，其实均在论证：为保护无效协议，躺者不妨中枪，显然与法理冲突。该学者同时指出，所谓"冒名处分"虽以所有人名义处分，但行为人冒充所有人，非代理行为，既非有权代理，亦非无权代理、表见代理。●

典型案例如"中国工商银行股份有限公司宁波东门支行诉黄翠琴、罗幼春金融借款合同纠纷案"，本案两被告于 2002 年结婚，系夫妻关系。两人共有房屋一套，该房屋产权证所有权人一栏为罗幼春，共有人一栏为黄翠琴。黄翠琴有赌博恶习，其为了还赌债，2007 年 8 月 16 日，被告黄翠琴用案外人顾某的照片伪造了罗幼春的身份证，持真实的结婚证，与顾某一起，同原告签订个人借款、担保合同一份，向原告借款 18 万元，以罗幼春与黄翠琴共同共有的房产作抵押担保，并办理了房屋他项权证。共同还款承诺书及抵押合同均由顾某假冒罗幼春身份签了字。合同订立后，原告按约放贷，但到期后，被告黄翠琴未归还借款。原告诉至法院，要求两被告共同承担还款责任，并就两被告的抵押房产享有优先受偿权。法院经审理认为，原告与被告黄翠琴签订的个人借款合同系双方真实意思表示，合法有效。被告黄翠琴到期未归还借款，显属违约，应承担相应的民事责任。罗幼春未在个人借款、担保合同上签名，上面"罗幼春"的签名系被告黄翠琴让案外人顾某冒签。顾某以罗幼春名义向原告提供借款保证，并以罗幼春与黄翠琴共同共有的房产向原告提供抵押担保的冒名处分行为，

● 傅鼎生：《不动产善意取得应排除冒名处分之适用》，载《法学》2011 年第 12 期。
● 李锡鹤：《物权论稿》，中国政法大学出版社 2016 年版，第 293—294 页。

并未经罗幼春同意，也未经其事后追认。因此对黄翠琴的借款提供保证担保，并非罗幼春的真实意思表示，其也未与原告就保证合同的条款形成合意，故该保证合同不成立。黄翠琴未经共有权人罗幼春同意，擅自处分共有房屋，事后也未经罗幼春追认，故抵押合同无效。原告作为专业的金融机构，在金融活动中，负有谨慎的注意义务，应对交易另一方身份的真实性进行全面审查。在本案中，未能审查出罗幼春系被他人假冒，存在一定的过失。原告认为即使签名系假，其善意取得抵押权的抗辩，不予采信。同时顾某的假签名行为也不构成表见代理。表见代理仍是一种无权代理行为，其应以代理人的身份以被代理人的名义从事民事行为，本案中，案外人顾某是直接假冒被告罗幼春身份所进行的侵权行为，因此，并无表见代理的适用余地。黄翠琴借款时，确系夫妻关系存续期间，但罗幼春未在个人借款、担保合同上签名，夫妻双方不存在共同举债的合意；该贷款数额超过了日常生活需要的额度，且并未用于借款合同约定的房屋装修用途，黄翠琴与罗幼春陈述该笔贷款主要用于赌博及还赌债，原告也没有证据证明罗幼春分享了该债务所带来的利益。故该债务宜认定为黄翠琴个人债务。至于抵押物登记问题，因涉及对他项权证发证行为的合法性审查，在本案中难以一并解决，被告罗幼春可以通过其他法律途径解决。遂判决被告黄翠琴归还借款 18 万元及相应利息，驳回了原告的其他诉讼请求。宣判后，双方当事人均未上诉。❶ 本案判决认为冒名处分既不构成善意取得，也非表见代理。

（四）善意取得与表见代理竞合

对于冒名处分，既可以适用善意取得制度，也可以类推适用表见代理制度。善意受让人可选择其一主张之。

（五）相对人与被冒名人产生合同关系

在冒名处分不动产的案件中，应当认定"相对人（即受让人）只愿意与名义载体（即被冒名人）缔结法律行为"。如果相对人是善意的，那么该法律行为在名义载体与相对人之间成立并生效；如果"相对人不是善意的，那么该法律行为不能拘束名义载体，应该判定该法律行为不成立"。

---

❶ 浙江省宁波市海曙区人民法院（2009）民事判决书。

这种观点认为，冒用人以真正所有权人的名义处分其房屋，应当在房屋真正权利人和相对人之间发生法律效力，相对人对房屋所有权是依据有效法律行为而取得，而不是无权处分中的善意取得。该观点实质上可归为"类推适用表见代理说"。

就前述争议观点比较而言，凡主张无权代理者，主要从冒名者（行为人）与被冒名者（名义载体）的意愿、相对人的意愿及是否善意等因素予以综合考虑，分析了冒名行为类推适用无权代理或者表见代理规定的可能性；凡主张善意取得者，认为不动产冒名处分行为属于无权处分，因此应直接适用《物权法》第106条，或者考虑到不动产具有赃物的属性，可以类推适用《物权法》第107条；凡主张既不适用善意取得也不适用表见代理者，则主张以登记错误解决当事人之间的利益关系。❶

我们认为，由于冒名处分不动产的行为前后涉及行为人、名义载体、相对人以及登记机构，在法律效果上，可以考量的因素包括名义载体的意愿、相对人是否善意及有无过失、行为人所形成的虚假的"权利外观"、行为的方式以及登记机构所进行的登记等。其中，虚假的权利外观、名义载体的意思自治与相对人的信赖保护具有决定性意义，上述学者正是在此基础上对冒名处分不动产的行为效果形成不同的认识。具体来说，名义载体的意愿体现的是意思自治原则，相对人的合理的信赖注重的是交易安全的保护。德国学者主张将冒名行为置于无权代理或表见代理的制度下解决，我国一些学者则主张将不动产冒名处分行为置于无权处分或善意取得的规范中解决。两者的相同之处是，无论是无权代理或表见代理还是无权处分或善意取得，其目的均在于平衡名义载体的意思自治与善意相对人的信赖保护。差别则在于，实现交易安全的法技术手段的选择不同。但是，如果不动产冒名处分行为本身可以直接适用不动产善意取得制度，则类推适用无权代理或表见代理与赃物的善意取得等就显得没有讨论的必要了，由于法内解释应优先于漏洞填补被考虑，因此必须讨论不动产冒名处分能否直接适用善意取得制度。❷

---

❶ 冉克平：《论冒名处分不动产的私法效果》，载《中国法学》2015年第1期。

❷ 冉克平：《论冒名处分不动产的私法效果》，载《中国法学》2015年第1期。

三、冒名处分不动产能否适用善意取得制度

（一）主张冒名处分适用善意取得的主要理由

第一，判定某种法律效果是否发生，应当以是否具备其全部过程要件为依据。依据善意取得的基本法理，在具体案件中，如果存在无权处分、具有足以使人相信处分人有处分权的权利外观、受让人善意和有偿受让所有权、已办理不动产所有权移转登记或已取得对动产的占有等事实，就应发生受让人善意取得所有权的法律效果。将"无权处分"作为善意取得的要件，实际上是将"纯客观的事实"（即无处分权而实施处分行为）作为要件，而没有将关于该事实（无权处分）的法律评价作为要件。易言之，无权处分是否构成侵权行为或犯罪（无权处分的违法性程度），不影响善意取得成立。被称为善意取得要件的是作为"纯客观的事实"的无权处分。任何无权处分都具有不正当性和违法性，但无论其违法性程度如何，都不妨碍善意取得的构成。同样地，处分人为成功实现其无权处分采取何种手段，以及其手段的违法性程度如何，也都不影响关于是否构成善意取得的认定。当然，这并不意味着处分人对其所实施的无权处分行为和所采取的不法手段不负法律责任。无权处分人构成民法上侵权行为的，应向原所有人程度侵权损害赔偿责任，如果同时在刑法上构成犯罪（侵占罪、诈骗罪）的，还应承担刑事责任。同样，处分人为实施无权处分，采取非法手段，伪造他人身份证件、盗取他人房产证的，无疑都具有违法性，应承担相应的法律责任。❶

第二，因受欺诈而实施的法律行为，依据《民法通则》第 58 条的规定，为无效的法律行为。而依据《合同法》第 52 条和第 54 条的规定，除损害国家利益外，属于可撤销的法律行为。合同法的上述规定与民法通则的上述规定明显不同，应以合同法为准。可撤销的法律行为，起初是有效的法律行为，只要未被撤销，则继续有效。关于无权处分，处分人明知自己无处分权而与相对人实施处分行为，也可以说成（在处分权上）欺骗了相对人。但在法律行为制度上，并不将其作为可撤销的法理行为（因受欺

---

❶ 戴永盛：《论不动产冒名处分的法律适用》，载《法学》2014 年第 7 期。

诈而撤销或因错误而撤销）来处理。在冒名处分他人房屋的案件中，出卖人伪造身份证件、假冒签名，甚至盗取他人的房产证，欺骗受让人及房产登记机关，都属于让与人成功实现其无权处分的手段。民法关于"无权处分－善意取得"的规则，系以"无权处分"这一客观事实为要件，至于处分人为实现其无权处分采取了何种手段，不属于在认定是否构成善意取得时应当考虑的因素。❶

（二）冒名处分不动产不能适用善意取得

第一，对于不动产善意取得，登记错误是其适用的前提。不动产冒名处分一般是在登记正确的条件下发生的。就不动产善意取得而言，当事人是对登记簿的正确性存在信赖，确切地说是对登记簿上记载的权利事项正确性的信赖。然而，在冒名处分行为中，登记簿的权利事项并无错误，只是由于处分人通过违法甚至犯罪的方式来假冒真实权利人处分不动产，导致了第三人对与其从事交易的对象发生了认识上的错误。❷

第二，身份信赖不同于权属信赖。首先，身份信赖与权属信赖对象不同。在不动产冒名处分中，善意受让人相信处分人即登记物权人，这不是对登记簿的信赖。其次，身份信赖与权属信赖的判断方法不同。登记推定效力因登记簿的高度准确性和登记错误赔偿制度而具有相当的正当性。但有关处分人的身份却无相应的确定手段，交易相对人只能通过各种要素自行判断，如行为人的证件、相貌特征、他人证明等。在极端的情形中，如果登记名义人与冒名人长相极其相似，交易相对人可能需要通过基因鉴定才能确定与其交易的人身份是否为真。身份确定的复杂性、方法的多样性，导致难以建立与权属推定类似的推定规则，实践中也未产生类似于登记的制度保障。再次，身份信赖不存在法定豁免。交易相对人如善意相信登记，即使登记错误，他仍能获得相应的保护。身份信赖非登记信赖，不存在类似的法定豁免，处分人身份虚假的风险属于相对人自身的交易风险。最后，比较法的解释也佐证了上述结论。可以说，登记制度越完善，对原权利人的保障越高，依据登记信赖的善意取得就越具备正当性。即使

---

❶ 戴永盛：《论不动产冒名处分的法律适用》，载《法学》2014 年第 7 期。

❷ 程啸：《论不动产抵押权的善意取得——兼评最高人民法院物权法司法解释之规定》，载《财经法学》2017 年第 1 期。

在登记制度比较完善的德国，根据该国通说，通过登记簿只能推定被登记的人是权利的所有者，而并不能推定被登记人和处分人的身份的同一性。登记所推定的是某项物权属于特定的主体，现实中以被登记人名义行事的人是否确实为被登记人并不是登记簿所能推定的，而需要交易相对人去个别考察。在行为人伪造被登记人的身份而以后者的名义处分不动产时，由于不涉及登记的公信力，因此并无适用善意取得的余地。此时相对人相信的不是登记簿的信息，而是现实中交易人的身份。当然在一定的情况下，相对人对交易人身份的信赖也可能值得保护，但实际上这却与善意取得无关。❶

第三，将善意取得制度适用于冒名处分不动产的行为，变更登记与异议登记制度将难以发挥应有的纠错功能。为了使真实权利人免受善意取得的不利后果，物权法相应地设置了更正登记和异议登记制度。但是，在冒名处分他人不动产的情形下，由于登记信息正确，因此真实权利人无法采取变更登记或者异议登记措施以阻却第三人的善意取得。即若将不动产登记簿公信力适用于不动产冒名行为，登记制度应有的纠错制度就会失灵，这对于那些毫无过错的不动产所有权人来说，未免过于严苛。❷

第四，冒名处分行为的效力严重违法，属于无效行为，不符合善意取得构成要件。我国《物权法》第106条对转让合同的效力问题保持了缄默，但《物权法解释（一）》第21条规定："具有下列情形之一，受让人主张根据物权法第一百零六条规定取得所有权的，不予支持：（一）转让合同因违反合同法第五十二条规定被认定无效；（二）转让合同因受让人存在欺诈、胁迫或者乘人之危等法定事由被撤销。"对于冒名处分不动产行为来说，该合同漏洞百出：冒名者系假扮被冒名人与第三人订立合同，被冒名人根本未作出任何意思表示，因此在被冒名人与相对人之间并不存在法律行为；当事人的签章又系伪造，形式上存在重大缺陷，而且违反强制性规范，被冒名人可以轻易地否认该合同的效力而使之归于绝对无效。❸

第五，由于不动产登记簿具有强大的公信力，不考虑权利表象形成的

---

❶ 金印：《冒名处分他人不动产的私法效力》，载《法商研究》2014年第5期。

❷ 冉克平：《论冒名处分不动产的私法效果》，载《中国法学》2015年第1期。

❸ 梅夏英：《登记错误与第三人的保护》，载《判解研究》（第46辑），人民法院出版社2009年版，第123、125页。

原因，而交易相对人善意的认定又比较宽松，因此公信力的善意保护效力受到限制。如果将冒名处分行为直接适用不动产善意取得制度，那么原则上可以认为，只要相对人支付了对价以及登记机构进行了变更登记，相对人就可以获得不动产物权：既然专门负责登记业务的登记机构都无法辨别冒名者的身份、房产等信息，显然不能要求交易相对人具有比登记机构更强的识别能力，因此通常足以认定相对人为善意。然而，这样的结构明显有失妥当，因为被冒名人可能完全没有过错（例如不法分子通过高科技手段制造高仿真的身份证、房产证书等），登记本身正确，更正登记和异议登记又失去作用，冒名者伪造签名，不动产又系赃物。于此情形，仅仅凭借所谓的"虚假的外观"以及相对人的善意，就无限制地、无条件地适用善意取得，显然过于偏重交易的安全而对于不动产所有权的损害过于巨大，有失公允。❶

四、冒名处分不动产适用表见代理制度的理由

（一）比较法上对冒名处分多参照代理制度处理

比较法上，德国法区分"以他人名义"之行为与"用他人名义"之行为，前者姓名的标示不具有私法意义，如以"小猫咪"之名或他人之姓名住店，结账者仍是住宿者，用什么名字和谁的名字都不重要；后者姓名指向某个特定的人，且要这个人承担私法效果，即构成"冒名行为"。德国学界虽然对冒名行为的法律归属争议较大，但法律后果方面大家意见比较一致，代理法至少应类推适用。20世纪80年代，德国联邦法院判例也确立了如下规则：冒他人之名实施行为，相对人误以为系该他人作出意思表示的，类推适用《德国民法典》第177条、179条关于无权代理的规定，本人可以予以追认或者予以拒绝。符合表见代理要件的，可以适用表见代理制度。

日本法有两个类推适用代理法的判例。第一个判例是最判昭案之4.12.19判决，案情是，本人甲曾经授权乙作为自己的代理人以不动产担保借贷的权限，而乙却声称自己就是甲本人，出卖该不动产给第三人丙。

---

❶ 冉克平：《论冒名处分不动产的私法效果》，载《中国法学》2015年第1期。

丙亦误认为乙就是甲，并与其签订买卖合同。法院的观点是，代理人假称系本人并从事了权限外的行为，第三人相信该行为系"本人"行为时，并非相信系有权代理；但与信赖代理人有代理权的场合并无二致，该信赖应得到保护，因此，以信其为"本人"自身行为并有正当理由为限，实应类推适用《日本民法》第110条之表见代理规定，使本人对该行为之结果承担责任。第二个判例是东京地判平成3.11.26判决。案情是，代理人乙超越代理权而签订金钱消费借贷合同，并以本人不动产签订抵押合同，对方当事人因金额巨大要求本人加以确认，代理人找第三人冒称系本人而在合同上签名并盖印。法院认为，本案符合两个条件：其一，代理人具有基本的代理权；其二，对方有正当理由相信该第三人为"本人"。因此，本案同样应类推适用《日本民法》第110条，使合同效力及于本人。❶

王泽鉴提出，"假冒他人之名"而为法律行为，例如甲自称为乙，而与丙订立契约。此类案例应分别两种情形加以处理。其一，行为人系为自己订立契约而冒用他人之名，相对人亦愿与行为人订立契约，而对其法律效果究归属何人在所不问，即姓名不具有区别性的意义时，该契约对冒名的行为人仍发生效力。例如，名作家某甲向乙承租乡间小屋写作，为避免干扰，使用其弟"某丙"之名订约，乙与甲间仍成立租赁关系。其二，相对人对该被冒名之人有一定的联想，而意在与其发生法律关系时，例如，甲冒某名收藏家之名向丙订购某画，丙因幕乙之名而同意出售该画。此时原则上应类推适用无权代理的规定。❷ 可见，其分析冒名行为亦为代理制度的思路。

我国有学者认为，在冒名行为案件中，名义载体往往不知道行为实施者在使用其名义，因此，关于法律行为的效果，一般只需考察相对人的意愿、名义载体事后的意愿以及相对人是否善意这三个因素。具体而言，首先，相对人只愿意与名义载体缔结法律行为。如果相对人只愿意与名义载体缔结法律行为，而名义载体事后对该法律行为进行追认，那么，应当认定该法律行为在名义载体与相对人之间成立并生效。这种情况并不多见，只有名义载体认为该法律行为能给自己带来某种利益时，才能予以追认。

---

❶ 梁慧星：《民法解释学》，中国政法大学出版社1995年版，第281—282页。
❷ 王泽鉴：《民法总则》，北京大学出版社2009年版，第357页。

在名义载体追认之前，相对人也应当享有意思表示的撤销权。在多数情况下，名义载体事后不会追认法律行为，此时应当区分两种情况。其一，相对人是善意的，即他对于此项名实不符的法律行为的发生是没有过错的，那么法律行为在名义载体与相对人之间成立并生效。其二，相对人只愿意与名义载体缔结法律行为，但相对人不是善意的，那么该法律行为不能拘束名义载体，应判定该法律行为不成立。其次，相对人不在乎与谁缔结法律行为。此时法律行为应当在行为实施者与相对人之间成立并生效。❶ 可见，该学者也是按照无权代理、表见代理制度加以分析的。

上述观点按照代理规则分析冒名行为的法律效果，大体可取。但是，美中不足的是没有分析被冒名人的主观因素，而这正是表见代理制度的构成要件之一。

（二）冒名处分不动产行为与代理制度的比较

首先，冒名不同于直接代理。直接代理必须具备三方主体结构，显示被代理人的姓名是直接代理的必备要件，而在不动产冒名处分中，无法区分行为人与被冒名人。

其次，冒名也不同于间接代理。在间接代理中，相对人不存在主体身份认知上的错误，其明知合同的相对人是行为人，而非行为人以外的第三人。"被代理人"在间接代理中被"故意"地隐匿了，且在直接承担法律效果的层面亦不甚重要。在不动产冒名处分中，客观上混同了行为人与被冒名人的身份，且此种混同影响了相对人意思表示的作出。

总之，直接代理必须具备代理人、被代理人、相对人三种主体，间接代理只具备代理人与相对人两种主体。冒名行为与直接代理或间接代理均有不同，不能直接适用代理制度。不过代理和冒名都面临同样的法律任务，即确定本人是否直接受他人订立的合同的约束。在遇到无相应代理权或处分权时，他们需要平衡相同的价值冲突，即相对人的信赖保护和被冒名人的缔约自由。简言之，两者都涉及存在多方主体时法律效果的归属问题，故类推适用代理的相关规定解决冒名行为应是可能的路径。❷ 梁慧星先生对此解释为，日本的上述两则冒名行为判例虽名为采类推适用方法，

---

❶ 杨代雄：《使用他人名义实施法律行为的效果》，载《中国法学》2010 年第 4 期。
❷ 金印：《冒名处分他人不动产的私法效力》，载《法商研究》2014 年第 5 期。

实际上属于以目的性扩张方法，补充法律对代理人冒充本人及以他人假冒本人案型，未设规定的明显漏洞。代理人冒充本人及代理人以他人冒充本人案型，与第三人相信代理人有代理权的表见代理法定案型之间，并不存在类似性关系。对于上述案型适用法律关于表见代理的规定，其法理根据，不在于类似性，而在于民法 110 条之规范意旨，即对交易上有正当理由的信赖应予保护。❶

（三）冒名人事先被授权或事后追认

若被冒名人授予冒名人代理权，则冒名人虽未显示被代理人，被冒名人仍需承受该法律行为产生的权利义务。此实为代理：冒名人本应当说明自己仅为代理人，被冒名人才是合同当事人，但冒名人直接以被冒名人的名义实施行为，对方当事人又想与被冒名人签约，此时类推适用直接代理能满足合同双方的期望和利益需求。如果冒名人并无代理权，但被冒名人事后追认该行为，此时适用效力待定行为之追认规则，而使被冒名人和相对人直接发生权利义务关系，正合乎合同双方的真实意志。总之，如果代理人事先获得代理权或事后被追认，即使冒名人未说明被代理人，将被冒名人和对方当事人作为合同主体，相互享有权利履行义务，符合法理。

（四）无相应授权时类推适用表见代理的可能性

1. 类推适用的思维过程

冒名处分不动产在被冒名人未追认或未授权而又有保护善意第三人的必要时属于法律漏洞。由于现行法中缺乏相应的规范可供适用，应为"开放的"法律漏洞。一般而言，开放的法律漏洞，通常以类推适用的方式填补。类推适用的法律理念在于同类事物应作相同处理，此为一般争议之要求。❷ 因此，类推适用思维过程中最重要的是如何确定待决案件的事实与拟类推适用规范下的案型具有相似性。❸

相似性是在比较中确认的，如何进行比较是整个类推适用思维的脉络。类推适用的思维过程是在类推目标和规范目的下去比较构成要件，在比较时不仅要看构成要件逻辑上的相似性，而且要明确构成要件的异同在

---

❶ 梁慧星：《民法解释学》，中国政法大学出版社 1995 年版，第 282 页。

❷ ［德］卡尔。拉伦茨：《法学方法论》，陈爱娥译，商务印书馆 2003 年版，第 258 页。

❸ 石一峰：《再论冒名处分不动产的私法适用》，载《现代法学》2017 年第 3 期。

目的性标准看来是否是重要的，且待决案件所要解决的问题与类推适用的规范目的是否具有一致性。❶

被冒名人对冒名订立的合同既未授权也未追认，可否类推适用表见代理规则让他直接受冒名人订立的合同约束。若类推最终成立，则需要考察两种信赖是否具有可类比的基础。值得注意的是，表见代理和冒名行为中相对人信赖的具体内容并不相同。于前者，相对人信赖的是有代理权的外观；于后者，相对人相信的是行为人的身份外观，即认为行为人就是被冒名人。如可类推适用，则需要论证这两种信赖具有可类比性。

2. 身份表象的实质及与代理权表象的类比

代理权外观是指代理人虽无代理权，但相对人有理由相信代理人有为他人订立合同的权限。身份外观是指相对人有理由相信行为人即是登记物权人。对相对人而言，处分人的身份之所以重要，是因为订立的合同只有约束登记物权人（被冒名人），合同才有可能以符合相对人预期的方式履行。如果合同只能约束非登记物权人的第三人（冒名人），那么相对人的合同目的即可能落空。因为一般而言只有登记名义人才有按照合同约定转移或设定物权的权限。在此意义上，身份信赖的实质是，相信登记名义人可以以自己的名义订立合同并履行。这与相信代理人有为他人订立合同的代理权信赖类似，均为对缔约权限并使合同主体直接受合同约束的信赖。此外，相对人对这两种外观的认定也极为相似。在实践中，对具有代理权外观的识别属于纯粹的事实认定，需要结合交易中的具体情形综合判断，如先前有权代理的事实、特定的场所、无权代理人与本人的特殊关系，以及相关的代理证书、介绍信、空白合同书或其他证明材料等。有关交易对象身份的确认，亦须进行个别考察，如行为人的身份证件、相关的资格证书、信用证明以及相貌特征等。有代理权和具有某种身份的考察强烈地依赖交易中的具体事实，难以事先作出统一的法律推定。虽然两者依赖的外观内容不同，但是在性质和考察方法上都具有类似性，存在类推的基础。❷

3. 交易相对人的善意无过错

对于表见代理，根据《合同法》第 49 条的规定，相对人应当"有理

---

❶ 石一峰：《再论冒名处分不动产的私法适用》，载《现代法学》2017 年第 3 期。

❷ 金印：《冒名处分他人不动产的私法效力》，载《法商研究》2014 年第 5 期。

由相信行为人有代理权"。在善意取得中，物权法第106条第1款第1项同样要求受让人存在"善意"。某项制度一旦涉及信赖保护，被保护人的善意应是前提且一般要求善意无过错。如果他已知或应知错误表象的存在，那么就无保护的必要。在冒名行为中，相对人对身份表象信赖应善意无过错亦是题中应有之意。● 所谓无过错，是指相对人不知道存在冒名的事实并非因疏忽大意或懈怠造成的。如果相对人明知冒名行为或者应当知道冒名行为却因过失而不知，法律对其没有保护的必要。相对人的善意与相对人的无过错在很多情况下是密切联系在一起的。例如，相对人不应当信赖身份外观却产生了误信，这既表明相对人是非善意的，也表明其是有过失的。但相对人善意问题与相对人过失问题也不完全相同，因为相对人有无过失主要涉及相对人对冒名人的身份外观是否产生误信，以及是否需要核实冒名人的身份。因为，所谓相对人的无过失，实际上是指相对人对于冒名人真实身份的不知情并非因其疏忽大意或懈怠所致，即相对人主观上是没有过错的。一般来说，相对人对冒名人身份并没有必要进行核对，但应当对行为人出示的各种证明其具有权利人身份的证件进行认真审核，如不予审核或审核不严，轻率地相信行为人为权利人，则可以认为相对人有过失。至于如何判断相对人是否善意无过错，则应如表见代理一样结合各种因素综合判断。在冒名人伪造他人身份证、房产证等情况下，相对人应当具有审核义务，因为冒名人是直接与相对人发生交易的，而并没有与被冒名人接触。被冒名人没有能力采取措施予以防止，而相对人毕竟有机会防止冒名行为所造成的后果。当然，这并不意味着被冒名人完全不负任何责任，在司法实践中也可能会考虑本人对冒名行为的过错。例如，在本人保管不善等情形中，本人也可能需要对他人伪造证件并实施对外冒名行为承担一定的责任。

4. 表见代理的本人可归责性要件

我们不得不承认，在某些案例中，无论适用善意取得还是表见代理，都会产生相同的法律效果，即保护善意第三人利益，保障其获得物权。然而，不同之处在于善意取得片面强调了交易安全而置被冒名人于不顾，善意取得的构成要件当中并不强调原权利人有无过错，只要符合善意取得的

● 金印：《冒名处分他人不动产的私法效力》，载《法商研究》2014年第5期。

要件即可发生物权变动。其实物权法理论上原来强调适用善意取得的标的物必须是"占有委托物"而非"占有脱离物",其初衷在于强调对原权利人的保护。但现如今,各国物权法一般均持遗失物、赃物等"占有脱离物"照样可以适用善意取得,只不过附加了长短不一的时间要件。其意在保护交易安全的宗旨可见一斑。而冒名处分当中,冒名人使用的手段具有违法性甚至达到了犯罪程度。此时参照最高人民法院《关于在审理经济纠纷案件中涉及经济犯罪嫌疑若干问题的规定》第 5 条直接将"盗窃、盗用单位的公章、业务介绍信、盖有公章的空白合同书,或者私刻单位的公章"排除在表见代理之外,除非单位对第三人损失存在明显过错,从而以其他理由增强了其可归责性,如明知被盗用盖有公章的空白合同书,在第三人对此进行询问时给出错误的表述。表见代理的构成要件既要考察相对人的主观,又要强调被冒名人的主观过错,才能更好地平衡了当事人之间的利益关系,对此不得不查。

对于表见代理的构成要件,有单一要件说,如有学者认为这些要件包括:其一,须代理人没有代理权;其二,客观上存在使相对人相信行为人具有代理权的理由;其三,相对人与行为人成立法律行为;其四,相对人善意且无过失。❶ 这种学说又称为"相对人无过失说",强调交易相对人的善意无过失,并不考量被代理人是否有过错。只要客观上有使相对人相信行为人有代理权的依据,即可构成表见代理。其诟病在于,由于本人没有能力采取任何措施予以防止,所以让本人负责的观点在法律上难以成立。要本人承担表见代理责任不应当也不符合情理,否则会使本人蒙受无法预测的意外损失,甚至可能会鼓励私刻本人公章、伪造本人营业执照或合同书等不法行为。❷ 还有"双重要件说",或称"本人有过错而相对人无过错说",强调须本人以自己的过失行为使第三人确信代理人有代理权。如系无权代理人以自己的行为使第三人误信其有代理权且为本人所不知者,不构成表见代理。如行为人盗用他人印章或伪造介绍信等进行的无权代理,虽第三人为善意,但本人无过失,故不构成表见代理。❸

"双重要件说"的理由如下。其一,"单一要件说"的缺陷在于单纯

---

❶ 杨立新:《民法总则重大疑难问题研究》,中国法制出版社 2011 年版,第 538—539 页。

❷ 王利明:《合同法研究》,中国人民大学出版社 2003 年版,第 571 页。

❸ 尹田:《民法典总则之理论与立法研究》,法律出版社 2010 年版,第 746—747 页。

地、绝对地强调保护代理活动中第三人的利益，而对本人的利益全然不顾。诚然，近代民法对交易安全的侧重保护，其主要价值在于维护财产流转之动的安全，以避免善意相对人遭不测事件之损害。但交易安全的维护不得损及公平之根本原则。依"单一要件说"，即使本人与无权代理人之间毫无关系，也须为之承担责任，此举令纯然无辜之本人为他人不法行为负责，于情于理皆有不合。与此同时，如果无权代理人与本人毫无关系而相对人仅依表面现象信任其有代理权，则相对人轻率或轻信之过失当可成立，对其利益的偏重保护而慨然牺牲本人之利益，显然不足为取。其二，"单一要件说"自称承袭"传统理论"，并以德、日等国民法为其范例，其与事实并不完全相符。无论大陆法系国家还是英美法系国家，为强化代理制度的信用，保障交易安全，对表见代理的运用十分重视。但无论这一制度的适用范围如何扩大，对于纯然无辜之本人，法律不可能违背其意思而对其施加以利益乃至经济制裁。事实上，无权代理之本人亦为交易者，其"动"的安全亦应受法律保护。因此，强调本人之过失对表见代理成立的作用，有其重要价值，故而"双重要件说"似乎更为合理。[1]

北京市高级人民法院《关于审理房屋买卖合同纠纷案件若干疑难问题的会议纪要》（京高法发〔2014〕489号）第8条规定了"冒名签订房屋买卖合同的效力"，具体为："出卖人冒用房屋所有权人名义（如伪造所有权人身份证明、找相貌近似者冒充所有权人交易等）擅自转让房屋，可以参照《合同法》第48条无权代理的规定认定房屋买卖合同无效，该合同对房屋所有权人没有约束力，但买受人有证据证明构成《合同法》第49条规定表见代理的除外。买受人信赖出卖人享有代理权法律外观的形成系不可归因于房屋所有权人的，不构成前款规定的表见代理。"该纪要恰是从代理、无权代理、表见代理角度规定冒名处分不动产的，且其亦强调代理权外观（即身份外观）的形成必须可归因于房屋所有权人，才能成立表见代理。否则，只有买受人善意且无过失，被冒名人（即房屋所有权人）无过错的，不能成立表见代理。

在表见代理中，只有当代理权外观的产生可归责于被代理人时，才可能使之承受合同的约束。在不动产冒名处分行为中，可归责的要件也不可

---

[1] 尹田：《民法典总则之理论与立法研究》，法律出版社2010年版，第746—747页。

少。通过总结被代理人归责事由，可从以下两个方面确定是否可将冒名的产生归责于被冒名人。一是考查被冒名人对冒名人行为的控制能力。例如被冒名人明知他人直接以自己的名义行事而不加制止的，则该冒名的实施可归责于被冒名人。但是，如果被冒名人应知他人直接以自己的名义行事而过失不知的，是否可归责，有的学者认为于民事交易中应以被冒名人的重大过失为限。二是考查造成身份外观的原因。其中一个重要的共识是，被冒名人仅仅给身份外观的产生提供了机会并不足以归责，而应以其对此过失地违反了注意义务为限。另外，有学者强调，只有当被冒名人有意识地造成了身份外观，才可将之归责于他。还有学者认为可依据风险原则确定之，考察是否因被冒名人不必要的行为造成了身份外观的风险。例如，被冒名人甲并未主动将自己的身份证、房产证交付给冒名人乙，至于其是否增加了冒名的风险、是否应知冒名行为的发生，则需要考察具体的交易情形才能确定。❶ 有的判决认为被冒名人的子女偷偷取走了房产证冒名处分，被冒名人没有看好房产证就是有过错的，这一观点值得考虑。

至少在下面的情形中被冒名人是没有过错的。一是某种身份外观的形成，不仅不是基于被冒名人的意志产生的，而且与本人没有任何关联，本人甚至根本不知道冒名人是谁，更何谈控制。二是即使作出巨大的投资，被冒名人也无法控制、防范身份外观的形成。例如，本人即便尽到高度的注意义务，也难免发生身份证等被伪造。所以，认为本人对身份证等的伪造应当负责的观点在法律上是难以成立的。身份证等被伪造不同于身份证等被盗。因为，如果本人尽到高度的防范义务，可以防止身份证等被盗，尤其当本人的物件被盗以后相当长的一段时期没有发现，或者在发现后没有及时公告，也表明是具有过错的。然而，在身份证等被伪造的情况下，本人即使尽到高度的防范义务，也不能防止身份证等被伪造，甚至不知道伪造者是何人或采用何种方法伪造。在此种情况下要求被冒名人承担表见代理的后果，无异于祸从天降，使本人蒙受其无法预测的意外损失。❷

---

❶ 金印：《冒名处分他人不动产的私法效力》，载《法商研究》2014 年第 5 期。

❷ 参见王利明：《民法总则研究》（第二版），中国人民大学出版社 2012 年版，第 691 页。

论动产交付之若干问题

一、现实交付为法律行为抑或事实行为

动产物权变动之现实交付为法律行为还是事实行为，涉及交付主体是否须具有行为能力、是否以意思表示为要素、可否由代理人为之等具体问题，不可谓不重要。举例如下。甲将自己收藏的一幅名画卖给乙，乙当场付款，约定 5 天后取画。丙听说后，表示愿出比乙高的价格购买此画，甲当即决定卖给丙，约定第二天交货。乙得知此事，遂邀请甲饮酒，席间将甲灌得酩酊大醉，甲从随身口袋中取出此画给乙。此时该名画的所有权是否属于乙。对该问题的回答涉及交付是否以意思表示为要素，即交付是事实行为抑或法律行为。

（一）理论分歧

对于交付的性质存在争议。

第一种观点认为交付为事实行为。学者认为，交付是事实行为，将其纳入事实行为的理论视野，更符合实际情况，也更有助于协调相关概念间的关系。财产交付行为与承揽加工行为并无本质差别，财产交付行为因符合不同的法律要件可构成不同的事实行为。[1]

第二种观点主张交付是以意思表示为要素的法律行为。动产的交付即依据权利人设立、移转物权的意思表示，将动产交付与物权受让人占有的法律事实。物权变动中的交付是一项明确的由双方当事人的意思表示推动的、目的在于发生特定的物权变动的结果行为。[2] 可见，其主张交付本身即法律行为。

---

[1] 董安生：《民事法律行为》，中国人民大学出版社 2002 年版，第 129—130 页。

[2] 孙宪忠：《中国物权法总论》，法律出版社 2009 年第 2 版，第 370、372 页。

第三种观点不承认交付是法律行为，但是认为占有的移转需要以意思表示为要素。梁慧星、陈华彬两位教授认为，占有的移转，指占有人以法律行为将其占有的物交付给他人，该他人因而取得其占有。值得注意的是，他们并不赞同物权行为制度，也不认为我国《物权法》采纳了物权行为规则，但是他们却认为，占有的移转，须具备下列要件始可发生效力：（1）须有移转占有的意思表示；（2）须有占有物的交付。至于交付的方法，包括现实交付、简易交付等。❶ 按照这一观点，交付不是占有的移转，而是占有移转的要件之一。同样，王利明教授主张，交付是指权利人将自己占有的物移转其他人占有的行为。简言之，交付意味着占有的移转，动产的交付自动产移转给受让人占有时完成。❷ 该观点认为交付是一种行为，但是没有说交付是否以意思表示为构成要素，即未明确交付是法律行为还是事实行为。但是，王利明教授在该著作中指出"占有的移转"是指占有人将占有的物交付给他人，从而使对物的占有发生移转。因占有的移转须依法律行为为之，故又称为占有的让与。占有的移转因标的物的交付而完成。❸ 可见，其又承认占有的移转是一种法律行为。而崔建远教授也持相似的观点，基于法律行为而生的动产物权变动，其构成要件包括法律行为和交付。其中的法律行为，在德国法系指的是物权行为，在中国现行法上指的是买卖、赠与、互易等法律行为，而非物权行为。而交付即移转占有，包括现实交付、观念交付，以及仓单等证券的交付或背书。❹ 崔建远教授在其著作中虽然没有直接阐述交付的性质，但是论述了清偿行为的性质。他认为，清偿为发生私法上效果的合法行为，在不采取物权行为的法制上，多为事实行为，从而关于法律行为的规定于此场合不再适用。例如，无行为能力人或限制行为能力人完全可以清偿。再如，不适用代理的规定。❺ 据此可推知，动产买卖合同卖方的清偿行为，主要表现为交付动产，既然清偿行为是事实行为，那么动产的交付肯定也为事实行为，不适用法律行为的相关规则。但是崔建远教授同样又强调占有的移转构成要件

❶ 梁慧星、陈华彬：《物权法》，法律出版社 2010 年第 5 版，第 108、400 页。

❷ 王利明：《物权法研究》（上卷），中国人民大学出版社 2013 年第 3 版，第 370 页。

❸ 王利明：《物权法研究》（下卷），中国人民大学出版社 2013 年第 3 版，第 1480 页。

❹ 崔建远：《物权：规范与学说》（上册），清华大学出版社 2011 年版，第 225 页。

❺ 崔建远主编：《合同法》，法律出版社 2010 年第 5 版，第 267 页。

包括"有移转占有的意思表示"和"有占有物的交付"❶。

对于上述观点分歧，可以总结为，但凡赞同物权行为理论规则的学者，都认为交付是法律行为。相反，凡是反对物权行为理论规则的学者，都主张交付是事实行为。对此"规律"，笔者不想分析，本文仅分析上述第三种观点，其一方面否认交付是法律行为，另一方面还主张"占有的移转"须有移转占有的意思表示，其存在一个亟待回答的问题：交付和"占有的移转"究竟是否同一事物？

（二）"交付"与"占有的移转"是否同一

大陆有学者认为，所谓交付，即移转占有。❷ 上文表明，虽然王利明教授不认为交付是法律行为，但是他也认为交付即转移占有。

台湾的谢在全先生认为，物权变动之一定方法，在动产物权为"交付"，即占有之移转，此为以动态言之，以静态言之，则是占有。❸ 占有的移转是占有人以法律行为将其占有物交付他人，该他人因而取得占有。❹可见，其将交付与占有之移转之间画等号。

台湾的王泽鉴先生认为，占有移转的态样包括现实交付、简易交付、占有改定和指示交付。❺ 可见，其也认为占有移转和交付是同一事物。

按照物权法理论，作为动产物权变动的公示方式包括占有和交付两个方面。占有主要是在物权的静态（即不发生物权变动）的情况下发挥公示作用；交付主要是在物权的动态（即物权发生变动）的情况下发挥公示作用。笔者认为，动产交付就是动产占有的移转，即动产让与人将动产交给受让人占有，其"占有"既包括直接占有的移转即现实交付，也包括间接占有的移转即各种观念交付在内。就词语意义上来看，"占有的移转"既可以表示交付行为，也可以表示交付的结果。而所谓"交付"一词，《现代汉语词典》解释为动词"交给"之意，表示动作。在此意义上，"交付"与作为动词使用的"占有的移转"是同一事物。

既然交付与占有的移转是同一事物，则上述第三种观点就自相矛盾

---

❶ 崔建远：《物权：规范与学说》（上册），清华大学出版社 2011 年版，第 346 页。
❷ 魏振瀛：《民法》，北京大学出版社、高等教育出版社 2013 年第 5 版，第 229 页。
❸ 谢在全：《民法物权论》（上册），中国政法大学出版社 2011 年版，第 46 页。
❹ 谢在全：《民法物权论》（下册），中国政法大学出版社 2011 年版，第 1167—1168 页。
❺ 王泽鉴：《民法物权》，北京大学出版社 2010 年第 2 版，第 453 页。

了：既认为交付是事实行为，又主张其以意思表示为要素（当然此时使用了"占有的移转"一语）。该观点是无法自圆其说的。逻辑上严谨一致的说法应当是：要么彻底主张交付是事实行为而不以意思表示为要素，要么干脆主张交付是法律行为而以意思表示为要素，二者只能择一。正确的主张只能是后者，即交付是法律行为，因为前已述及，坚持第三种观点的学者本身也无不强调占有的移转（即交付）必须有移转占有的意思表示。诚然，王泽鉴先生在其著作中认为，现实交付是事实行为。❶ 但是笔者认为，现实交付也是一种法律行为。因为，虽然动产现实交付行为也包括两个组成部分——交付动产的意思表示和移转动产的占有，但是试问交付动产的意思表示和移转占有的"事实行为"如何断然区分开来？假设甲将手机卖给乙，约定甲在某处将该手机现实交付给乙，在将手机交到乙手中之前，甲突然不想将手机交付给乙，于是中途将之留下。可见，甲进行交付的整个"事实行为"过程，无时无刻不受其效果意思支配，岂能说现实交付是事实行为？这正如尹田教授指出，法律行为与其他能够产生民事后果的行为的根本区别，在于法律行为所产生的后果与行为人所体现的意志内容之间，有直接的联系，即法律后果的发生，是法律直接赋予行为人内在欲望的外部表现（意思表示）以法律效力的结果。❷

在将交付界定为法律行为之后，我们再来分析前面案例，甲、乙之间虽然存在买卖合同，但是甲并未将标的物交付给乙，而乙灌酒致甲酩酊大醉，将名画交给乙。此时甲缺乏交付的意思，无法构成交付，该"交付"是无法完成的，即使乙占有该画，也不发生物权变动。反之，如果将交付界定为事实行为，则不论甲主观效果意思如何，乙都将取得名画的所有权，则显然违背了甲的意思，进而损害甲的权利。

二、占有改定制度的评析

所谓占有改定，即让与人与受让人达成协议使出让人自己保留直接占有，受让人取得间接占有以代替现实交付的一种制度。各国物权法大多确

---

❶ 王泽鉴：《民法物权》，北京大学出版社 2010 年第 2 版，第 100 页。
❷ 尹田：《民法典总则之理论与立法研究》，法律出版社 2010 年版，第 466 页。

立该制度。我国《物权法》第 27 条规定："动产物权转让时，双方又约定由出让人继续占有该动产的，物权自该约定生效时发生效力。"学理上认为这规定的是动产物权占有改定。《德国民法典》第 930 条规定："所有人正在占有物的，交付可以以如下方式代替：在所有人和取得人之间约定某一法律关系，而根据该法律关系，取得人取得间接占有。"台湾"民法典"第 761 条第 2 项规定："让与动产物权，而让与人仍继续占有动产者，让与人与受让人间，得订立契约，使受让人因此取得间接占有，以代交付。"比较而言，《物权法》规定的占有改定颇令人寻味。其一，《物权法》强调动产物权自"约定"生效时发生效力，但其约定的是什么法律关系，与德国及我国台湾民法规定的间接占有的"占有媒介关系"是否相同？其二，一旦该约定无效、被撤销，是否影响动产物权的效力？

对于《物权法》第 27 条的表述，有人质疑，"出让人继续占有动产"的表述并不等同于出让人获得间接占有。因为"出让人继续占有动产"并未直接体现出让人的占有意思变动，或者受让人取得间接占有的内容。而在所有权变动的时刻，恰恰是出让人的占有意思发生了变更。具体而言，占有改定前，出让人的占有意思为自主占有，即以所有人的意思占有该物；当该物所有权以占有改定的方式移转于受让人时，出让人的占有意思转变为他主占有，即不再以所有人的意思占有该物。此时，出让人他主占有的意思体现为占有媒介意思：行使物的事实管领力，并承认受让人的返还请求权，由此使得受让人获得间接占有。不过，即使出让人继续占有转让物，他的占有意思也未必是为受让人而占有。如果他的占有意思没有发生变动，那么他就延续了自主占有；他也可能为受让人之外的第三人占有该物，此时他虽然是他主占有，但间接占有人并非受让人。所以，《物权法》第 27 条的文字表达得并不完整，"由出让人继续占有该动产"至少应当补充为"由出让人为受让人继续占有该动产，受让人由此获得间接占有"。[1] 该观点旨在强调，占有改定的约定必须使受让人取得间接占有方可，间接占有才是占有改定的核心所在。

（一）占有媒介关系：占有改定的"第二个约定"

占有改定即一种移转所有权，但不移转占有的特殊情形。在让与动产

---

❶ 庄加园：《间接占有与占有改定下的所有权变动》，载《中外法学》2013 年第 2 期。

时，让与人与受让人之间存在两个约定：一是将标的物所有权让与受让人的约定；二是赋予让与人继续占有标的物或受让人取得间接占有，以代交付的约定。第一个约定无可争议，但是第二个约定究竟如何构成，值得探讨。我们首先分析下面的案例。

在"青岛源宏祥纺织有限公司（下称"源宏祥"）诉港润（聊城）印染有限公司取回权确认纠纷案"，山东省聊城市中级人民法院一审查明：原告源宏祥与第三人程泉布业公司为被告港润（聊城）印染有限公司供应布匹。截止到 2009 年 11 月 4 日，港润（聊城）印染公司欠源宏祥货款1195139.17 元，欠程泉布业公司货款1075952.31 元。2009 年 11 月 20 日，三公司达成如下协议：一、程泉布业公司将港润（聊城）印染有限公司所欠货款全部转让给源宏祥，港润（聊城）印染有限公司和程泉布业公司均同意由港润（聊城）印染公司直接将欠款支付给源宏祥。二、源宏祥同意港润（聊城）印染有限公司以其所有的七台机械设备折抵所欠货款，此七台机械设备所有权自本协议生效之日起转移为源宏祥所有。三、港润（聊城）印染有限公司应在 2010 年 3 月 31 日前将所折抵的设备交付源宏祥，并保证源宏祥顺利取得设备，港润（聊城）印染有限公司必须严格按照上述时间交付设备，若逾期交付，港润（聊城）印染有限公司应按照所欠货款金额的每日千分之一向源宏祥支付滞纳金。协议签订后，至三方协议中约定的 2010 年 3 月 31 日之前，港润（聊城）印染有限公司未向源宏祥交付七台设备。2010 年 3 月 17 日，山东省聊城市中级人民法院作出民事裁定，受理了恒润热力公司对被告港润（聊城）印染有限公司的破产申请，2010 年 5 月 6 日原告源宏祥向港润（聊城）印染有限公司申报债权。2010年 7 月 27 日，聊城市中级人民法院做出民事裁定宣告港润（聊城）印染有限公司破产。山东省聊城市中级人民法院一审认为：

原告源宏祥与被告港润（聊城）印染有限公司、第三人程泉布业公司签订的三方协议合法有效，但协议有效并不表示本案所涉七台设备的物权发生转移。《中华人民共和国物权法》第 23 条规定，"动产物权的设立和转让，自交付时发生效力，但法律另有规定的除外"，该条规定排除了当事人的约定。本案中，虽然当事人约定七台设备的所有权自本协议生效之日起转移为源宏祥所有，但并未向源宏祥交付，且不属于《中华人民共和国物权法》中规定的占有改定、指示交付、简易交付三种例外情形，所以七台设备的物权因未交付并未发生转移。源宏祥并不是本案所涉七台设备的所有权人，而是港润（聊城）印染有限公司的债权人。港润（聊城）印染有限公司被宣告破产，本案所涉七台设备属于港润（聊城）印染有限公司的破产财产。

二审法院：出于维护交易安全考虑，交付作为动产物权变动的法定方式，具有强制性。该法共规定了现实交付、简易交付、指示交付和占有改定四种交付方式。《合同法》第 133 条规定也是以交付作为动产物权变动的生效条件，其中的"法律另有规定和当事人另有约定"所涵盖的内容是现实交付之外的其他法律规定的拟制交付方式。此后实施的《中华人民共和国物权法》，进一步明确了当事人只能够在法律规定的四种交付方式中通过约定选择一种具体的交付方式，除此之外，不存在其他基于法律行为而发生的动产物权变动的方式。而本案中，虽然双方当事人签订的七台设备物权转让协议包含有所有权变动内容，但没有就被上诉人港润（聊城）印染有限公司继续占有使用该七台设备另外达成协议。因此，港润（聊城）印染有限公司与上诉人源宏祥之间的协议不构成占有改定交付。

综上，因该七台设备并未现实交付，尽管当事人签订的协议有效，也只是产生债权效力，并未发生物权变动效力，上诉人源宏祥并没有实际取得该七台设备的所有权，故其在被上诉人港润（聊城）印染有限公司破产案件中并不享有取回权。源宏祥称涉案七台设备物权通过三方协议已经转移给其所有并享有该设备的取回权理由不能成立。❶

对于占有改定之第二个约定，王利明教授在其《物权法研究》中认为，必须要通过约定由转让人继续占有标的物。在占有改定的情况下，必须要双方当事人明确约定：即使通过买卖等方式移转了所有权等物权之后，仍然由原所有权人继续占有该物。双方明确约定占有改定，可以采取多种方式。例如，可以单独设立占有改定的合同条款，也可以通过单独订立买卖、租赁等合同使转让人继续占有标的物。在占有改定生效后，转让人将取得对标的物的直接占有，对受让人来说，只是取得间接占有。❷ 王泽鉴先生在其《民法物权》中指出，此项占有改定须让与人与受让人订立

---

❶　青岛源宏祥纺织有限公司诉港润（聊城）印染有限公司取回权确认纠纷案，山东省高级人民法院 2011 年 5 月 5 日二审民事判决书。

❷　王利明：《物权法研究》（上卷），中国人民大学出版社 2013 年第 3 版，第 380 页。

足使受让人因此取得间接占有之契约，始足当之。如仅单纯约定让与人为受让人占有，并无间接占有关系存在，尚不成立占有改定。❶ 上述民法理论均没有指明究竟哪些法律关系可以构成占有改定的第二个约定，但是其解释了该约定的本质：使受让人取得间接占有即已足矣。这样，占有改定就自然地和间接占有联系起来了。换言之，我国《物权法》规定的占有改定之第二个约定，必须足以使让与人为直接占有，受让人为间接占有。

前已述及，上述案件的一审与二审法院均认为原告与被告达成的协议不构成占有改定交付，因为欠缺占有改定之"第二个约定"。而该"第二个约定"实则为间接占有之占有媒介关系❷，凡是导致财产所有人暂时脱离对财产直接的实物控制的法律关系，均可成为"占有媒介关系"，继而成为占有改定的第二个约定。具体有哪些关系才能成为该"占有媒介关系"？我国台湾"民法典"第 941 条规定："地上权人、农育权人、典权人、质权人、承租人、受寄人，或基于其他类似之法律关系，对于他人之物为占有者，该他人为间接占有人。"类似地，《德国民法典》第 868 条也采取了列举加概括的方法，该条规定："某人作为用益权人、质权人、用益承租人、使用承租人、保管人或在其据以对他人而暂时有权利占有或有义务占有的类似关系中占有物的，该他人也是占有人（间接占有）。"德国学者提出，目前这种关系只能是某一特定的法律关系，一项为他人进行占有的一般性约定，不能作为间接占有之基础（具体化的占有改定，而无抽象的占有改定）。❸ 同样，《日本民法典》第 183 条规定了占有改定，其规定："代理人对自己的占有物，已经做出此后乃为本人而为占有的表示意思时，本人因此取得占有权。"与我国台湾和德国相比，其规定比较抽象。日本学者认为，若想成立占有改定，首先让与人与受让人之间必须成立占有代理关系（即间接占有关系——笔者注），但是与德国民法不同，上述关系可以是单纯的占有代理关系，不需要有租赁等具体原因（与德国民法典第 868 条不同），而且只需于让与时设定即可。❹ 上述我国台湾与德国民

---

❶ 王泽鉴：《民法物权》，北京大学出版社 2010 年第 2 版，第 98 页。

❷ 陈卫佐：《德国民法典》，法律出版社 2010 年第 3 版，第 334 页，注 16。

❸ ［德］鲍尔、施蒂尔纳：《德国物权法》，法律出版社 2006 年版，第 128—129 页。

❹ ［日］我妻荣：《日本物权法》，五南图书出版公司 2000 年版，第 440 页。

法具体列举的占有媒介关系固然清晰明确，但是"其他类似之法律关系"又包括哪些关系呢？

一般认为，占有改定中当事人约定的法律关系，借此使得出让人保持直接占有，受让人取得间接占有，此法律关系即为占有媒介关系。它的内容表现为：占有媒介人通常只是暂时占有转让物；在将来的某个时刻，间接占有人可以行使返还请求权，重新获得该物的直接占有。占有媒介关系包括任何一种使得一方负有义务暂时地占有转让物，并在将来的某个时刻向间接占有人返还该物的合同。其并不限于有名合同之范围。从最高人民法院的观点来看，必须是某一种合同才可以。

不过，本案涉及当事人之间的占有媒介关系是否必须限于明示约定，有学者认为可基于默示的意思表示而发生。因为法律行为的发生，不仅可以基于当事人明示，而且在默示的场合，甚至在一方当事人沉默的情形下都有存在的余地。约定的占有媒介关系作为法律行为的下位概念，并没有排除基于当事人默示而发生的处分理由。尤其是在当事人已经明示约定所有权移转的时刻，自然可期待出让人自那一时刻起，由自主占有改变为他主占有，受让人也自此时起取得了转让物的间接占有。❶ 笔者赞同该学者的见解，更何况本案当事人约定"此七台机械设备所有权自本协议生效之日起转移为源宏祥纺织公司所有"，其属于明确的物权变动协议，故不妨可以认为让与人与受让人双方内部之间发生了物权变动，只不过该物权因为没有公示而缺乏对抗力，不能对抗善意第三人。但受让人取得的七台机器所有权可以对抗破产企业的其他债权人从而行使取回权。这时我们有必要重新将《合同法》第 133 条搬出来作为论据，其规定"标的物的所有权自标的物交付时起转移，但法律另有规定或者当事人另有约定的除外"。曾经一度有学者认为《物权法》第 23 条废除了当事人约定动产物权变动时间的可能性，这一观点恐怕站不住脚，此时承认受让人的事实物权没有坏处，至少对交易安全没有损害。

我们在"北大法宝"上找到"九三集团（黑龙江农垦）金粮经贸有限公司诉前郭县敖丰粮油有限责任公司等合同纠纷再审案"判决，其对于占有改定"第二个约定"的观点明显与"青岛源宏祥纺织有限公司诉港润

---

❶ 庄加园：《间接占有与占有改定下的所有权变动》，载《中外法学》2013 年第 2 期。

（聊城）印染有限公司取回权确认纠纷案"判决不同。判决书部分内容如下："关于九三金粮公司对起诉时敖丰公司库内 2000 吨玉米是否具有所有权的问题。本案中九三金粮公司对涉案玉米请求交付，依据的是九三金粮公司与敖丰公司在 2013 年 11 月 14 日所签订的《玉米收购合同》及由敖丰公司所出具的货权确认书。本院认为，九三金粮公司与敖丰公司签订《玉米收购合同》，并按约定支付货款、开具增值税发票，双方之间的买卖合同依法成立，真实有效。《物权法》第 27 条规定："动产物权转让时，双方又约定由出让人继续占有该动产的，物权自该约定生效时发生效力。"双方的《玉米收购合同》约定玉米存于敖丰公司粮库内，由敖丰公司出具货权确认书即视为交付于九三金粮公司，九三金粮公司派人员看管，双方即完成交易，敖丰公司于合同签订当日即出具了货权确认书，可以根据《物权法》的上述规定认定敖丰公司采用占有改定的方式交付了收购合同所约定的 2000 吨玉米，因玉米属于种类物，其所有权自被特定化时起成立，故九三金粮公司对当时敖丰公司库存的 2000 吨玉米享有所有权。在九三金粮公司将其所有玉米交由敖丰公司保管时，实际上双方形成了保管合同关系。保管物为 2013 年 11 月 14 日九三金粮公司已取得所有权的 2000 吨玉米。因此，本案中九三金粮公司对起诉时库存 2000 吨玉米交付请求权能否成立，关键在于起诉时库存 2000 吨玉米与原九三金粮公司在敖丰公司库存中所存放并由敖丰公司保管的 2000 吨玉米是否是同一物。二审法院在认定玉米出库数量大于库存数量的基础上，认为九三金粮公司所有的玉米已经与敖丰公司自有玉米混同并被出售，玉米属于种类物且没有被特定化，故九三金粮公司对玉米没有所有权。本院认为，九三金粮公司向敖丰公司购买的 2000 吨玉米在双方出具货权确认单时已经特定，之后是否被混同应当有充分的证据予以证明，二审法院在出库玉米数量为 3500 余吨的事实认定基础上即当然推定九三金粮公司的玉米已经被混同或出售，属于缺乏证据证明，认定事实不清。经再审审理查明，2013 年 11 月至 12 月期间，敖丰公司另行收购玉米 3500 余吨，足以覆盖其同时间段出售的玉米数量，且九三金粮公司委派的监管人员蔡恒在一审时出庭作证，其监管的九三金粮公司的 2000 吨玉米一直系单独存放，并未与敖丰公司的其他玉米混同，更未被出售，敖丰公司在一审、二审和再审中均认可九三金粮公司的玉米一直系单独存放，其并未处分该 2000 吨玉米。依据优势证据规则，九三金粮公司所有的 2000 吨玉米从占有改定的方式交付开始，直到看管过程，以及保管人的自认，均能够特定并固定，相反，二审法院认定玉米已经混同或出售却无证据证明，仅凭推定，属于认定事实不清，本院予以纠正。"❶ 本案认可"买卖合同双方当事人实际上形成了保管合同关系"构成了占有改定的"第二个约定"。我们认为本案保管合同就是推定出来的，当事人并未明确约定保管合同。

（二）占有媒介关系无效不影响物权效力

《物权法》第 27 条规定，"物权自该约定生效时发生效力"。可见，物权转让的时间点取决于占有媒介关系生效的时间点。

但是，如果占有媒介关系无效或者被撤销时，物权效力又如何？例如，飞镖公司甲向乙出卖一台"智能飞镖机"，并与乙订立买卖合同。随后，甲又与乙订立了租赁合同，乙同意将该飞镖机返租给甲经营，并收取租金。不过飞镖公司甲由于涉嫌"以高额回报为诱惑，不断地扩大购机返租的营销模式，严重扰乱了社会经济秩序"，被认为构成变相的传销。它与乙订立的租赁合同也由于违反法律、行政法规的强制性规定，被认定为自始无效。❷

占有改定在现实经济活动中可表现为动产"售后返租"这种交易方式。当移转所有权的合意发生在约定占有媒介关系之前，此时移转所有权的原因行为即买卖合同已经成立，而占有媒介关系却成为无效，如本案的租赁合同"违反法律、行政法规的强制性规定"。有争议的是，占有媒介关系的无效是否影响到受让人的间接占有。国内少数说法认为，如果占有媒介关系无效，由于无效的原因通常会涉及当事人物权变动的合意，因此占有媒介关系的无效会导致动产物权转让的效果不能发生。❸ 我国目前的主流观点一致认为，受让人取得间接占有，并不依赖于占有媒介关系的效力，而是取决于出让人是否具有为受让人占有的占有媒介意思。因为占有媒介意思只是事实上的意思，不同于法律行为的意思表示，只要具备一般的认知能力即可。所以，约定占有媒介关系无效，仅使得当事人基于法律

---

❶ 九三集团（黑龙江农垦）金粮经贸有限公司诉前郭县敖丰粮油有限责任公司等合同纠纷再审案，中华人民共和国最高人民法院（2016）最高法民再 275 号民事判决书。

❷ 庄加园：《间接占有与占有改定下的所有权变动》，载《中外法学》2013 年第 2 期。

❸ 冉克平：《物权法总论》，法律出版社 2015 年版，第 439 页。

行为所生的意思表示无效，并不直接影响出让人的占有媒介意思。只要承租人依然有为出租人而占有该物的意思，后者就可以继续保持间接占有的地位。即使租赁合同嗣后被确认为自始无效，也不会影响出租人的间接占有。❶

我们赞同上述通说观点，决定间接占有的并非租赁合同等占有媒介关系的效力，而是占有人的占有媒介意思，故不能对物权法上述规定加以字面解释。

（三）占有改定取得的物权效力

占有改定之所以在罗马法中被确定为转移物的所有权的一种方式，是为了弥补商品交易中烦琐而严格的形式主义带来的高昂交易成本（尽管该形式主义有利于保障交易安全），满足当事人追求交易效率需要而由法律所肯认的通过当事人意思自治完成所有权变动行为。占有改定是基于当事人"合意"发生的物权变动，并不具备物权变动的客观形式要件，法律承认此种发生在当事人之间产生物权变动效力，本身就是为了满足交易效率的需要，至于交易安全与第三人保护问题，并非罗马法在创设和构建占有改定制度时所考虑的因素。占有改定从制度创设之初发展至今，其制度价值一直坚持了效率价值的制度目标，与以现实交付和登记为特征的公信原则所追求的交易安全的价值目标各自独立并行存在，共同满足社会交易的不同需求。❷

占有改定作为动产物权变动的一种方式，在当事人之间产生物权移转和相关风险负担一并移转的法律后果。但是，占有改定作为观念交付的一种方式欠缺动产物权变动的外在表现方式，第三人无从知晓物权的变动状况，此时若出让人再将该物出让给善意第三人，原权利人与善意第三人之间发生争议，原权利人能否以自己取得的物权具有排他性而主张对抗善意第三人？由于占有改定是法律为了交易效率的需要在公示原则之外所肯认的通过当事人的意思自治产生动产物权变动的一种特殊方式，与以转移占有为特征的实际交付方式存在交易安全的制度价值的差异，所以不能用后

---

❶ 庄加园：《间接占有与占有改定下的所有权变动》，载《中外法学》2013 年第 2 期。

❷ 靳文静：《占有改定取得的物权能否对抗善意第三人？——兼评我国〈物权法〉第 27 条的法律适用》，载《中国政法大学学报》2015 年第 4 期。

者的制度价值去审视前者的合理性与价值功能。❶

当然，若仅仅在物权变动的直接当事人之间不涉及善意第三人时，就没有必要探讨占有改定的上述特征。但是在动产善意取得制度中，往往表现为现实交付、简易交付，让与人已经丧失了对动产的占有，且占有的变动能从外部识别，发生善意取得，容易理解。当交付表现为占有改定时，是否使受让人善意取得所有权，则存在疑问。因为占有改定交付时，由于占有改定表现为受让人取得间接占有，让与人仍然继续占有着动产，是否使受让人善意取得动产所有权。例如，出让人甲将其自行车卖给乙且约定由甲继续租用，而后甲又将自行车卖给丙，且作相同约定由甲继续使用该车，那么丙能否主张善意取得的适用而取得自行车所有权？有人认为占有改定不能适用善意取得，因为善意取得要件的交付仅限于现实交付，且本案中乙、丙对于甲都寄予同样的信赖，不应厚此薄彼。但法工委人士认为，丙可以主张善意取得。理由有三：首先，善意取得之交付并不排除占有改定的适用；其次，如果承认乙可以通过占有改定的方式从甲处取得所有权，那么自无排除丙以同样方式取得所有权的理由；最后，对于乙因信赖出让人甲而承担的风险，是自己选择的结果，完全符合私法自治原则。且如果要避免风险，乙完全可以要求现实交付。而丙对甲的信赖是不同的，丙信赖的是甲占有动产的外观，而善意取得制度所要保护的正是第三人对于所有权外观的信赖。故，丙若具备善意取得的要件，可以取得自行车的所有权。❷此外，国内还有其他少数观点主张《物权法》第106条对动产善意取得构成之规定，未明确其中"交付"之所指。自文义和体系观察，物权法并未如德国民法一般区别交付与交付的替代，而是采用广义的交付概念；自目的要素观察，动产善意取得中的交付要件是物权变动公示的要求，占有改定本是法律认可的一种交付方式，自应涵括其中。《德国民法典》否定以占有改定成立善意取得，有其语境下的特殊原因，而其区别对待占有改定与指示交付，引起价值冲突，也备受诟病，不足为鉴。为实现交易便捷与安全的立法宗旨，应一并肯认占有改定与指示交付下的善

---

❶ 靳文静：《占有改定取得的物权能否对抗善意第三人？——兼评我国〈物权法〉第27条的法律适用》，载《中国政法大学学报》2015年第4期。

❷ 胡康生主编：《中华人民共和国物权法释义》，法律出版社2007年版，第77页。

意取得。❶ 也有学者提出，在是否发生善意取得的法律效果上，德国法区别对待占有改定与指示交付，这并不具有处分的根据，而无论是"以手护手"原则、"所有权人与受让人给予出让人同样多的信赖""避免隐秘交易与舞弊行为"或"所有权人对其权利丧失无从知觉或阻止"等理由均不足以否定占有改定下适用善意取得。只要受让人基于无权出让人占有的信赖而为交易，即应肯定其善意取得所有权，不应因占有移转之方式而有差异。❷

我们认为，占有改定只有在转化为现实交付时才能发生善意取得的法律效果。理由在于：首先，不同国家的立法例比较说明，由于动产物权变动的法律规则不同，决定了占有改定与"交付"之间的逻辑体系不同，意思主义的立法例中的占有改定是作为"交付"的一种类型，形成了完整的交付体系（既包括现实交付，也包括观念交付）和广义上的"交付"概念；形式主义立法例由于强调物权变动的形式要件，占有改定由于其欠缺外在表象无法被纳入交付体系中，"交付"就只能限定在以转移占有为特征的交付类型，"交付"的含义被缩小。占有改定虽然被称为"交付"，但实际上并不产生法律上"交付"所具有的对抗第三人的效力，只能被排除在"交付"的体系之外，物权对抗要件主义立法例虽然解决了占有改定公信力的欠缺问题，但却导致了物权体系的逻辑问题。我国物权法形式上借鉴了法国民法典的交付体系，在动产物权的变动法律规则中规定了统一的"动产交付"体系，将现实交付、简易交付、指示交付和占有改定一并规定在"交付"的体系中，构成了一个广义上的交付体系。而实质上却采纳了德国法财产权物债二分的体系和物权变动公示公信原则，从而导致了整个交付体系与公示公信原则之间的逻辑矛盾和体系问题，并由此产生占有改定法律规则的适用问题。即在这些规定中，没有对不同的交付方式所涉及的法律后果进行区别性规定，导致整个"交付"体系无法与公示公信原则相对应，尤其是由此产生了占有改定法律规则适用中的问题。❸ 其次，追求效率的占有改定和追求安全的善意取得，在制度机能上是矛盾冲突的，二者并不相容。在占有改定的情形下，物权变动没有外观表征，便利

---

❶ 王文军：《占有改定作为善意取得要件之辨》，载《法律科学》2015 年第 6 期。
❷ 郑永宽：《占有改定与善意取得》，载《北方法学》2011 年第 6 期。
❸ 靳文静：《占有改定取得的物权能否对抗善意第三人？——兼评我国〈物权法〉第 27 条的法律适用》，载《中国政法大学学报》2015 年第 4 期。

了占有改定人，却牺牲了当事人的合理信赖，套用我妻荣先生的话，是"欺骗了一般债权人的信赖"。而善意取得制度的正当性在于，"只要存在使取得人信赖合理化的占有状态，他就可以从无权利人处获得权利"。在善意取得的情形，法律把对第三人合理信赖的保护置于首位，与占有改定的制度价值宛如阴阳之隔。法律如果允许占有改定人亦为善意取得人，会出现有悖社会情理的事实：信赖利益的被保护者（善意取得人），竟又同时扮演着信赖利益破坏者（占有改定人）的角色。法律不允许占有改定人亦为善意取得人，其实蕴含着一条朴素的生活哲理：信赖别人和让别人信赖，其实一样重要。❶ 再次，善意取得以限制并排除当事人的约定为规则前提，其依靠公信力切断前手交易的瑕疵，因此只能产生原始取得的法律效果。与此相反，占有改定以扩展当事人的约定为规则前提，当事人之间约定的法律效果等同于物权变动法定形式，因此它只能产生继受取得的法律效果。换言之，善意取得制度对交易安全的保护是有条件的，即善意取得人不能是占有改定人。如果以占有改定方式善意取得，还会产生一个无法调和的矛盾：此时的物权变动到底是基于法定原因发生还是基于法律行为发生？当事人之间包含占有改定的物权合意，只能在传来取得的情形中方可产生效力，在善意取得的情形中则不生效力。总之，占有改定的成立，意味着约定排除法定，当事人的意思自治被充分实现；善意取得的成立，则意味着法定排除约定，当事人的意思自治被彻底消灭，二者在法理上如水火般不相容，彼此就是天生的反对派。❷ 再次之，虽然占有改定是以交付被虚化为前提的，是一种替代交付而非真正意义上的交付，不具备公示的要素，因而不具有公示与公信的效力。此种发生在当事人之间的不具备任何外在方式的"合意"引起的物权变动，要求第三人对其"合意"内容及其后果知晓并承担相应的义务，不符合公示公信原则的理论与法律精神。❸ 最后，一概否定占有改定方式下的善意取得，恐不能很好地平衡真正权利人与善意第三人利益，无论偏执哪一个极端都是不可取的。所以

---

❶ 税兵：《占有改定与善意取得——兼论民法规范漏洞的填补》，载《法学研究》2009 年第 5 期。

❷ 税兵：《占有改定与善意取得——兼论民法规范漏洞的填补》，载《法学研究》2009 年第 5 期。

❸ 靳文静：《占有改定取得的物权能否对抗善意第三人？——兼评我国〈物权法〉第 27 条的法律适用》，载《中国政法大学学报》2015 年第 4 期。

我国台湾地区"民法典"第948条规定："以动产所有权，或其他物权之移转或设定为目的，而善意受让该动产之占有者，纵其让与人无让与之权利，其占有仍受法律之保护。但受让人明知或因重大过失而不知让与人无让与之权利者，不在此限。动产占有之受让，系依第七百六十一条第二项规定为之者，以受让人受现实交付且交付时善意为限，始受前项规定之保护。"这种折中论的特点，是将获得现实占有的事实，作为是否完整取得所有权的依据，这种"先占为胜"的规则给了各当事人以平等的机会，而且能促使当事人积极实现权利，对减少和尽快消灭权利不明状态有一定的意义。所以，在很多学者看来，折中论比较妥当，可以为我国立法及司法解释所借鉴。[1]

三、指示交付制度之评析

指示交付亦称返还请求权让与，指让与动产物权，如其动产由第三人占有时，让与人得以对第三人的返还请求权让与受让人，以代交付。其中涉及返还请求权的性质，是否需要向第三人通知等问题。

（一）指示交付的立法例

各国在规定指示交付时所采用的立法模式主要有衔接立法方式和独立立法方式。

1. 物权法和债权法衔接的立法方式

指示交付不仅在物权法中有所规定，且需适用债权法中的债权让与的规定。通过债权法和物权法的紧密衔接来实现对交易安全和第三人利益的完整保护。学者在介绍国外返还请求权让与的规定时，往往只看物权法中指示交付的规定，而忽略了从基本理论和民法典的整体上来考察返还请求权让与。不妨以日本、德国的立法为例，分析物权法上的返还请求权让与和债权法上的债权让与的关系。

《日本民法典》第184条规定了返还请求权让与，但第86条第3款规定，"无记名债权视为动产"。因此，日本民法明确规定了债权让与所适用的物权变动规则。之所以不直接适用动产物权变动规则，是由债权让与的

---

[1] 尹田：《物权法》，北京大学出版社2013年版，第205—206页。

特殊性决定的，即债权让与不仅涉及不特定第三人（债务人以外的人）的利益，还涉及特定第三人（债务人）的利益，因而日本民法典明确规定债权让与对两种不同的第三人分别适用不同的公示对抗要件。返还请求权本质上仍属于准债权的性质，是一种非纯粹的债权，可准用债权的规定，这是日本的通说。因而债权让与仍适用债权让与的规定，遵从公示对抗要件模式的物权变动规则。《德国民法典》第931条规定："第三人正在占有物的，可以以所有人将物的返还请求权让与给取得人的方式，代替交付。"第413条规定："关于其他权利的转让，准用关于债权转让的规定。"即德国民法认为返还请求权让与可准用债权让与的规定。由此可见，无论是从返还请求权的准债权性质出发，还是从立法实践出发，返还请求权让与都是可以准用债权让与规则的。❶

2. 物权法独立立法方式

通过物权法全面规范返还请求权让与，实现对交易安全和第三人利益的保护，代表国家是荷兰。《荷兰民法典》第115条第3款规定："第三人为让与人持有该物并且在转移后为受领人持有。在此情形下，在当事人知悉转移或获得让与人或受让人发出转移的通知之前，占有不转移。"同时其物权法第94条第1款规定："在前条规定以外的情形下，以一个或多个特定人作为相对人行使的权利，通过为此目的做成的契据和由让与人或受让人向上述特定人发出通知的方式交付。"

两种立法例体现了不同的立法技术，并无优劣之分。各国从本国的基本理论、立法传统以及民法典的体系性出发，选择了不同的立法方式，但有异曲同工之效。我国在规定指示交付时既应看到各国相应的立法条文，也应从其基本理论、民法典体系以及独特的立法传统出发，全面考察返还请求权让与。❷

（二）"动产由第三人依法占有"之质疑

《物权法》第26条规定指示交付的前提之一须为"第三人依法占有该动产"。对此，有学者认为，依法占有实际上就是合法占有。若是第三人非法占有，第三人就应当返还其占有的动产，指示交付自然无法得到

---

❶ 仇书勇、张敏捷：《论返还请求权让与》，载《山东社会科学》2010年第2期。
❷ 仇书勇、张敏捷：《论返还请求权让与》，载《山东社会科学》2010年第2期。

适用。

但是我们认为，《物权法》第 26 条将指示交付限定于"动产由第三人依法占有"的场合作茧自缚，使一些本应通过指示交付来解决的动产物权变动的问题无法如愿，只能先由转让人从占有动产的第三人处收回，再交给受让人，徒增周折和成本。如果删除"依法占有"的限定，就会使局面改观，使如下的问题可通过指示交付得到解决：转让人非间接占有人时，可让与其基于侵权行为或不当得利而生的返还请求权。这种返还请求权的让与，与占有的移转无关。此时，所让与的也不是所有物返还请求权，而是受让人因取得所有权，而得主张所有物返还请求权。《物权法》第 26 条将指示交付限定于"动产由第三人依法占有"的不足还表现在：第三人对标的物的占有原有本权，但其后本权不复存在，导致当事人无权占有标的物。例如，第三人作为借用人占有借用物，其后借用合同终止，变为无权占有。在这些情况下，物权人将此类标的物出卖给他人，因不符合物权法第 26 条关于指示交付必须发生在"动产由第三人依法占有"的要求，故只得先由转让人从占有动产的第三人处收回，再交给受让人，徒增周折和成本。如果删除依法占有的限定，允许采取指示交付的方式，就会使局面得以改观。❶

查阅其他国家与地区的民法典，均不要求"动产由第三人依法占有"这一要件，如我国台湾地区"民法典"第 761 条第 3 款规定："让与动产物权，如其动产由第三人占有时，让与人得以对于第三人之返还请求权，让与于受让人，以代交付。"《韩国民法典》第 190 条规定："于让与第三人占有有关的动产物权情形，因让与人让与对第三人的返还请求权以受让人，而视为交付动产。"《日本民法典》第 184 条规定："如果代理人为占有时，在通过本人指示代理人为第三人占有其物，而第三人对此已作出承诺时，该第三人取得占有权。"为弥补《物权法》第 26 条规定的不足，在解释论上，应最大限度地扩张其中所言的"依法"的范围，将若干第三人无权占有的情形视为"依法"，而不作为违法对待。即进行目的性扩张解释，对法律条文所未涵盖的某一类型，由于立法者的疏忽，未将之包括在内，为贯彻规范意旨，乃将该一类型包括在该法律适用范围内的漏洞补充

---

❶ 崔建远：《再论指示交付及其后果》，载《河南财经政法大学学报》2014 年第 4 期。

方法。换言之，将某些原本属于"违法"的事项解释为"依法"，从而扩大"依法"的范围而已。

我们认为，此处的"依法"，不能局限于基于合法合同关系的占有，即便是第三人从出让人处偷盗而占有该动产的，出让人无法向受让人让与任何基于合同等关系而产生的返还原物请求权，那么出让人可以将其基于所有权的返还请求权让与给受让人。如甲将钢笔借给乙用，后又出售于丙，此时丁自乙处盗走钢笔并赠与戊，此时甲向丙转让的基于所有权的返还原物请求权足以使得丙取得该钢笔的所有权。❶ 第三人不论是合法占有还是非法占有，都可以使让与人享有所有物返还请求权并加以转让，非法占有也可以产生指示交付。只要受让人愿意接受这种权利，就意味着受让人愿意承担将来权利可能不能完全实现的风险。故此，此处的"依法"二字形同虚设。即使在第三人为已知非法占有人的情形下，司法实践可以通过"类推适用"的方式，将《物权法》第 26 条的规定扩张适用于该情形下的返还原物请求权，从而克服该条中所出现的"依法"一词对该条适用范围作出的不当限制，以便更好地实现该条的立法目的和满足实践的需要。

（三）让与返还请求权的类型

返还请求权让与的功能在于解决当事人出让动产时，作为标的物的动产，仍然由第三人占有的问题。

指示交付下让与的返还请求权，究竟是债权的返还请求权，还是所有物返还请求权，抑或是兼而有之。如有的法院判决强调只有物权请求权才能成为指示交付的让与客体，某案判决书认为，《物权法》第 26 条中规定"转让请求第三人返还原物的权利"，该返还原物请求权应当为物权请求权，该转让的请求权可以确保受让人以物权请求权主张权利，显然，本案《提货单》并不具有该项权能，提货单的交付，不能构成本案货物所有权的转移。❷

此处存在争议，有学者认为指示交付下让与的返还请求权仅限于要求

---

❶ 胡康生：《中华人民共和国物权法释义》，法律出版社 2007 年版，第 73 页。

❷ 青州盛诺轮胎有限公司与青岛佳诺商务有限公司侵权责任纠纷案，山东省青岛市中级人民法院（2016）鲁 02 民终 5135 号民事判决书。

返还原物的请求权。受让人得到这一请求权，通常也就取得了转让物的间接占有。这一转让的请求权必须"给予所有人这样的权利，取走物的占有，并将该物置于自己的处分权下，而且这一转让使得受让人能行使与出让人相同的权利"，如基于约定占有媒介关系、法定占有媒介关系所生的返还原物请求权。当出让人为转让间接占有的动产而适用指示交付时，转让的究竟是何种性质的返还原物请求权，存有两种较有代表性的观点，第一种观点主张，出让人可以同时转让债法上的请求权和所有物返还请求权。第二种观点认为，出让人转让的只能是债法上的请求权。两种观点的差别在于，出让人依据占有媒介关系所生的原物返还请求权是否排斥所有物返还请求权，还是这两类返还请求权可以选择性并存，由出让人择一而让与。两者争论的实益在于，若出让人与占有媒介人已约定禁止让与返还请求权，则出让人不得转让该请求权，即使他将该请求权让与受让人，债权让与也将基于《合同法》第 79 条第 2 项的规定而无效，由此指示交付将由于请求权让与无效而不能发生。若指示交付中转让的请求权可以是所有物返还请求权，则出让人可以规避禁止让与的约定，借助于让与所有物返还请求权而移转间接占有物的所有权。❶ 该学者进而认为，当出让人基于指示交付而移转间接占有物的所有权时，仅存在让与债法请求权的可能，并不存在让与物上请求权（所有物返还请求权）的适用空间。其理由如下。首先，所有物返还请求权只是所有权的附属品，基于所有物而生的请求权移转不是所有权移转的前提，而是所有权移转的结果。所有人如果不放弃所有权，就不能同时转让基于所有权所生的请求权。所以，主张通过移转所有物返还请求权来实现移转所有权的目的，有混淆前提和结果之嫌。其次，处于间接占有地位的所有人，通常并不享有对其占有媒介人的所有物返还请求权。占有媒介人多为有权占有，占有媒介关系的当事人若就占有发生争议，应当诉诸他们的基础关系，如租赁、保管、质押等，行使占有媒介关系所生的返还请求权。可见，当事人在有占有媒介关系的情况下，通常并不发生所有物返还请求权。再次，单纯让与所有物返还请求权，未能使出让人丧失干预转让物的事实可能性，受让人也未能获得对转

---

❶ 庄加园：《基于指示交付的动产所有权移转——兼评〈中华人民共和国物权法〉第 26 条》，载《法学研究》2014 年第 3 期。

让物的间接占有。❶

我们认为，返还请求权让与的"对第三人的返还请求权"，既指债权的返还请求权，如第三人基于债权债务关系（租赁、借用）而占有出让的动产，也指物权的返还请求权，如第三人无权占有出让的动产。❷ 如占有媒介关系无效，或者第三人系拾得甚至侵夺动产。我们的理由如下。首先，理论上通常认为，指示交付不以第三人有权占有动产以及对于特定第三人之返还请求权为必要。从《物权法》第 26 条的文义来看，指示交付限于"第三人依法占有该动产"。但是前已述及，由于第三人无权占有动产时适用指示交付可以使交付方法简便易行，而且并无弊害，因此应当通过目的性扩张解释，将物权返还请求权的让与纳入指示交付。❸ 其次，所有权与其请求权结为一体，正好表明转让任何一个实质上都是全部转让。这类似于房地权属虽为两个，但转让时一体转移。之所以不径称移转标的物所有权，而谓之曰转让所有物返还请求权，是为了体现形式主义的物权变动，而非意思主义的物权变动，凑足"交付"这个要件，使物权变动有个原因。❹ 最后，民法通说认为所有物返还请求权的让与，不只对现在占有人之请求权，即对于将来其他占有人的物权返还请求权也包括在内，因其简便易行。

具体而言，指示交付可有四种情况。①出卖人系间接占有人（如出租人、出借人、寄托人）时，可将他基于占有媒介关系（租赁、借用、寄存）所生债权返还请求权让与买受人，以代交付。这种返还请求权的让与同时为间接占有的移转。此时并非所有物返还请求权的让与，而是买受人因取得动产所有权，发生所有物返还请求权。②出卖人非间接占有人时，可让与其基于侵权行为或不当得利而生的返还请求权。这种返还请求权的让与，与占有的移转无关。此时，所让与的也不是所有物返还请求权，而是买受人因取得所有权，而得主张所有物返还请求权。③出卖人既非间接占有人，也没有其他可让与的返还请求权，仅有所有物返还请求权。例

---

❶ 庄加园：《基于指示交付的动产所有权移转——兼评〈中华人民共和国物权法〉第 26 条》，载《法学研究》2014 年第 3 期。

❷ 尹田：《物权法》，北京大学出版社 2013 年版，第 163 页。

❸ 冉克平：《物权法总论》，法律出版社 2015 年版，第 437 页。

❹ 崔建远：《物权法视野下的指示交付》，载《法律适用》2014 年第 10 期。

如，遗失某物并不知落于何人之手。此时，出卖人可让与其所有物返还请求权，以代交付。④动产所有权证券化时，其所有权的移转必须交付该证券，以代该动产交付。

（四）关于向第三人通知问题

一种观点认为，如果让与人让与的是债权请求权，应当适用债权让与的规则，通知第三人；如果让与的是物权请求权，则无须通知第三人。而大多数观点认为，让与人让与债权请求权时，固然应适用债权转让的规则，履行通知第三人的义务；让与物权请求权时，也应类推适用有关债权转让的规定，通知第三人。❶《日本民法典》第 184 条明确规定通知第三人为受让人取得占有权的要件。我妻荣在其物权法著作中指出，基于指示的占有移转，仅有让与人与受让人之间的合意和自让与人向占有代理人所发出的指示即可。这是因为受让人也决定由同一占有代理人进行间接占有的缘故。在这一情形下，占有代理人能够以对让与人所享有的租赁、寄存等合同关系对抗受让人。❷

我国通说认为，我国《合同法》第 80 条第 1 款规定，转让债权请求权时，出让人应当通知债务人，否则，其债权转让不得对抗债务人。参照这一规定，在为指示交付时，无论其转让的是债权请求权还是物权请求权，其返还请求权的转让自其转让时协议成立时发生效力，但应通知负有返还义务的第三人；未经通知，其返还请求权的转让对该第三人不能发生对抗效力。按照这种观点，出让人是否向占有物的第三人作出指示，并非指示交付的构成要件。甚至于占有媒介人是否收到出让人的通知，并不影响受让人向其要求返还原物的请求权。《物权法草案》第二次审议稿第 32 条曾经规定："动产物权设立、转让前，第三人占有该动产的，可以通过转让向第三人返还原物的请求权代替交付。转让向第三人返还原物的请求权的，出让人应当通知第三人。物权自出让人通知第三人时发生效力。"该草案规定要求在指示交付下，出让人通知第三人是针对第三人发生物权变动的前提。但是，该规定受到了学者的批评。❸ 有学者提出，为了更好

---

❶ 谢在全：《民法物权论》（上册）中国政法大学出版社 2011 年版，第 93 页。

❷ ［日］我妻荣：《新订物权法》，罗丽译，中国法制出版社 2008 年版，第 200 页。

❸ 朱岩、高圣平、陈鑫：《中国物权法评注》，北京大学出版社 2007 年版，第 157 页。

地发挥让与返还请求权的功能，应当将对第三人的通知作为受让人对第三人享有合法的返还原物请求权的行使条件。即动产物权变动合意采取让与返还请求权的方式本身并不以通知为条件，仅仅通过通知使得第三人必须负担向受让人转让动产占有的义务，而这与合同法规定的债权让与制度中的通知债务人的规则类似。❶ 可见，即使按照这种观点，通知第三人的意义仅仅在于作为受让人对第三人享有合法的返还原物请求权的行使条件而非物权变动的前提。

值得注意的是，《担保法解释》第 88 条规定，"出质人以间接占有的财产出质的，质押合同自书面通知送达占有人时视为移交。"在物权法实施后，该司法解释的这一条文并未被废除，一直有法院判决援引之。关键的问题在于，该条文规定是只能调整动产质押的交付问题还是也能规范其他的动产物权变动？有学者宽慰地指出，动产质权作为担保物权，其实现直接牵涉到第三人的利益，尤其在出质人破产时更为明显。因此，质权变动的公示要件远比所有权变动要严格得多，法律多要求通知占有媒介人的方式，使得实际控制人获悉这一质权设立的事实，以免日后出质人借占有媒介人不知而作出有害于质权人的指示。但这一忧虑并不存于动产所有权变动中。借助指示交付的动产所有权变动主要是为了便捷间接占有动产的所有权移转，并兼顾占有媒介人的抗辩利益。所有权变动双方是否通知第三人，在此并不重要，也不应当成为影响所有权变动的因素。❷

对此问题，国内法院判决似乎存在与上述通说相反的见解，有的法院判决认为该第 88 条对于凡是以指示交付的方式发生动产物权变动者，均有适用的余地。一如最高人民法院（2010）民四终字第 20 号民事判决书指出："《中华人民共和国物权法》第 23 条规定，动产物权的设立和转让，自交付时发生效力。交付是否完成是动产所有权转移与否的标准，动产由第三人占有时，则应根据《中华人民共和国物权法》第 26 条的规定进行指示交付。最高人民法院《关于适用〈中华人民共和国担保法〉若干问题的解释》第 88 条规定，出质人以间接占有的财产出质的，以质押合同书面通知占有人时视为移交。根据该条规定精神，提货单的交付，仅意味着

---

❶ 朱岩、高圣平、陈鑫：《中国物权法评注》，北京大学出版社 2007 年版，第 158 页。
❷ 庄加园：《基于指示交付的动产所有权移转——兼评〈中华人民共和国物权法〉第 26 条》，载《法学研究》2014 年第 3 期。

当事人的提货请求权进行了转移，在当事人未将提货请求转移事实通知实际占有人时，提货单的交付并不构成《中华人民共和国物权法》第 26 条所规定的指示交付。因此，富虹公司未完成向肯考帝亚公司交付涉案大豆的行为，涉案大豆的所有权未发生变动。肯考帝亚公司关于其为涉案大豆所有权人以及涉案大豆提存款归其所有的上诉请求缺乏事实和法律依据，本院不予支持。"[1] 本案提货单不同于提单，可见最高法院还是坚持通知第三人才能完成指示交付。

在最高法院的上述判决作出之后，其他地方法院亦有判决强调买卖双方转让提货单必须通知债务人。如"中国地质矿业总公司与天津康杰进出口贸易有限公司等排除妨碍返还海关放行单纠纷上诉案"，判决书指出，《物权法》第 26 条虽对指示交付问题作出规定，即"动产物权设立和转让前，第三人依法占有该动产的，负有交付义务的人可以通过转让请求第三人返还原物的权利代替交付"，但未明确转让请求第三人返还原物权利的成立条件。对此，法院认为，指示交付作为一种观念上的交付，仅发生让与返还请求权和间接占有的转移，缺少直接占有的变动，导致物权的变动缺乏公示性，从保护交易安全和善意第三人利益出发，结合《担保法解释》第 88 条"出质人以间接占有的财产出质的，质押合同自书面通知送达占有人时视为移交"规定之精神，应当将通知直接占有人作为认定完成交付的条件。本案中，在中色物流公司未提供证据证明康杰公司已将其提货请求权转移的事实通知鹏发公司的情形下，康杰公司未能完成涉案货物交付义务。[2] 又如某法院判决认为，"在原告与远德公司的货物交付采用指示交付，即通过转让请求被告返还原物的权利代替实物交付。双方指示交付的标志即远德公司出具的提货单（Delivery Order）。按照合同法转让债权的规则，债权人转让债权需要通知债务人。既然提货单不是物权凭证而只是债权凭证，原告凭提货单向被告提货，还需要远德公司通知被告货权转移。本案并无远德公司告知被告货权转移给原告的证据。"[3] 但也有法院声称提货单不属于交付证券，不适用指示交付，如前述"青州盛诺轮胎有

---

[1] 肯考帝亚农产品贸易（上海）有限公司与广东富虹油品有限公司、第三人中国建设银行股份有限公司湛江市分行所有权确认纠纷案，最高人民法院（2010）民四终字第 20 号民事判决书。

[2] 天津市高级人民法院（2015）津高民四终字第 77 号民事判决书。

[3] 上海市浦东新区人民法院（2015）浦民二（商）初字第 3306 号民事判决书。

限公司与青岛佳诺商务有限公司侵权责任纠纷案"二审判决。可见，上述判决将《担保法解释》第88条的适用范围不仅局限于动产质押，而且还类推适用于其他的动产物权变动场合。

但是，《物权法解释（一）》第18条第2款则规定："当事人以物权法第26条规定的方式交付动产的，转让人与受让人之间有关转让返还原物请求权的协议生效时为动产交付之时。"上述条款规定了指示交付方式不需要通知占有标的物的第三方，但明确要求指示交付的条件是"转让人与受让人之间有关转让返还原物请求权的协议生效"。据此，上述解释论方面的争议似乎该告一段落。不过，某法院的判决还是很固执地认为向第三人发出通知是指示交付的构成要件之一。在"吕君美与王船、纪红英、张松松买卖合同纠纷案"中，该法院判决认为，原告与被告张松松之间签订的转让协议所体现的意思表示，不违反法律、行政法规的效力性强制性规定，被告张松松关于合同效力的抗辩不予采纳，双方是真实意思表示，合法有效，均应恪守约定、全面履行。原告主张货款，应证明其已履行货物交付义务。原告主张其通过指示交付的方式履行该义务。根据《中华人民共和国物权法》第26条规定，指示交付系指，"动产物权设立和转让前，第三人依法占有该动产的，负有交付义务的人可以通过转让请求第三人返还原物的权利代替交付。"本案争议焦点为案件事实是否符合指示交付的构成要件。问题点有三：①确定货物占有人；②是否存在指示交付的合意；③如有，原告是否将该意思通知占有人。关于问题①。被告王船与原告、被告张松松共同签署转让协议，并先后对原告取走货物和转让货物的种类、数量等进行确认，在其无正当理由未到庭参加诉讼、放弃举证和质证权利的情况下，原告主张的由被告王船实际占有货物，已达优势标准，予以认定。问题②。转让协议仅约定标的物及价款支付方式，未约定货物交付方式，对于较大数额的货物买卖，此情况殊于日常交易常理。根据《中华人民共和国合同法》第61条规定："合同生效后，当事人就质量、价款或者报酬、履行地点等内容没有约定或者约定不明确的，可以协议补充；不能达成补充协议的，按照合同有关条款或者交易习惯确定。"从本案已查明案情看，原、被告均非涉案产品的最终消费者，双方之间实为贩卖交易，此种交易模式对产品的直接占有要求较低。被告张松松与货物占有人王船在与原告共同签订转让协议之后，共同对转让标的物的种类、数量、价格、点位编号进行确认，且该确认结果原件由原告掌握。被告张松松已支付 10 万元，其未在合理期间内催告原告履行交付义务。上述事实相互印证，本院据此推定，原告与被告张松松之间关于转让方式的约定为：通知货物占有人（并经其确认）后，货物所有权发生转移。问题③。货物占有人王船已对交易货物予以确认，视为原告已履行通知义务。综上，本案事实符合指示交付的构成要件。原告已通过指示交付代替现实交付，履行完毕交付义务。❶ 法官认为通知货物占有人是指示交付的构成要件之一，此明显与上述司法解释不符。

（五）指示交付与抗辩

在指示交付制度中，是否存在有关抗辩或抗辩权，意见不一致。有的学者认为，如果转让人对第三人的返还原物请求权不能行使，或行使遇到障碍，是否可以发生物权变动的效果值得探讨。例如，转让人与第三人之间存在着保管关系，因转让人未支付保管费用，第三人因此享有留置权，第三人留置该物拒绝返还，此时是否能够在转让人与受让人之间发生物权变动的效果呢？这一观点认为，如果转让人不能实际行使返还原物的请求权，也就不能通过指示交付发生物权变动。在转让人自己都不能行使物权时，自然不能将这种有瑕疵的权利转让给受让人。因为请求权转让后才能代替交付，请求权有瑕疵就无法转让，物权也就不能发生变动。❷ 相反的观点则认为，上述观点混淆了基于指示交付发生的物权法效果和债法效果。指示交付为交易便捷计，无须占有媒介人从中协助，同时也考虑了占有媒介人在原占有媒介关系中的抗辩利益。指示交付的所有权变动后，占有媒介人可以援引《合同法》第 82 条，其基于占有媒介关系得以向出让人主张的抗辩也可以向受让人主张。由此，占有媒介人作为债权让与关系中当事人的利益，并未因所有权移转而受损。❸

诚然，采纳指示交付可以产生物权变动效力，必然使该交易具有高风

---

❶　吕君美诉土船等买卖合同纠纷案，山东省青岛市李沧区人民法院（2016）鲁 0213 民初 3116 号民事判决书。

❷　王利明：《物权法研究》（上册），中国人民大学出版社 2012 年版，第 378 页。

❸　庄加园：《基于指示交付的动产所有权移转——兼评〈中华人民共和国物权法〉第 26 条》，载《法学研究》2014 年第 3 期。

险或不确定性。❶ 但是我们赞同指示交付制度不排斥有关抗辩或抗辩权的观点，理由如下。首先，相关立法例可资借鉴。《德国民法典》第986条第2款规定："动产依第931条之规定，因返还请求权之让与以代物之交付者，其占有人得以其对于该让与之请求权所得主张之抗辩，对抗新所有人。"占有代理人是否能够以对让与人所享有的租赁、寄存等合同关系对抗受让人？对此问题，我妻荣认为，日本民法虽然欠缺此类规定，但是应当和德国民法作同样的理解。这是因为，所谓让与人对占有代理人作出此后为受让人之目的而应为占有旨意的指示，应该理解为是做出了占有代理人在对原让与人所享有的同样的法律关系中为受让人之目的而应为占有旨意的指示。❷ 其次，《物权法》第26条关于指示交付的设计并未排斥有关抗辩或抗辩权的存在和可能，其他法律法规也没有关于《物权法》第26条适用时不得抗辩的明文规定。再次，作为动产物权变动原因的常态的现实交付场合，允许有关抗辩或抗辩权的存在和适用，对此法学界没有反对意见。按照相似的事物相同处理的原则，作为代替现实交付的指示交付规则也不应当一律排斥抗辩或抗辩权。诚然，现实交付的公示性强，指示交付的公示性弱，在受让人善意与否的判断、对于第三人合法权益保护等方面，它们二者所含抗辩或抗辩权可能存在些许差异，但不至于指示交付场合的抗辩或抗辩权全部被排斥。再次，《合同法》第83条规定："债务人接到债权转让通知时，债务人对让与人享有债权，并且债务人的债权先于转让的债权到期或者同时到期的，债务人可以向受让人主张抵销。"尽管债权转让与债权的返还请求权不完全相同，但在许多情况下可以忽视其差异点；尽管抵销与抗辩分属不同的法律制度，在相互抵销的两项债务分属于不同的法律关系的场合，本该抵销的主张若不提起反诉或者反请求，难获裁判者的支持，但在属于同一非典型法律关系中的两项债务抵销时，则应允许通过抗辩来对抗原告或申请人的请求，不必苛求反诉或反请求的形式。如果这些看法成立，那么，《合同法》第83条的精神可以用于指示交付制度是否含有抗辩或抗辩权的问题，结论是指示交付制度不宜一律排斥抗辩或抗辩权。❸ 最后，我们还认为，承认指示交付下第三人的抗辩或抗

---

❶ 高富平：《物权法原论》（第二版），法律出版社2014年版，第444页。
❷ ［日］我妻荣：《新订物权法》，罗丽译，中国法制出版社2008年版，第201页。
❸ 崔建远：《物权法视野下的指示交付》，载《法律适用》2014年第10期。

辩权，有利于保障第三人的利益，法律必须保证占有媒介人作为债权让与关系中的第三人的利益不能因所有权移转而受损。

（六）拟制交付与指示交付

1. 指示交付是否包括拟制交付

物权法理论上还有所谓拟制交付，即仓单、提单所记载的物品的交付，出让人将该证券交付给受领人时，即产生与交付动产本身相同的法律效力，而无须交付物品本身。须指出的是，拟制交付所交付者应当为物权凭证而非债权凭证。如面包店投入市场的面包券即非物权凭证，交付面包券时不能适用拟制交付规则发生物权变动。

首先，拟制交付是否为指示交付所包含存在学理争议。谢在全认为，动产物权业经证券化者，其物权之变动须以交付表彰动产物权之证券以代替该动产的交付，例如仓单、提单所载物品的交付，于交付该证券与有受领权人时，与交付物品有同一效力（"台民"618、629，海104）。因此等证券为物权证券，动产之权利以证券表彰之，持有证券者即与占有动产同，对动产权利之行使也须依证券而为之，故此等动产物权的变动须以交付其所表彰的证券为之，或尚须有背书者，是已无指示交付的适用。❶ 大陆的梁慧星也赞同该观点，因为此等证券为物权证券，动产物权系内蕴于证券中，持有证券即意味着占有动产本身，故此等物权变动通常以交付证券方式为之。换言之，动产物权已证券化为仓单、提单等证券，此类证券的交付或背书代替动产的交付，从而发生动产物权变动的效力。且可以《海商法》第79条为据。❷ 据此，根据上述观点，似不能将拟制交付当作指示交付的一种类型。但王泽鉴著作中却将似乎认为拟制交付是指示交付的一种❸，朱岩等亦持类似观点❹。我们赞同拟制交付区别于指示交付的观点，后者不能包括前者。这是因为，提单、仓单转让时无须通知承运人、保管人即可发生物权变动，而指示交付却要求通知第三人。

其次，不得不承认《物权法》第26条为适用于通过提单、仓单转让物权提供了可能性。《物权法》第26条并未如草案规定要求必须通知第三

---

❶ 谢在全：《民法物权论》（上册），中国政法大学出版社2011年版，第93页。
❷ 梁慧星、陈华彬：《物权法》，法律出版社2010年版，第95—96页。
❸ 王泽鉴：《民法物权论》，北京大学出版社2010年版，第99页。
❹ 朱岩、高圣平、陈鑫：《中国物权法评注》，北京大学出版社2007年版，第156页。

人。这种变化的积极意义在于提供了一种可能性，通过法律解释将该条规定适用于通过转让提单或仓单来转让动产物权的行为。当然，其前提条件是法律明确承认提单与仓单属于物权凭证，记载了一项所有物返还请求权，而且在转让提单或仓单时，处于第三人占有之下的动产仍归让与人所有。然而，这两个条件在我国现行法律框架内并不具备，至少提单的转让不具备这两个条件：海商法没有明确规定提单以物权凭证的效力，按照合同法的相关规定，货交承运人后其所有权即转归买卖合同的买受人，持有提单的出卖人并不能依法保有货物所有权，若将该提单转让给第三人（如信用证的开证银行）在法律上并不能导致所有物返还请求权的移转。另外，上述条文的变化还存在负面效应：不涉及提单或仓单的普通动产如果在转让时处于第三人占有之下，指示交付应当如何操作？是否需要通知第三人？由谁通知？对于这些问题，《物权法》第26条未作明文规定，这样必将导致在实践中法律规则适用的不确定性，引发一些不必要的争议。由此可见，《物权法》第26条存在比较大的缺陷，不但不能真正涵盖拟制交付，而且还影响指示交付规则本身的功能，应当对此予以修改完善。拟制交付在性质上属于指示交付的特殊方式，我们认为，应当分别对二者作明确规定。可以在《物权法》第26条关于指示交付的规定后设立一个但书条款来规定拟制交付在物权变动中的公示效力。

2. 我国未来物权法应当规定拟制交付

我国现行的相关立法没有考虑到提单、仓单等单证项下的动产物权变动的特殊性，对于单证持有人的利益缺乏应有的关注，不利于这些单证的流通，其弊端极为明显。尤其是我国已经加入WTO，涉外货物贸易日渐增多，提单、仓单等货物单证的地位日益显要，按照国际上通行的做法，这些单证的转让属于拟制转让，可以作为物权变动的一种有效的公示方法，我国现行的立法与此相异，违背潮流，不利于与国际接轨。我国应当借鉴国际上通行做法，明确把可转让提单、仓单定性为物权凭证，规定其转让可以产生物权变动的效力。

在立法例上，关于拟制交付存在三种可供选择的立法方案：第一种方案，在我国合同法中对于买卖合同标的物的拟制交付作特殊规定；第二种方案，在海商法以及其他法律中，分别明确地承认提单、仓单的交付与货物的现实交付一样，都具有物权变动的公示效力；第三种方案，在物权法中对拟制交付作出专门规定。我们认为，第三种立法方案最可取。拟制交付在物权变动中的公示效力属于物权法上的问题，本来就应该由物权法加以规定。合同法所要解决的是合同当事人之间的债权债务关系问题，海商法所要解决的是托运人与承运人、提单持有人与承运人之间的权利义务关系问题，二者本来就不该对物权变动问题加以规定，否则就是越俎代庖。在物权法中对拟制交付在物权变动中的公示效力问题设立一条统一的规则，既能解决物权凭证项下动产所有权的移转问题，又能解决该动产的其他形式的物权变动问题，而且该规则还可以适用于包括可转让提单、可转让仓单在内的所有类型的物权凭证，能够克服对各种物权凭证的物权公示效力分别加以规定所带来的立法技术上的缺陷。❶

拟制交付在性质上属于指示交付的例外情况，因此可以在物权法关于指示交付的规定之后设立一个但书条款来规定拟制交付在物权变动中的公示效力。

具体而言，可将《物权法》第 26 条修改为：

第 1 款：动产物权设立或转让时，该动产被第三人占有的，可以通过向受让人移转该动产的返还原物请求权代替实际交付，出让人或受让人应当将此种情形通知该第三人。未经通知或第三人承诺的，该物权变动不能对抗善意第三人。

第 2 款：上述动产的返还原物请求权如果已作成物权凭证，出让人应向受让人转让该物权凭证。此种情形，出让人不必将物权的设立或转让通知第三人。

第 3 款：前款所称的物权凭证，是指行使动产的返还原物请求权所必需的单证，包括可转让提单、可转让仓单以及其他类似单证。❷

---

❶ 王崇敏、李建华：《物权法立法专题研究》，法律出版社 2012 年版，第 146—149 页。
❷ 杨代雄：《拟制交付在物权变动中的公示效力》，载《重庆工学院学报》2008 年第 6 期。

让与担保的法律构造

一、司法判决之乱象

近年来，当事人之间以让与担保担保民间借贷的做法较为普遍，相应的纠纷也日益增多。在审判实践中，对于让与担保性质与效力的认定，不同法院时常会有截然相反的结论。最高法院民一庭两则泾渭分明的判决——"嘉美公司案"和"朱俊芳案"——不但淋漓尽致地展现了此类民事法律关系所蕴含的争议，也充分暴露了法院在观点上的冲突与不一致。为了实现人民法院裁判的统一，为了维护当事人的切身利益，2015 年出台的《最高人民法院关于审理民间借贷案件适用法律若干问题的规定》第 24 条对让与担保加以规定，"当事人以签订买卖合同作为民间借贷合同的担保，借款到期后借款人不能还款，出借人请求履行买卖合同的，人民法院应当按照民间借贷法律关系审理，并向当事人释明变更诉讼请求。当事人拒绝变更的，人民法院裁定驳回起诉。按照民间借贷法律关系审理作出的判决生效后，借款人不履行生效判决确定的金钱债务，出借人可以申请拍卖买卖合同标的物，以偿还债务。就拍卖所得的价款与应偿还借款本息之间的差额，借款人或者出借人有权主张返还或补偿。"从司法实务来看，早在合同法颁布之前，就有判决承认让与担保条款的效力，但实践中，鲜有判例直接以让与担保作为审理"以房抵债协议"的裁判依据。司法实务中，法院对于让与担保尤其是不动产让与担保的态度并不明朗，很大程度上是因为让与担保协议是否违反物权法定原则，是否属于流押条款，买受人基于让与担保能否取得房屋的所有权，还是仅享有优先受偿权或合同债权，抑或均不享有（合同无效），种种疑问困扰着司法实践。[1]

---

[1] 陆青：《以房抵债协议的法理分析——〈最高人民法院公报〉载"朱俊芳案"评释》，载《法学研究》2015 年第 3 期。

首先来看"朱俊芳诉嘉和泰公司商品房买卖合同纠纷案"。2007 年 1 月 25 日，朱俊芳与嘉和泰公司签订 14 份"商品房买卖合同"，约定朱俊芳向嘉和泰公司购买 14 套目标商铺，并于同日办理了销售备案登记手续，嘉和泰公司出具了相应销售不动产发票。2007 年 1 月 26 日，双方签订"借款协议"，约定嘉和泰公司向朱俊芳借款 1100 万元。嘉和泰公司自愿将其开发的目标商铺抵押给朱俊芳，抵押的方式为："和朱俊芳签订商品房买卖合同，并办理备案手续，开具发票"，"如到期偿还借款，则将抵押手续（合同、发票、收据）退回，到期不能偿还，将以该抵押物抵顶借款，双方互不支付对方任何款项"。该借款到期后嘉和泰公司未能偿还，朱俊芳诉至法院，请求确认"商品房买卖合同"有效，判令嘉和泰公司履行该合同。最高人民法院认为，当事人实际上是先后设立商品房买卖和民间借贷两个合同，均为依法成立并已生效的合同；但该两份合同并立又有联系，即以签订"商品房买卖合同"的方式为之后"借款协议"所借款项提供担保，"借款协议"又为"商品房买卖合同"的履行附设了解除条件，即借款人到期不能偿还借款的，朱俊芳不能通过该约定直接取得"抵押物"所有权，而必须通过履行"商品房买卖合同"来实现，故该约定非法律上禁止的绝押条款，并不违反法律、法规的强制性规定。❶

其次来看"杨伟鹏诉嘉美公司商品房买卖合同纠纷案"。2007 年 6 月 27 日，杨伟鹏与嘉美公司签订"商品房买卖合同"，购买目标商铺 53 间。当日，杨伟鹏向嘉美公司支付了购房款 340 万元，嘉美公司向杨伟鹏开出了"销售不动产统一发票"，但该发票由嘉美公司持有。次日，双方对销售的 53 间商品房进行了备案登记，房产局为上述 53 间商品房出具了"商品房备案证明"。但是，嘉美公司一直未按约定交付目标商品房从而引发纠纷。最高人民法院认为，在双方证据均有缺陷的情况下，认定双方的真实意思表示是借款法律关系，签订"商品房买卖合同"的目的是担保债务的履行；但双方未办理抵押登记，因此应当适用物权法有关禁止流质的原则，在债权人实现担保债权时，以拍卖或者变卖担保财产的方式受偿。最终，再审撤销了、一审二审法院的判决，驳回了杨伟鹏要

❶ 王春梅：《乱象与治理：买卖型担保之定性分析——以最高人民法院的判决为视角》，载《河南大学学报》2016 年第 5 期。

求交付的诉讼请求。❶

上述两个案例的案情基本一致，稍有不同之处在于"朱俊芳案"当事人双方约定了担保方式。但法院的分析思路是前后矛盾的，有时将买卖型担保解释为附解除条件买卖而有效，有时将买卖型担保解释为非典型担保违反流质条款而无效，有时又将买卖型担保解释为借贷担保，甚至否定买卖合同的担保性而认定为借贷或买卖。❷ 学者总结为两种路径。一是"名为买卖，实为借贷（或借款担保关系）"，这是审判实践中较为普遍的认定"以房抵债"协议的方式。这一"名为买卖，实为借贷"的实质认定方式，实际上否定了当事人具有房屋买卖的真实意图。其法理在于将"以房抵债协议"中的买卖合同认定为当事人所作的通谋虚伪表示，即当事人仅仅具有买卖合同的外观形式，而其真意在于设定借贷关系，并以房屋的买卖作为履行借款合同的保障方式。二是"名为买卖，实为让与担保或后让与担保"。但是，在承认让与担保上又存在诸多困扰，最主要的原因在于，现行法上让与担保缺乏一定的公示手段，因此无法真正发挥其就特定担保物优先受偿的担保功能。❸

二、让与担保的概念与特征

（一）让与担保的概念

让与担保多作为一种非典型担保以习惯法的形式出现，通过判例得到认可。法国在 2007 年的信托法改革中将让与担保以信托的形式在法国民法典中肯认，有学者指出法国的让与担保制度已经属于一种典型担保。即便如此，在世界大多数国家，其仍然只是一种非典型担保。也正因如此，对让与担保的概念很难进行严格统一的界定。按照学理上的通说，让与担保属于权利移转型担保的一种。其最早起源于罗马法，18 世纪后半期，德国

❶ 王春梅：《乱象与治理：买卖型担保之定性分析——以最高人民法院的判决为视角》，载《河南大学学报》2016 年第 5 期。

❷ 王春梅：《乱象与治理：买卖型担保之定性分析——以最高人民法院的判决为视角》，载《河南大学学报》2016 年第 5 期。

❸ 陆青：《以房抵债协议的法理分析——〈最高人民法院公报〉载"朱俊芳案"评释》，载《法学研究》2015 年第 3 期。

在信托法律行为理论的基础上通过判例和学说确立了现代意义上的让与担保理论，主要频繁适用于动产和债权领域，因此我国学者将德国的让与担保译为"动产担保性所有权让与"和"担保性债权让与"❶。我国台湾地区，虽在初始未采用德国的让与担保制度，借鉴美国动产担保法律制定了台湾"动产担保交易法"，主要用于贷款融通资金的信托占有，但由于其以让与担保法理为基础进行构造，因此有学者提出应直接以让与担保替代信托占有之名称。

在广义上使用让与担保这一词时，其含义为通过移转担保标的物来达成授予信用之目的的一种制度。它有两种形态。一种是通过买卖的形式来授予信用，此时授予信用者没有请求返还货款的权利，而只能由被授予信用者返还货款从而取回标的物。另一种是以债权的形式来授予信用，此时授予信用者可以请求返还货款，被授予信用者如果不返还货款的话，授予信用者可以在标的物上行使权利来得到满足。也就是说，前者的授予信用与债权没有任何关系，而后者的授予信用是以债权为基础的。从"担保"这一名称来看，后者不仅更好地符合了这一点，而且从授予信用这一经济目的来看，后者也更加合理。所以，虽然签订什么样的契约是当事人的自由，不过在一般情况下应该推定所签订的契约为后者。❷

让与担保是指债务人或第三人为担保债务人之债务，将担保标的物之财产权移转于担保权人，而使担保权人在不超过担保之目的范围内，取得担保标的物之财产权，于债务清偿后，标的物应返还于债务人或第三人；债务不履行时，担保权人得就该标的物受偿之非典型担保。此项标的物之财产权以所有权为最多，而担保权人则以债权人为常。❸ 例如，甲欠乙100万元，为担保其清偿，甲将自己所有的一套房屋移转于乙，届期甲如清偿债务，乙应将房屋所有权返还甲；如未能清偿债务，那么乙可将该房屋变卖，就其卖得价金受自己债权的清偿。

---

❶ ［德］鲍尔、施蒂尔纳：《德国物权法》（下册），张双根译，法律出版社2004年版，第598、640页。

❷ ［日］我妻荣：《新订担保物权法》，申政武、封涛、郑芙蓉译，中国法制出版社2008年版，第539页。

❸ 谢在全：《民法物权论》（下册），中国政法大学出版社2011年版，第1100页。

（二）让与担保的特征❶

首先，让与担保为担保债务之清偿系以移转标的物所有权之方式为之，此与典型之物的担保系以标的物设定定限物权为之，无须移转标的物所有权者不同。按物的担保有典型担保与非典型担保之分。民法上所规定之抵押权、质权与留置权即为典型担保，系以标的物设定具有担保作用之定限物权为其构造型态，标的物所有权仍存留于设定人之手，并不移转于担保权人。而非典型担保则为非民法上所规定之物的担保，而系社会交易上所发展出来的新担保型态，其主要特色在于其权利构造不是以非债权人之财产设定担保物权之方法为之，却系以所有权与占有分离，而债权人则控制担保物的所有权方式以实现担保债务的目的。让与担保并非民法上所规定的担保物权，而系以移转标的物所有权于担保权人之方式，实现债务担保的目的，故系非典型担保，且在非典型担保中占有重要地位。

其次，移转标的物所有权系以担保债务之清偿为目的。让与担保之成立系为担保债务人的债务，此即为让与担保成立的经济目的。准此，担保权人虽取得标的物的所有权，然担保权人仅可于此目的范围内行使其所有权，因此：① 于债务清偿时，标的物所有权应返还于让与担保之设定人；于债务不履行时，担保权人始得就标的物受偿，故担保权人取得标的物所有权系暂时性。② 让与担保之设定人所授与担保权人者乃超过其经济目的之权利。担保权人就其与设定人之内部关系而言，应仅于担保债务清偿之经济目的范围内取得受让之所有权，为免担保权人逾越此项目的行使其权利，因此当事人间通常均定有信托约款以规范其间的权利义务关系，担保权人行使所有权即应受其限制。③ 目的因系在担保债务之清偿，担保权人自不能取得受债权清偿以外之利益。易言之，于债务不履行时，担保权人固得就标的物取偿。其取偿之方法或系由担保权人变卖标的物，以卖得之价金抵偿债务；或由担保权人就标的物予以估价后，确定取得标的物所有权，以抵偿债务。但无论何者，担保权人均负有清算之义务。因之，若担保物价值超过担保债权额时，担保权人就超过部分有返还之义务。

再次，担保权人对债务人有担保债权存在，故担保权人对债务人有债务清偿之请求权，此与非典型担保中的买回，出卖人仅有买回标的物之

---

❶ 参考谢在全：《民法物权论》（下册），中国政法大学出版社 2011 年版，第 1100—1102 页。

权，而无应清偿之债务者有别。又让与担保之设定人常为债务人，但第三人也可担当，这与民法上的典型担保相同。至标的物通常以动产或不动产所有权为最多，不以此为限，凡具有让与性的财产权或其他未定型化的财产权均可为让与担保之标的物，故其标的物范围较诸民法上的典型担保广泛得多。

三、让与担保与相关概念的区别

（一）让与担保与卖渡担保的区别

日本最早的让与担保制度称为卖渡担保或卖渡抵押。后又将"卖渡"只用于和债权没有关系的情形，称为卖渡担保，而把和债权有关（比如签订借款契约，为了担保该债务而移转担保物）的情形称为让与担保。让与担保，其含义从来有广狭二义。凡以移转担保标的物之所有权或其他权利来保障债权清偿的，为广义的让与担保，包括狭义的让与担保和卖渡担保两种。狭义的让与担保，指债务人或第三人为担保债务人之债务，将担保标的物之权利移转于担保权人，于债务清偿后，标的物复返归于债务人或第三人，债务不履行时，担保权人得就标的物受偿的非典型担保。通常所谓的让与担保，仅指狭义的让与担保。

卖渡担保，又称"卖与担保"或"买卖的担保"。它是与让与担保相类似的制度。但是，卖渡担保又与让与担保存在相当大的差异。举其要者，至少有以下三点：

其一，在让与担保关系中，债权人与债务人间存在债权担保关系，债务人届期不履行债务时，债权人得行使其让与担保权，或确定地取得标的物所有权，抑或就标的物变卖所得价款优先受偿；而在卖渡担保法律关系中，买受人与出卖人之间，因不存在债权担保关系，故买受人无请求出卖人清偿债权的权利。唯出卖人可依约定返还价款而回复其标的物。换言之，在卖渡担保，买主无请求出卖人返还价款的权利，但一旦出卖人返还了价款，即有权取回标的物。可见，卖渡担保虽具有和让与担保相同的经济功能，但在不残存债权关系这一点上，二者又有明显的差异。其二，在让与担保，一般而言，如标的物灭失时，让与担保权人仍得就债务人的一般财产求偿其债权；而卖渡担保关系中的买受人则无此项权利。换言之，该项危险由买受人自己负担。其三，于债务不履行、让与担保之债权人就标的物受偿其债权时，让与担保权人负有清算义务。易言之，让与担保权人此时应将标的物变价所得价款抵偿债权之后的余额返还给设定人（债务人或第三人），倘有不足，则仍得向债务人求偿。而在卖渡担保，买受人则并无此项清算义务，以标的物抵偿债务时，纵有不足，也无权向出卖人再行求偿。❶

但是，在交易中上述区分并没有被彻底地表现出来。当事人的意思虽为上面所提到的让与担保，但却使用了卖渡担保或者卖渡抵押的名称，像这样的例子即使在今天也很多。❷ 因之，实际判定何为让与担保、何为卖渡担保时，不仅应从形式（如是否有"买回""价金"等用语）上判定，更重要的还须针对具体个案、从探求当事人之真意，以及是否存在债权关系等方面判定。如依此仍不能判明时，按照现代判例与学者通说，应推定为让与担保。因为作为债权担保制度，让与担保无论如何都较卖渡担保更合理妥恰，也更能合乎担保制度的本旨。❸

（二）让与担保与买回的区别

买回规定在日本民法典债权编第二章契约之第三节买卖中，在日本学理上，直接将其认定为是为担保目的而进行的买卖，故被作为变相担保进行研究。

附买回的买卖既然是因担保目的所作的买卖行为，就要有被担保债权的存在。民法上买回的标的物为不动产。买回有四个条件。一是买回的同时性，即买回权的设定是在签订买卖合同的同时做出附买回的约定，这是为了使买卖合同从一开始就要服从解除权的限制。二是买回价金的同额性。买回是封建时代用益质的反映，买回价金与最初的买卖价金同额，这是为了防止规避利息限制法，因此，不用返还契约费用的特别约定当然有效。三是利息与孳息相抵。买主取得标的物的用益权能，用益价值（孳息）视为与利息对等。四是买回期间被限制为 10 年，买回已确定期间的，

---

❶ 陈华彬：《物权法原理》，国家行政学院出版社 1998 年版，第 761—762 页。

❷ ［日］我妻荣：《新订担保物权法》，申政武、封涛、郑芙蓉译，中国法制出版社 2008 年版，第 540 页。

❸ ［日］铃木禄弥：《物权法讲义》，创文社 1994 年版，第 312 页。转引自陈华彬：《物权法原理》，国家行政学院出版社 1998 年版，第 762 页。

其后不能将其延长，买回未确定期间的，须于 5 年内买回，因超过买回期间买回权失效，以避免不动产的归属长期处于不安定状态。买回约定的对抗要件是要在最初的买卖所有权移转登记中，作买回约定的附记登记，且登记与买卖合同同时进行。日本学界认为买回权是形成权性质，通过买回权人对原买受人为意思表示即可，但因买回制度被（变相）担保化，故《日本民法典》第 583 条规定，出卖人非在第 580 条规定的期间内提供价金及契约费用，不能实行买回。为防止买主获取暴利，日本民法导入清算法理，买卖价金和标的不动产价额背离明显时，原买受人必须进行清算。实际上导致买回权不是到超过买回期间时为止，而应理解为到清算金支付时为止。❶

日本学界认为，让与担保的基础是买回，因而如果一定要对它们进行区分的话，首先应着眼于占有方式上的不同。买回在日本民法典中被置于"买卖"的担保制度（权利移转型担保）部分，因为"买卖"中，买主占有标的物的权限是清楚的，所以本来的买回依然是"质押"形态的担保方法（占有担保）。而让与担保基于买卖 + 租赁之方式，依据租赁合同法理而成立"抵押"形态的担保方法（非占有担保）。但是，对于以占有为基准而形成的"占有严格区别论"在日本学界也受到质疑。因为就标的物的占有而言，让与担保的一般形态为担保提供人占有标的物，而买回的本来形态为买受人占有，这可能在一般意义上可以将让与担保与买回区别开来，但就让与担保，亦有被担保人占有标的物，买回也有出卖人占有标的物，因此，在日本民法中，对于让与担保、买回在采担保权结构来说明的时代，这种区分已经无多大实际意义，"只不过是把新的担保手段塞进现行民法时作了现象的整理"而已。其次，让与担保中债权人对债务人有借贷资金的返还请求权，即可请求债务人依约履行，而买回约定中并不伴随着已融金钱的返还请求权。再次，让与担保无期限的限制，而买回则在各国均有期限的规定。❷

---

❶ 向逢春：《让与担保与买回制度之比较研究》，载《武汉大学学报（哲学社会科学版）》2014 年第 1 期。

❷ 向逢春：《让与担保与买回制度之比较研究》，载《武汉大学学报（哲学社会科学版）》2014 年第 1 期。

（三）让与担保与后让与担保

所谓后让与担保，是指担保标的物权利的转移并不在签订不动产买卖合同时实际履行，但债权人享有以担保标的物优先受偿的担保物权。该观点一经提出就遭到了质疑，有人认为"后让与担保"是抵押权的一个变形，没有独立存在的价值。还有人认为，后让与担保与让与担保的区别主要体现在担保物的所有权等权利的移转时间，而在其他方面，尤其是权利转移的性质、价值、功能以及定位等方面并无本质区别。有学者认为，后让与担保的独立存在价值主要体现在以下几个方面❶：

（1）在权利移转时间上，在签订借贷合同到借款到期之前这个期间，买卖合同并未实际履行，这明显不同于狭义的让与担保所规定的权利预先移转的情形。这是两者最明显的区别。

（2）在权利状态上，让与担保以一种既得的状态取得了标的物的所有权。而后让与担保取得的是对标的物将来所有权的有限制的期待权，而非对标的物的直接享有，且这种期待权在将来的成就是附条件的。

（3）两者最根本的区别还是在担保的效果上。让与担保中的债权人在取得担保物所有权的期间，虽然负有不得处分该担保物的义务，但其一旦违反该项义务，对担保物进行处分，由于其具有外观上的所有权，根据物权法第 106 条规定的善意取得制度，担保人对担保标的物的所有权很可能遭受侵害。而后让与担保由于享有的仅是对担保物的期待权，其所凭借买卖合同所享有的对担保物主张所有权的权能并不具备完善的保护措施，在此期间如果债务人将该标的物擅自处分于第三人，债权人很可能面临担保物无法实际履行仅能主张债权性质担保的尴尬。显然，让与担保和后让与担保相比，对债权人的保护效果有根本性的区别，前者更强，也更为直观。

该学者进而提出，让与担保和后让与担保应是并列而非包容关系，后让与担保具有独立于让与担保存在的价值。在理论和实务上应对让与担保重新做严格界定，即仅指狭义的让与担保，避免其与后让与担保发生混淆。

---

❶ 此处让与担保和后让与担保的主要区别参考了董新辉：《后让与担保的重新解读——以〈民间借贷司法解释〉第二十四条为中心》，载《学术交流》2016 年第 7 期。

我们认为，让与担保和后让与担保仅仅在担保物的所有权移转时间上略有不同，但并不存在本质区别，可以统称为让与担保。

四、让与担保的有效性与法律构造

（一）让与担保的有效性

让与担保是否有效，于其发展过程中曾有下列争议。

1. 让与担保系通谋虚伪的意思表示，应属于无效

《民法总则》第146条规定："行为人与相对人以虚假的意思表示实施的民事法律行为无效。以虚假的意思表示隐藏的民事法律行为的效力，依照有关法律规定处理。"设定人将标的物的权利移转于担保权人仅属形式，实质上并无移转标的物权利的意思，故属双方通谋而为虚伪移转所有权的意思表示。此项见解在德国普通法时代与日本明治末年、大正初年出现，其后即未见据此径认为无效者。实务中认其为通谋虚伪意思表示，不过隐藏有其他法律行为者，则曾一度盛行。按当事人就让与担保之约定，乃出于真正之效果意思而为表示，与通谋虚伪意思表示，双方当事人间故意为不符真意的表示，欠缺效果意思者，显有不同，故让与担保非通谋虚伪意思表示，昭然甚明。于外国学说与实务上已再无此项见解出现。❶ 我们认为，实质上双方当事人转移所有权只是让与担保的外在表现形式，双方的本意乃是以此设定担保，双方并无真正转移标的物所有权的意思，而设定担保却是双方真实的效果意思，这与欠缺效果意思的通谋虚伪意思表示不同。

2. 让与担保系脱法行为，违反法律禁止规定，故应属无效

流质约款为法律所禁止，且动产质权之设定，法律明定不得以占有改定方式为之。而让与担保于设定时，标的物所有权已经移转于担保权人，担保标的物无论动产与否通常均依订立租赁合同等方式，使设定人仍得继续占有标的物，此显系以迂回手段，达到法律所欲禁止之行为，自属脱法行为。动产质权的设定不得以占有改定为之，乃为贯彻质权之留置效力担保作用，而让与担保之担保作用非在留置效力，而系在取得标的物之受偿

---

❶ 谢在全：《民法物权论》（下册），中国政法大学出版社2011年版，第1104—1105页。

权，故让与担保不生脱法行为之问题。让与担保之设定，标的物之所有权虽已移转于担保权人，然就担保权人与设定人间之关系而言，担保权人尚非确定取得标的物之所有权，于债务人不履行债务时，担保权人仍应履行标的物估价或变卖，以标的物抵偿或以其价金受偿之程序。亦即担保权人仍有清算义务，于标的物估定或卖得之价金逾担保债权时，就超过部分负有返还之责，纵于承受标的物抵偿债务时亦同，非当然取得标的物所有权。准此以观，让与担保与现行之流质约款规定已无违反，故让与担保不生回避流质约款规定的问题。❶

3. 让与担保系法律所未规定的新担保物权，其设定违反物权法定主义，应属无效，但可能发生债权效力

如"伍锦文与黄艺兴追偿权纠纷案"，二审法院认为"案涉《让与担保合同》约定，为确保主合同的履行，黄艺兴同意以反担保保证人身份将土地转租权及该地上盖物的所有权转让给某力公司，某力公司取得上述租赁土地及该地上盖物的使用权，无须再向黄艺兴支付任何转让费用；黄艺兴以租赁土地使用权及该地上盖物的所有权转让给某力公司，作为主合同所有债务的反担保。上述合同约定的内容，不符合现有法律关于担保物权的规定，不产生物权效力。但该合同是某力公司与黄艺兴在平等自愿的基础上签订的，双方意思表示真实一致且不违反有关法律、行政法规的效力性强制性规定，有效成立，双方均应受到合同的约束。现黄艺兴违反合同约定，擅自处分合同标的物，已构成违约，依据《中华人民共和国合同法》第一百零七条、第一百一十四条第一款及《让与担保合同》第十三条的规定，应向伍锦文支付违约金 603811.404 元（即代偿款 3019057.02 元 × 20%）。"❷ 本案审理法院就认为让与担保不发生物权效力。但是有学者提出，惟让与担保之基本法律构造乃标的物财产权之移转加上信托行为的债的关系。故并非创设法律所未规定之担保物权，自无违反物权法定主义可言。❸ 之所以在承认不动产让与担保上存在诸多困扰，最主要的原因在于，现行法上让与担保缺乏一定的公示手段，因此无法真正发挥其就特定担保

❶ 谢在全：《民法物权论》（下册），中国政法大学出版社 2011 年版，第 1105—1106 页。

❷ 伍锦文与黄艺兴追偿权纠纷案，广东省佛山市中级人民法院（2014）佛中法民二终字第703 号民事判决书。

❸ 谢在全：《民法物权论》（下册），中国政法大学出版社 2011 年版，第 1106 页。

物优先受偿的担保功能。而实践中的"以房抵债"协议无非两种可能。一种情况是，当事人没有根据房屋买卖合同办理产权变动登记，在这种情况下，买受人在订立买卖合同时无法取得房屋的所有权（即使是暂时性的），因此不符合传统让与担保的构成要件。另一种情况是，债权人或买受人根据房屋买卖合同办理了产权变动登记，但由于实务中并不将让与担保作为一种可登记的物权类型，这种登记只能表现和公示为所有权的直接移转。如果司法实践否定以房抵债协议中的买受人可以取得房屋的所有权，认定该协议属于让与担保而非买卖，但缺乏一定的公示方式与法律认可，当事人如何可以取得（相对于其他债权人的）优先受偿权？而如果买受人（债权人）无法取得优先受偿权，让与担保的担保功能也就无从体现。❶

4. 让与担保本质上是抵押权

有学者认为，让与担保有悖于物权法定原则的认识多半源于误解。让与担保和所有权保留都是法定担保物权之外的非典型担保。两者在法律形式上都是借助所有权移转而实现：前者的所有权移转预先发生，后者的所有权移转发生于价款付清时。其共同的原理都是契约自由的方式，根据所有权的变动，以达到债权担保的经济目的。让与担保本身并未创设新的物权类型，也未新设物权的内容，与物权法定原则并不冲突。❷ 所以，立法者无须为让与担保量身定制一套规则，完全可以根据现行法对其解释。

为此，有的学者提出，让与担保并非一种不能为现有法定担保物权所涵盖的习惯法担保物权。之所以得出这一结论，原因如下。首先，"让与担保"在我国物权法起草过程中前受厚托、后遭摒弃的境遇，其实质就是"让与担保"这一概念的外延被抵押权概念的外延所涵盖导致的。因为，我国物权法关于抵押权的概念内涵与外延已今非昔比，其已经演变成今日之所有"法律、行政法规不禁止的财产"都可以抵押的担保物被"泛化"了的抵押权。由此，让与担保被涵盖在了"抵押权"这一概念项下。也就是说，原来可以独立成章并可入"典"的让与担保制度，因为抵押权概念内涵与外延的逐步扩展并最终被"泛化"而涵盖在了抵押权概念项下。因

---

❶ 陆青：《以房抵债协议的法理分析——〈最高人民法院公报〉载"朱俊芳案"评释》，载《法学研究》2015 年第 3 期。

❷ 谢在全：《民法物权论》（下册），中国政法大学出版社 2011 年版，第 1106 页。

而，如果单从形式上讲，让与担保因抵押权概念的泛化而被挤压出局；如果仅从内容上看，原有的让与担保制度已经被抵押权概念整体收编，内含于抵押权制度之中了。从概念逻辑上分析，动产让与担保本质上是动产抵押权，那么，不动产让与担保在本质上也就可以是不动产抵押。其次，从不动产让与担保概念的"实"来分析，虽然其"名"为不动产让与，但究其法律关系的"实"，就是借款人为担保其借款之偿还，而在未来可能为自己所有的不动产上为出借人设定的担保物权。该所谓的不动产所有权让与，也绝非通常所言的不动产所有权让与。该不动产所有权让与的目的仅在于以此所有权让与来担保借款债权的实现。所以，这一不动产让与不具有目的意义而仅具有工具意义——如果其所担保债权因清偿等原因而实现，则该让与之不动产所有权就失去了其得以发挥作用的条件，其须依约定返回到借款人。如果其所担保的债权到期不能清偿或者发生当事人约定的让与所有权的其他原因，则依约定债权人得以"行使商品房买卖合同交付房屋的债权，用交付的房屋所有权清偿债务，消灭债权"。再次，从不动产让与担保的实现来分析，受让不动产所有权不是债权人实现债权的最终方式。债权人受让不动产所有权后，须按照与抵押权一样的实现方式进行，具体来说就是：或变卖清算，或归属清算。如果后让与担保出现担保过度，即担保物的变价金额超出被担保债权的金额，则不论采用上述两种方法的哪一种，担保权人在实行担保权时均负有清算义务，即将不动产变价冲抵债务的剩余部分返还给让与人。可见，所谓的"后让与担保"，"担保"是其目的，"让与"是享有和实现担保的手段，其与不动产抵押权之间，仅仅存在形式上的"名"之不同，而不存在法律内容上的"实"之差异。因此，我们坚信，后让与担保其实就是不动产抵押权。❶

（二）让与担保的法律构造

让与担保系设定人为达到担保债务清偿的经济目的，依据信托约款（让与担保合同），将标的物的财产权，移转于债权人的非典型担保。因此，其基本构造系信托行为的债之关系加上财产权（例如所有权）的移

---

❶ 让与担保和后让与担保之间不存在本质的区别，只是定义的角度不同而已。有学者认为此二者均可为抵押权制度所吸纳。董学立：《也论"后让与担保"——与杨立新教授商榷》，载《中国法学》2014年第3期。

转。可见，当事人设定让与担保系利用担保物权以外的现有法律制度。实现担保债务清偿的目的，亦即据此取得与担保物权相同的担保作用的法律利益，成为非典型担保的一种。但其并非创设法律所未规定的担保物权，故不生违反物权法定主义的问题。其次，就财产权的移转而言，当事人间为实现担保债务清偿的目的，确有移转标的物权利的效果意思，此在当事人缔结让与担保合同，决定担保标的物并约定清偿期，担保权人应如何行使对标的物的权利，与设定人对标的物的权利义务关系而言，亦系如此。因此，也无通谋虚伪表示之可言。

当事人依让与担保合同约定债权人于债务人不履行债务时，就标的物取偿的方法有两种：一是确定地取得标的物的财产权以抵偿债务（估价受偿）；二是变卖标的物，以其价金清偿其债权（变价受偿）。无论采取何种方式，担保权人均负有清算义务。因为，设定人系以担保债务清偿的目的，将标的物的财产权移转于担保权人，担保权人仅于此目的范围内取得标的物的财产权或受偿。而且，担保权人更不得因让与担保而获取债权完全受偿以外的不当利益。可见，已无违反流押约款的问题。

综上以观，让与担保乃系习惯法所生的非典型担保，以财产权（所有权）之（内外部）移转，加上信托行为的债的关系为其法律构造。然让与担保既系以担保债权清偿为其经济目的，担保权人不仅负有清算义务，且在具体个案之处理上，于性质许可范围内，得类推适用抵押权之有关规定，以维当事人间权利义务关系之公平，庶几无违其存在的经济目的。准此，让与担保亦具有：①从属性，于担保债权不存在、让与或消灭时，让与担保亦无效、移转或消灭；②不可分性；③物上代位性，是以标的物因毁损、灭失所得受之赔偿，自属让与担保标的物之代位物。❶

五、让与担保的设定

让与担保权，为一种非专属性的财产权，与其他财产权相同，可依法律行为和非法律行为两种方式取得，不过以依法律行为取得为常态。而所谓依法律行为取得让与担保，实质不过为让与担保之设定。让与担保一般

---

❶ 谢在全：《民法物权论》（下册），中国政法大学出版社 2011 年版，第 1106—1110 页。

由当事人双方依契约而设定，亦即通常由标的物所有人与担保权人订立让与担保契约而成立。

1. 让与担保设定契约的当事人，一方为标的物之提供人（设定人）。多数场合为债务人，但是不限于此，第三人（物上保证人）也可以，这一点与质权、抵押权一样。

另一方当事人为担保权的取得人（让与担保权人）。通常为债权人本人。只是该财产权取得人亦得为第三人。日本判例认为这是一种信托行为，从契约自由原则来看应该认为它是有效的。❶

2. 担保债权。让与担保是以担保债务之清偿为目的的担保权，故让与担保之设定必须以有债权之存在为前提。债权之范围，固以金钱债权或已存在之债权为常，但不以此为限。即便将来债权、非金钱债权，乃至将来变动中的不特定债权等，也可以为受担保之债权而设定让与担保。当然，依担保理论，让与担保设定后，如担保债权成立的法律行为归于无效、担保债权未发生抑或有其他不存在的情形时，让与担保应归于无效。❷ 让与担保所担保债权范围有约定者从约定，括原债权、利息、迟延利息、违约金，以及实行费用。

3. 让与担保的标的物，包括动产和不动产所有权、其他物权、债权、无体财产权，及尚在形成中的权利等。❸ 另外，让与担保由于系以担保债务之清偿为目的，且须将标的物权利移转于担保权人，故让与担保的标的物必须为具有让与性的财产权。

4. 设定行为。让与担保经由法律行为而取得者，即须由当事人以设定行为成立之。此项设定行为通常系由设定人即标的物之所有人，与担保权人订立让与担保契约。让与担保契约应系约明为担保债务之清偿而移转标的物之所有权，则当事人自须移转标的物所有权，例如须转移不动产所有权。而实务上让与担保契约的订立，通常所见大抵为买卖契约方式，且标的物为不动产时，须办理所有权移转登记，实务上不能将其登记注明"为

---

❶ ［日］我妻荣：《新订担保物权法》，申政武、封涛、郑芙蓉译，中国法制出版社 2008 年版，第 554 页。

❷ 谢在全：《民法物权论》（下册），中国政法大学出版社 2011 年版，第 1112—1113 页。

❸ ［日］米仓明：《让与担保》，弘文堂 1985 年印刷，第 3 页。转引自陈华彬：《物权法原理》，国家行政学院出版社 1998 年版，第 767 页。

让与担保"或其他相当意旨之文句，故通常以"买卖"为原因取代之，然无碍其仍为让与担保之实质，更不能因而谓让与担保之设定为无效。❶

六、让与担保的效力

（一）对内效力

让与担保的对内效力是指让与担保当事人即设定人（即担保物提供人）与担保权人间之权利义务而言。此项当事人间之内部关系，应受契约自由原则及让与担保之经济目的即债务担保的规范。详言之，担保债权的范围、标的物的范围、标的物的利用关系、让与担保之实行方式，以及标的物的保管责任等，当事人均得自由约定。此项约定仅须不违反公序良俗、法律之强制规定或诚信原则，自均属有效，当事人应受其拘束。准此而言，当事人间之内部关系实属债的关系。在当事人就对内关系并无特约时，则应受债务担保目的规范，亦即就担保权人而言，担保权人仅有在此目的范围内取得标的物的权利，其权利之行使自不得逾此范围。就设定人而言，标的物如系由设定人继续占有，设定人自须于符合担保债务目的之前提下负保管义务。可见当事人之此项内部关系实具有信托行为性质。让与担保之基本法律构造是信托行为的债的关系加上财产权之移转。❷

标的物所有权在让与担保当事人之间如何移转，对此存在分歧。一是相对所有权移转说。该说认为标的物所有权在让与担保中仅仅发生相对的所有权移转，即在对第三人的外部关系上，所有权发生移转；而在当事人之间的关系上，所有权并不移转。在这种学说的支配下，债权人拥有法律形式上的所有权，债务人拥有实质意义上的所有权。这就导致了所有权的分裂状态。因此，德国学者反对这一说法，认为所有权的绝对性即所有权人可以向任何人主张权利，是私法神圣原则，除法律作出例外规定，当事人不得约定相对的所有权。二是绝对所有权移转说。该说以罗马法上的信托理论为依托，承认所有权内外部同时移转，避免了相对所有权移转说的

---

❶ 谢在全：《民法物权论》（下册），中国政法大学出版社 2011 年版，第 1113 页。
❷ 谢在全：《民法物权论》（下册），中国政法大学出版社 2011 年版，第 1113—1114 页。

某些缺陷，但该说过于偏重作为法律手段的所有权让与这种外观形式，而轻视当事人之间所欲达到的实质上担保经济目的，从而弱化了债务人的地位。❶

（二）对外效力

1. 清偿期届至前，标的物之处分与第三人之关系

这涉及让与担保期间标的物所有权归属问题。谢在全先生认为，首先，让与担保之标的物系由担保权人处分时，担保权人在法律上因系所有人，故无论第三人是善意或恶意，第三人均取得标的物之所有权，担保权人就该标的物设定物权之情形亦同。其次，让与担保成立后，标的物所有权已移转于担保权人，设定人已无处分权，尤其是标的物为不动产时，因登记上之所有人为担保权人，故事实上不可能发生由设定人处分，而由第三人取得所有权或其他物权之问题。❷

2. 设定人与担保权人之债权人的关系

首先，担保权人之债权人对标的物申请强制执行时，因该标的物在法律上系担保权人所有，故设定人无从依第三人异议之诉，排除强制执行。其次，担保权人破产时，其财产均构成破产财产，担保标的物于法律上即属担保权人所有，设定人无取回权。

3. 担保权人与设定人之债权人之关系

首先，设定人之债权人对标的物申请强制执行时，此标的物为不动产，因登记上之所有人为担保权人，故设定人之债权人对该不动产申请强制执行的情形不可能发生。其次，设定人破产时，担保权人于法律上为标的物所有人，故于设定人破产时，如标的物在其占有中，担保权人自得行使取回权。破产管理人得清偿担保债权，以取回标的物则属当然。

4. 第三人侵害标的物

让与担保标的物被他人无权占有或其所有权受侵害时，担保权人为法律上所有权人，自得对该他人行使物权请求权。如标的物系在设定人占有中被他人不法占有者，则担保权人仅得请求该他人向设定人返还。再者，标的物受他人不法侵害而有毁损、灭失之情形者，担保权人得基于侵权行

---

❶ 魏建文：《让与担保的性质及对第三人的效力》，载《求索》2008 年第 11 期。

❷ 谢在全：《民法物权论》（下册），中国政法大学出版社 2011 年版，第 1118 页。

为请求损害赔偿，且请求损害赔偿范围，不以被担保债权额为限，应得请求标的物全额之赔偿，因为担保权人在对外关系上系所有人。至于设定人，于法律形式上虽非所有人，但于债务清偿后，具有回复所有权的期待权。❶

七、让与担保的实行

（一）意义与要件

让与担保的经济目的系在担保债务之清偿，故于担保债权之清偿期届至，而债务人仍不清偿债务时，担保权人自得实行其让与担保，以取得标的物之一定价值，用以清偿担保债务之目的，此即为担保权人之实行权。此项让与担保之实行，自须以让与担保所担保之债务，于届清偿期后，债务人仍未为清偿为其要件。且此项债务通常是指原本债务而言，当事人如特约于债务人未依约给付利息或有其他特别情形时，担保权人得实行的，此项特约情事之发生亦可认为债务人未履行债务。❷

（二）实行的方法

让与担保之实行方法通常有二：其一是由担保权人将标的物予以变卖，以卖得之价金供作债权之清偿；其二是由担保权人将标的物予以公正估价，标的物的估价额如超过担保债权额时，超过部分之价额应交还设定人，标的物之所有权则确定地由担保权人取得，以供作债权之清偿。当事人究宜采取何种实行方法自应依当事人之让与担保设定契约定之；而于当事人未约定或约定之意旨不明时，应认为是采取估价受偿之方法。因此种实行方法符合让与担保之特质，系在私实行程序，减少以强制执行程序拍卖标的物之劳务，以及使标的物得以最适当之价额清偿担保债权，当事人双方均属有益。而无论系采取哪一种实行方法，担保权人于实行时均负有清算义务。详言之，于采取变价受偿方法时，标的物变卖所得之价金如超过担保债权额者，担保权人就该超过部分之金额固应交还设定人；于采取估价受偿方法时，标的物估价所得之价额如超过担保债权额者，就该超过

---

❶ 谢在全：《民法物权论》（下册），中国政法大学出版社 2011 年版，第 1120 页。

❷ 谢在全：《民法物权论》（下册），中国政法大学出版社 2011 年版，第 1120—1121 页。

额，担保权人亦应负给付设定人之义务。故学说上通常称变价受偿方法为处分清算型，估价受偿方法则称为归属清算型。❶ 可见，在让与担保的实行过程中，担保权人负有清算义务，而不能直接取得对担保物的权利，这主要是为了遵守流质契约强制禁止的规定。流质契约因对公平正义的损害而被我国法律所禁止，对此担保法及其司法解释均有明确规定。

（三）担保权人取得所有权的时期

在估价受偿之实行方法（归属清算型），担保权人应解释为非当然自动地取得标的物所有权，而需于①清算金给付或按清算金相当额提存时；或②经公正评价后，对设定人发出无超过担保债权额之余额存在或相类意旨之通知；或③标的物业已处分于第三人后，始能发生此项效果。于③所示的情形，处分清算型之让与担保，亦有适用。因为担保权人既有估价和清算义务，上述情形作为估价之基准时，以此时之价值判断担保权人之估价是否公正。如有不公正之情形，设定人自得请求以该基准时为公正价额之清算。又担保权人不以实行之通知为之，而与设定人另订契约，约定以该标的物抵偿债务，自亦非法所不许，因为此系估价受偿之方法，其估价系依双方之方式为之而已。

对此有法院判决持相同见解。在"秦莉、何艳、刘立坤返还原物纠纷案"中，法院认为，让与担保权人不能自动取得担保物的所有权，即使已经办理登记。本案双方当事人之间争议的焦点问题为：①秦莉与刘立坤的法律关系；②秦莉是否为案涉房屋的所有权人；③秦莉关于何艳从案涉房屋迁出的诉请是否应予支持。①关于秦莉与刘立坤的法律关系问题。上诉人秦莉与被上诉人刘立坤之间虽订立《房屋买卖合同书》，并将案涉房屋的所有权变更登记至秦莉名下，但双方在买卖合同中并未约定案涉房屋的交付及购房款给付方式，案涉房屋亦未转移占有，综合秦莉与刘立坤之间存在 40 万元借款的事实，能够认定双方之间订立合同的真实意思表示并非实现案涉房屋所有权的变动，而为实现借贷债权的担保，故双方之间的买卖合同实为所有权让与担保合同。该合同系双方当事人之间的真实意思表示，且不违反国家法律、行政法规的强制性规定，为有效合同。②关于秦莉是否案涉房屋的所有权人问题。虽然案涉房屋所有权变更登记至秦莉名

---

❶ 谢在全：《民法物权论》（下册），中国政法大学出版社 2011 年版，第 1121 页。

下，但秦莉基于双方之间形成的所有权让与担保合同，对于案涉房屋的权利为不能实现债权情况下的担保权利，为让与担保权人。《中华人民共和国物权法》第186条规定："抵押权人在债务履行期届满前，不得与抵押人约定债务人不履行到期债务时抵押财产归债权人所有。"因此，秦莉作为让与担保权人主张案涉房屋归其所有，违反了上述法律规定的流质契约禁止的规定，故其主张为案涉房屋的所有权人，本院不予支持。③关于秦莉请求何艳从案涉房屋迁出的诉请是否应予支持问题。秦莉并非案涉房屋的实际所有权人，而为让与担保权人，故其对于案涉房屋不具有占有、使用、收益、处分的所有权权能，在何艳对案涉房屋实际占有的情况下，其以自己系房屋所有权人为由，请求何艳搬出，缺乏事实和法律依据，原审法院对其该诉请不予支持并无不当，本院予以维持。❶

---

❶ 秦莉、何艳、刘立坤返还原物纠纷案，黑龙江省哈尔滨市中级人民法院（2015）哈民二民终字第904号民事判决书。

参考文献

一、著作类

[1] 尹田. 法国现代合同法［M］. 北京：法律出版社, 2009.

[2] 尹田. 民法典总则之理论与立法研究［M］. 北京：法律出版社, 2010.

[3] 尹田. 物权法［M］. 北京：北京大学出版社, 2013.

[4] 尹田. 物权法理论评析与思考［M］. 北京：中国人民大学出版社, 2008.

[5] 崔建远. 合同法总论：中卷［M］. 北京：中国人民大学出版社, 2012.

[6] 崔建远. 物权法［M］. 北京：中国人民大学出版社, 2009.

[7] 崔建远. 物权：规范与学说——以中国物权法的解释论为中心：上册［M］. 北京：清华大学出版社, 2011.

[8] 王泽鉴. 民法物权［M］. 北京：北京大学出版社, 2010.

[9] 王泽鉴. 不当得利［M］. 北京：北京大学出版社, 2009.

[10] 王泽鉴. 民法总则［M］. 北京：北京大学出版社, 2009.

[11] 陈华彬. 民法总论［M］. 北京：中国法制出版社, 2011.

[12] 姚瑞光. 民法总则论［M］. 北京：中国政法大学出版社, 2011.

[13] 韩世远. 合同法总论［M］. 北京：法律出版社, 2011.

[14] 魏高兵. 合同的税法评价［M］. 北京：立信会计出版社, 2014.

[15] 梁慧星. 民法解释学［M］. 北京：中国政法大学出版社, 1995.

[16] 张卫平. 民事诉讼法［M］. 北京：法律出版社, 2016.

[17] 申海恩. 私法中的权力：形成权理论之新开展［M］. 北京：北京大学出版社, 2011.

[18] 杨建华. 民事诉讼法要论［M］. 北京：北京大学出版社, 2013.

[19] 王利明. 物权法研究：第三版［M］. 北京：中国人民大学出版社, 2012.

[20] 王利明. 民法典体系研究［M］. 北京：中国人民大学出版社, 2008.

[21] 王利明. 合同法研究［M］. 北京：中国人民大学出版社, 2003.

[22] 王利明. 债法总则研究［M］. 北京：中国人民大学出版社, 2015.

[23] 冉克平. 物权法总论［M］. 北京：法律出版社, 2015.

［24］谢在全. 民法物权论：上、中、下册［M］. 北京：中国政法大学出版社，2011.

［25］施启扬. 民法总则［M］. 北京：中国法制出版社，2010.

［26］苏永钦. 走入新世纪的私法自治［M］. 北京：中国政法大学出版社，2003.

［27］孙宪忠. 中国物权法总论［M］. 北京：法律出版社，2014.

［28］奚晓明. 最高人民法院婚姻法司法解释（三）理解与适用［M］. 北京：人民法院出版社，2011.

［29］高富平. 物权法原论［M］. 北京：法律出版社，2014.

［30］杜万华. 最高人民法院《物权法解释（一）》理解与适用［M］. 北京：人民法院出版社，2016.

［31］杨立新. 民法总则重大疑难问题研究［M］. 北京：中国法制出版社，2011.

［32］董安生. 民事法律行为［M］. 北京：中国人民大学出版社，2002.

［33］梁慧星，陈华彬. 物权法［M］. 北京：法律出版社，2010.

［34］孙森焱. 民法债编总论：下册［M］. 北京：法律出版社，2006.

［35］胡长清. 中国民法总论［M］. 北京：中国政法大学出版社，1997.

［36］张文显. 法哲学范畴研究［M］. 北京：中国政法大学出版社，2001.

［37］舒国滢. 法哲学沉思录［M］. 北京：北京大学出版社，2010.

［38］黄茂荣. 法学方法与现代民法［M］. 北京：中国政法大学出版社，2001.

［39］［日］新堂幸司. 新民事诉讼法［M］. 北京：林剑锋译，法律出版社，2008.

［40］［日］我妻荣. 新订担保物权法［M］. 北京：申政武，封涛，郑芙蓉译. 中国法制出版社，2008.

［41］［日］我妻荣. 债法各论：上卷［M］. 徐慧译. 北京：中国法制出版社，2008.

［42］［日］我妻荣. 民法总则［M］. 于敏译. 北京：中国法制出版社，2008.

［43］［日］我妻荣. 物权法［M］. 罗丽译. 北京：中国法制出版社，2008.

［44］［德］维尔纳·弗卢梅. 法律行为论［M］. 迟颖译. 北京：法律出版社，2013.

［45］［德］迪特尔·梅迪库斯. 德国民法总论［M］. 邵建东译. 北京：法律出版社，2001.

［46］［德］鲍尔，施蒂尔纳. 德国物权法［M］. 张双根译. 北京：法律出版社，2004.

［47］［德］卡尔·拉伦茨. 法学方法论［M］. 陈爱娥译. 北京：商务印书馆，2013.

［48］［德］迪特尔·梅迪库斯. 德国债法总论［M］. 杜景林，卢谌译. 北京：法律出版社，2004.

［49］［德］卡尔·拉伦茨. 德国民法通论：下册［M］. 王晓晔等译. 北京：法律出版社，2003.

［50］［奥］凯尔森. 纯粹法理论［M］. 张书友译. 北京：中国法制出版社，2008.

[51]［英］彼得·斯坦，约翰·香德. 西方社会的法律价值［M］. 王献平译. 北京：中国法制出版社，2004.

二、论文类

[1] 尹田. 论物权对抗效力规则的立法完善与法律适用［J］. 清华法学，2017（2）.

[2] 尹田，尹伊. 论对未经及登记不实财产的强制执行［J］. 法律适用，2014（10）.

[3] 崔建远. 再论动产物权变动的生效要件［J］. 法学家，2010（5）.

[4] 崔建远. 民法制度移植的背景因素和内在和谐问题［J］. 法学家，2003（4）.

[5] 崔建远. 解除效果折衷说之评论［J］. 法学研究，2012（2）.

[6] 崔建远. 解除权问题的疑问与释答（下篇）［J］. 政治与法律，2005（4）.

[7] 崔建远. 限缩有理，滋蔓无据——法释［2016］5 号第 7 条的得与失［J］. 甘肃社会科学，2017（1）.

[8] 崔建远. 物权法视野下的指示交付［J］. 法律适用，2014（10）.

[9] 崔建远. 再论指示交付及其后果［J］. 河南财经政法大学学报，2014（4）.

[10] 左传卫. 论不当得利返还请求权的定性与体系安排［J］. 政治与法律，2011（1）.

[11] 王俣璇. 判决文书引起物权变动之限制与规则［J］. 山东大学学报（哲学社会科学版），2017（2）.

[12] 朱庆育. 物权行为的规范结构与我国之所有权变动［J］. 法学家，2013（6）.

[13] 孙宪忠，常鹏翱. 论法律物权和事实物权的区分［J］. 法学研究，2001（5）.

[14] 孙宪忠.《物权法司法解释（一）》若干问题的分析与适用［J］. 法律适用，2016（10）.

[15] 魏永，王全弟. 事实物权：理论困境与出路［J］. 东方法学，2014（4）.

[16] 张志坡. 物权绝对性之反思［J］. 云南大学学报法学版，2010（2）.

[17] 许中缘，杨代雄. 物权变动中未经登记的受让人利益的保护——兼论我国物权变动立法模式［J］. 法学杂志，2006（1）.

[18] 孟俊红. 论登记制度与物权判断——以物权判断标准的迁移为视角［J］. 甘肃政法学院学报，2011（6）.

[19] 王轶，关淑芳. 物权债权区分论的五个理论维度［J］. 吉林大学社会科学学报，2014（5）.

[20] 李开国. 物权与债权的比较研究［J］. 甘肃社会科学，2005（2）.

[21] 周梅. 所有权返还请求权制度——以德国法为视角对《物权法》之反思［J］. 河北法学，2008（9）.

[22] 刘宏渭. 刍议商事留置权的成立条件——兼议我国现行法关于留置权的规定

[J]. 齐鲁学刊, 2005 (2).

[23] 韩立新, 李天生. 物权法实施后对海商法中留置权的影响 [J]. 法律适用, 2008 (9).

[24] 庄加园. 基于指示交付的动产所有权移转——兼评《中华人民共和国物权法》第 26 条 [J]. 法学研究, 2014 (3).

[25] 董新辉. 后让与担保的重新解读——以《民间借贷司法解释》第二十四条为中心 [J]. 学术交流, 2016 (7).

[26] 向逢春. 让与担保与买回制度之比较研究 [J]. 武汉大学学报 (哲学社会科学版), 2014 (1).

[27] 杨代雄. 拟制交付在物权变动中的公示效力 [J]. 重庆工学院学报, 2008 (6).

[28] 杨代雄. 使用他人名义实施法律行为的效果 [J]. 中国法学, 2010 (4).

[29] 金可可. 简论罗马法上对人之诉与对物之诉的区分 [J]. 学海, 2007 (4).

[30] 张鹏. 物债二分体系下的物权法定 [J]. 中国法学, 2013 (6).

[31] 梁慧星. 物权法草案第六次审议稿的修改意见 [J]. 比较法研究, 2007 (1).

[32] 申卫星. 物权法定与意思自治——解读我国《物权法》的两把钥匙 [J]. 法制与社会发展, 2013 (5).

[33] 黄泷一. 英美法系的物权法定原则 [J]. 比较法研究, 2017 (2).

[34] 常鹏翱. 体系化视角中的物权法定 [J]. 法学研究, 2006 (5).

[35] 陶丽琴, 陈永强. 不动产事实物权的适用与理论阐释 [J]. 现代法学, 2015 (4).

[36] 陈本寒, 陈英. 也论物权法定原则——兼评我国《物权法》第 5 条之规定 [J]. 法学评论, 2009 (4).

[37] 鲁春雅. 论不动产登记簿公信力和不动产善意取得制度的区分 [J]. 当代法学, 2012 (1).

[38] 鲁春雅. 论不动产登记簿公信力制度构成中的善意要件 [J]. 中外法学, 2011 (3).

[39] 叶金强. 物权法第 106 条解释论之基础 [J]. 法学研究, 2010 (6).

[40] 孙若军. 论我国不动产善意取得制度的完善——以遏制夫妻共有房屋被一方擅自处分为视角 [J]. 浙江工商大学学报, 2013 (3).

[41] 朱广新. 不动产适用善意取得制度的限度 [J]. 法学研究, 2009 (4).

[42] 孟勤国, 申惠文. 我国《物权法》没有承认登记公信力 [J]. 东方法学, 2009 (5).

[43] 孟勤国, 蒋光辉. 论不动产善意取得的善意标准及善意认定 [J]. 河南财经政法大学学报, 2013 (3).

［44］程啸. 论不动产登记簿公信力与动产善意取得的区分［J］. 中外法学，2010 （4）.

［45］程啸. 因法律文书导致的物权变动［J］. 法学，2013 （1）.

［46］程啸. 不动产登记簿的权利事项错误与不动产善意取得［J］. 法学家，2017 （2）.

［47］程啸. 论不动产善意取得之构成要件——《中华人民共和国物权法》第 106 条 释义［J］. 法商研究，2010 （5）.

［48］程啸. 论不动产抵押权的善意取得——兼评最高人民法院物权法司法解释之规定 ［J］. 财经法学，2017 （1）.

［49］徐涤宇，胡东海. 证明责任视野下善意取得之善意要件的制度设计［J］. 比较法 研究，2009 （4）.

［50］王利明. 不动产善意取得的构成要件研究［J］. 政治与法律，2008 （10）.

［51］王利明. 不动产善意取得的构成要件研究［J］. 政治与法律，2008 （10）.

［52］戴永盛. 论不动产冒名处分的法律适用［J］. 法学，2014 （7）.

［53］傅鼎生. 不动产善意取得应排除冒名处分之适用［J］. 法学，2011 （12）.

［54］冉克平. 论冒名处分不动产的私法效果［J］. 中国法学，2015 （1）.

［55］冉克平. 物权私法保护方式的体系纷争与调和［J］. 现代法学，2015 （5）.

［56］冉克平. 论借名实施法律行为的效果［J］. 法学，2014 （2）.

［57］金印. 冒名处分他人不动产的私法效力［J］. 法商研究，2014 （5）.

［58］陆青. 合同解除效果与违约责任［J］. 北方法学，2012 （6）.

［59］陆青. 以房抵债协议的法理分析——《最高人民法院公报》载"朱俊芳案"评 释［J］. 法学研究，2015 （3）.

［60］王春梅. 乱象与治理：买卖型担保之定性分析——以最高人民法院的判决为视角 ［J］. 河南大学学报，2016 （5）.

［61］屈茂辉，章小兵. 我国不当得利法的流变与反思［J］. 河南师范大学学报（哲 学社会科学版），2014 （6）.

［62］房绍坤. 导致物权变动之法院判决类型［J］. 法学研究，2015 （1）.

［63］房绍坤. 论共有物分割判决的形成效力［J］. 法学，2016 （11）.

［64］任重. 形成判决的效力——兼论我国物权法第 28 条［J］. 政法论坛，2014 （1）.

［65］赵振华，杨芳.《物权》第 28 条适用之思考——何种法律文书能直接变动物 权［J］. 社会科学，2012 （11）.

［66］徐同远. 物权法第 28 条中的"法律文书"的类别及其具体类型［J］. 天津法 学，2011 （1）.

［67］汪志刚. 如何理解物权法第 28 条中的"法律文书"［J］. 西部法学评论，2011 （3）.

［68］吴光荣. 也谈依法律文书发生的物权变动——兼评《物权法司法解释（一）》第 7 条［J］. 法律适用, 2016 (5).

［69］魏振瀛. 论返还原物责任请求权：兼与所有物返还请求权比较研究［J］. 中外法学, 2011 (6).

［70］庄加园. 间接占有与占有改定下的所有权变动［J］. 中外法学, 2013 (2).

［71］庄加园. 基于指示交付的动产所有权移转——兼评《中华人民共和国物权法》第 26 条［J］. 法学研究, 2014 (3).

［72］王文军. 占有改定作为善意取得要件之辨［J］. 法律科学, 2015 (6).

［73］郑永宽. 占有改定与善意取得［J］. 北方法学, 2011 (6).

［74］税兵. 占有改定与善意取得——兼论民法规范漏洞的填补［J］. 法学研究, 2009 (5).

［75］董学立. 也论"后让与担保"——与杨立新教授商榷［J］. 中国法学, 2014 (3).

［76］董学立. 也论交易中的物权归属确定［J］. 法学研究, 2005 (5).